당신이 늘 정답이다

당신이 늘
정답이다

김성 지음

리즈앤북
ries & book

열등감은 성공의 원동력이다

자기 자신에게 불만을 느끼는 감정은 누구에게나 자주 일어난다. 그 것은 스스로를 바라보고 내리는 평가의 시선이기도 하다. 사람은 철이 들 만한 나이가 되면 비로소 자신을 객관적으로 볼 수 있게 되는데, 자신이 보이기 시작하는 이때를 기점으로 자신의 부족한 부분을 보게 되고 그것을 인정하게 되고 자신에게 불만을 느끼기 시작하게 되는 것은 당연한 일이다. 세상에 완벽한 사람은 없기 때문이다.

부끄러울 것도 없고 어색한 일도 아니다. 하지만 누구나 느낄 수 있는 이런 인간적인 정서가 사람을 괴롭히고 더욱 깊은 수렁에 빠뜨리기도 한다. 그러나 그것이 성공과 행복을 달성하는 데 매우 도움이 된다는 것을 아는 사람은 드물다.

아주 심한 경우도 있다. 열등감에 빠져 자신은 전혀 희망이 없는 인간이라고 생각하는 경우다. 자기가 빠져 있는 구덩이에서 탈출할 방도가 전혀 없다고 생각한다. 아무도 자신을 그곳에서 꺼내주지 않을 거라고 생각한다. 스스로 그렇게 생각하는 데야 말릴 수는 없다. 그 생각은 옳다. 스스로의 믿음이기 때문이다. 그렇게 믿는 한 결코 아무 것도 탈출에 도움이 되지 않을 것이다. 하지만 '인생'이란 '희망'과 동의어이다. 세상을 살아가는 사람은 누구나 하려는 의지만 있으면 기회를 가질 수 있고 그것을 이룰 수 있기 때문이다.

자신을 단련시키려는 사람은 무엇보다도 절망을 버려야 한다. 인간이 이겨내지 못할 장애물은 없다는 것을 깨달으면 절망을 버리는 것은 아주 쉬워진다는 것을 알아야 한다.

그것은 쉽게 증명할 수 있다. 진정한 힘은 결점과 약점을 극복하는 과정에서 자주 개발될 수 있다는 것을 우리는 살아가면서 경험하고 있다. 그러므로 열등감이 성공과 행복으로 가는 커다란 추진력이 될 수 있다는 것을 결국에는 이해하게 된다.

진주는 '상처의 역사'라는 이야기는 의미 있다. 굴은 작은 모래 같은 딱딱한 이물질이 들어오면 당황한다. 외부의 이물질이 굴 껍질 안으로 들어오면 굴의 재주로는 제거할 방법이 없기 때문이다. 이물질이 돌아다니는 동안 굴은 끊임없이 상처를 입을 것이다. 그래서 자신의 몸에 더 이상 상처를 내지 못하게 아라고나이트라는 물질로 이물질을 감싸버린다. 그 물질은 진주를 이루는 성분이다. 결과는 당연히 진주가 생기는 것이다.

비슷한 과정이 약점을 가지고 있는 인간의 성격 안에서도 일어난다. 약점을 안고 있는 그는 굴이 느끼는 것과 같은 이런 당황스러운 느낌을 제거하기 위해 오랫동안 노력할 것이다. 그 약점을 덮거나 제거하려는 노력과 투쟁이 발전과 성취라는 진주를 낳는다.

열등감을 적절하게 통제할 수만 있다면 평생 진절머리 쳤던 약점으로부터 강력한 힘을 만들어내는 발전의 과정이 시작된다. 스스로에게 불만족을 느끼고 있는가. 그렇다면 인간은 결국 어떤 일이든 끝장을 볼 능력이 있다는 생각을 갖고 용기를 내자.

차례

제1장
마음속의 '까칠한' 느낌들

"나리, 자애심보다는 자멸감이 훨씬 비도덕적인 죄악이옵니다."

-셰익스피어의 〈헨리 5세〉에서

왜 난 주춤거리기만 할까

'난 정말 쓸모없는 놈이야…'

열등감이 뭘까. 간단하다. 자신이 정신적·신체적으로 결점을 가지고 있어서 쓸모없는 존재라고 생각하는 정서적 경향이다. 범위를 더 넓히면, 자신이 어떤 면에서 세상의 표준이라고 할 만한 '정상 기준'보다 뒤떨어지기 때문에 '가치 없는 존재'라고 생각하는 의식적 또는 무의식적인 감정이다.

일단 열등감에 사로잡히면 자신의 장점을 거의 고려하지 않는다. 단점과 약점에만 매달린다. 그래서 가치 없는 인간이라는 생각에서 벗어나지 못한다. 스스로를 무가치한 인간이라고 생각하는 이런 정서는 누구나 다 경험하는 것들이다. 인간은 태생적으로 모두 열등감 환자이기 때문이다. 그렇기 때문에 열등감은 당연한 것, 또는 자신의 타고난 성격이라고 생각하는 사람들이 대부분이다.

열등감에 사로잡힌 사람은 자신을 소심하고 한심한 인간이라고 생각한다. 그러나 열등감은 단지 소심한 행동 방식 정도가 아니다. 열등감을 사소하게 여기면 평생 치유되지 않을 수도 있다. 그 상처는 무의식 속에 깊이 잠재되어 있어 사람을 떠나지 않고 끈질기게 괴롭힌다. 어렸을 때 다른 아이들보다 약해서 아이들에게 맞거나 물건을 빼앗기거나 욕을 먹는 등 괴롭힘을 당하게 되면, 어른이 되어 활발하게 사회생활을 하고 대단한 학자가 되고 훌륭한 운동선수가 되는 등의 아무리 대단한 성공을 이루어도 열등감은 여전히 남아 그를 괴롭히는 경우가 많다.

거의 무방비 상태인 어린 시절에는 친구들뿐만 아니라 부모를 비롯해 수많은 어른들로부터 아이들은 상처를 받는다. 초기의 경험들은 강렬해서 씻을 수 없는 마음의 상처로 남는다. 정도의 차이가 있을 뿐 우리는 누구나 이런 마음의 상처를 안고 살아간다. 여기서 자유로운 사람은 아무도 없다. 누구도 어린 시절을 건너뛸 수는 없기 때문이다. 열등감에서 벗어날 수 있는 인간이 없는 이유가 여기에 있다.

이런 감정이 그리 강하지 않아 그때마다 쉽게 극복하고 넘어가는 가벼운 열등감이 있는가 하면, 심각한 정도에 이르러 그 사람의 모든 행동을 지배하는 병적 상태에 이르기도 한다. 고치기 어렵다는 우울증도 열등감에서 비롯되는 병적 증상이다.

프로이트는 특별히 열등감이라는 개념을 쓰지 않았지만, 인간은 태어나면서부터 무력하고 약하기 때문에 독립 생활을 할 수 없고, 그 과정에서 남(부모)에게 의지해 사는 동안 겪는 상실의 개념을 통해 인간에게는 잃은 것을 되찾으려고 하는 희망이 중요한 충동이라고 열등감을 설명했다.

이런 행동들이 열등감의 증거들이다
열등감을 가진 사람은 대체로 다음과 같은 성격들을 갖고 있다.

1. 다른 사람과 자신을 비교해 자신을 낮게 평가한다.
2. 용기 있게 행동하지 못한다.
3. 자신감이 부족하다.
4. 다른 사람들이 모두 나를 보고 있다고 생각한다.
5. 다른 사람이 웃으면 나를 비웃는다고 생각한다.
6. 사소한 일에도 혼자서 당황한다.
7. 일상생활에서도 스트레스와 긴장을 받는다.
8. 이런 일들 때문에 쓸데없이 시간을 낭비한다.

이런 사람들의 행동 방식은 좀 남다르다. 심하게 위축되어 있고 앞에 나서지 않고 적극적으로 행동하지 않는다. 늘 그림자처럼 조용히 행동한다는 느낌을 준다.

1. 다른 사람들이 오해할까봐 말하기를 두려워한다.

2. 머리를 다듬고서도 남들이 비웃을까봐 모자를 쓰고 다닌다.

3. 심한 농담을 던져도 항의하지 않고 쉽게 받아들인다.

4. 식당 음식이 이상해도 종업원에게 따지지 않고 말없이 먹는다.

5. 누가 저녁을 사면 배가 불러도 계속 먹고 배탈이 나서 고생한다.

6. 중요한 책이나 물건을 선뜻 빌려주고는 못 받을까봐 불안해한다.

7. 어설픈 부동산중개업자나 재무상담가 설명에 쉽게 넘어가 투자를 하고 손해를 본다.

8. 회식 때면 먹고 싶지도 않은 술이나 음식이라도 말없이 먹는다.

9. 옆 사람의 담배 연기를 참을 수 없어도 시비 걸기 싫어서 꺼달라고 하는 대신 자신이 밖으로 나간다.

10. 화려하다는 말들을 할까 무서워 새 옷에 새 신발을 사고 나서도 멋있게 갖춰 입기를 주저한다.

11. 일에 게으르고 사람 만나기를 싫어해서 누가 그런 것에 대해 물으면 피하거나 화를 낸다.

12. 다른 사람을 기분 나쁘게 할 수 없어서 하기 싫은 일도 어쩔 수 없이 한다. 그리고 결국 그것 때문에 장래를 망친다. (남자들이 가자고 하면 영화를 보거나 술을 먹거나 같이 잠을 자는 여자들의 경우, 친구들이 잡아끌면 중요한 일이 있거나 건강이 나빠도 술 먹자는 강권에 따라가는 남자들의 경우가 그렇다.)

이런 행동 방식들은 자신을 내세우지 않으려는 극단적인 생각에서 나오는 것들이다. 나서지 않으려는 것은 상처받지 않으려는 적극적인 의지의 소극적 대응 방식이다. 그런 행동들을 불러오는 정서들은 여러 가지가 있다. 그것을 기본적으로 자신이 남보다 못하다는 느낌이다.

소외감

많은 사람들 가운데 섞여 있으면 어느 순간 자기 혼자만 외따로 떨어져 있는 느낌을 받는다. 아무도 그런 눈치를 주지 않았는데도 그 자리에 자신이 별로 필요 없는 사람으로 느껴진다. 주위 사람들의 눈이 자신을 비난하거나 비웃듯이 바라보고 있다고 느끼는 때도 있다. 겉으로는 웃으면서 속으로는 나를 경멸하고 있는 것 같은 생각이 들어 초조하고 불안해진다. 점점 사람들을 멀리하게 된다.

수치심

"사람이 아무리 많은 자리에서도 나는 말문이 막혀본 적 없어."라고 말할 수 있는 사람은 거의 없다. 사람들이 자신을 바라보고 있으면 우리는 대부분 혀가 꼬이다가 더듬거리고 얼굴이 붉어진다. 모두들 나를 비웃고 있다는 느낌이 들면 아무 생각도 나지 않는다. 말이 조리 있게 나올 리가 없다. 이야기를 잘 하다가도 자신이 가치 없는 사소한 이야기를 지껄이고 있다는 생각이 든다. 자신이 못났다는 생각 때문이다.

불안감

회사 사장 같은 높은 사람 앞에 있으면 불편해진다. 그러면 손과 입이 떨리기 시작한다. 말을 더듬거리다가 결국 생각 없이 급하게 뱉어내면 순식간에 자신도 무슨 말을 했는지 모를 만큼 엉망이 되어버린다. 누구를 만나기로 해놓고도 자신의 옷차림이 괜찮은지, 무슨 실수나 하지 않을지, 어떤 이야기를 해야 할지, 잘못되지 않을까 하는 걱정에 만나기 전부터 불안해한다. 실수나 부정적인 생각부터 한다. 자신이 하는 일은 잘 될 리가 없다고 생각한다.

자폐감

이성과 마주 앉아 있으면 열등감이 더 강해진다. 남자들은 젊은 여성과 마주하면 어쩔 줄 몰라 쩔쩔 매는 경우가 많다. 여자들도 마찬가지이다. 남자들 무리에 끼어 있으면 화라도 난 듯 부루퉁해서 앉아 있는다. 불행하게도 이런 일은 꼭 남의 시선을 끌고 싶어 하는 사람들에게 자주 일어난다. 관심이 집중되면 오히려 관심을 받지 못하는 느낌을 받는다.

열등감의 대표적인 증상들이지만 이 외에도 비슷한 정서들이 아주 많다. 이런 느낌들은 정도의 차이가 있을 뿐 누구나 다 느껴보았을 것이다. 자신이 뭔가 모자란다는 생각이 들고 남들이 모두 그것을 알고 있거나 그것만 바라보고 있는 듯한 느낌이 들었다면 틀림없는 열등감이다.

"글쎄, 그러고 싶지만 좀..."
'그'는 사회적으로도 성공했고 지적으로도 뛰어난 사람이다. 좋아하는 친구들도 많고 결혼 생활도 행복하다. 모두들 그를 부러워한다. 하지만 늘 마음이 편치 않다. 마음속에서는 여전히 '난 아니야'라는 소리가 끊임없이 들린다. 뭔가 모자라, 제대로 하는 게 하나도 없어, 하는 목소리가 들린다.

사람들 앞에 서거나 모르는 사람들을 만나면 그는 자연스럽게 행동하지 못한다. 자신이 흠집투성이인 것 같고 상대가 그걸 들여다보는 같아 위축되고 불안하고 어색해진다. 그럴 때면 마음속의 목소리가 어김없이 등장한다.

"이봐, 자넨 뭔가 좀 이상해. 나사가 두어 개 빠진 것처럼 헐렁해."

그러면 순간 움츠러든다. 자신이 소심하다는 생각은 든다. 무슨 결정을 내리거나 일을 시작할 때에도 지나치게 주저한다. 성공했다지만 저 사람들만큼 제대로 성공한 건 아니다. 운이 좋았을 따름이다. 그런 얘기 했다가는 다른 사람들이 웃을지도 모른다. 이런 생각을 하면서 그는 소심한 것이 자신의 성격이려니 생각하고 만다.

너무 겸손한 게 아닌가 하는 생각도 든다. 그렇지만 남 앞에서 뻐기는 듯한 태도를 보이는 것은 별로 내키지 않는다. 볼썽사납다는 생각이 든다. 뭐, 나 정도면 좀 뻐겨도 남들이 뭐라 그러지 않겠지, 생각은 하면서도 좀처럼 그러지 못한다. 뭘 잘났다고? 이런 생각이 먼저다. 늘 '까칠하다'는 생각이 들면 아무 것도 할 수가 없다.

그는 남의 이목을 너무 의식한다. 사람들이 웃을 때마다 자기를 비웃는 것 같다. 보이지 않는 결점들을 알고 말하는 것 같다. 귀엣말을 주고받는 사람들을 보면 자기 이야기를 하고 있는 게 틀림없다. 누가 자기를 바라보면 겁이 난다. 뭐가 이상하게 보여서 그러나?

2% 모자란 것은 분명해. 어릴 때부터 그랬으니까.

그럭저럭 중간 정도만 되어도 좋겠는데 그런 생각조차도 안 든다. 나도 남들만큼은 한다는 생각이 들다가도 금방 자기 비하의 수렁에 발목이 빠지고 만다.

난 정말 별 볼일 없는 인간이야. 잘 하는 게 하나도 없잖아.

평생 상처를 안고 살기도 한다

이런 감정과 정서는 정도의 차이만 있을 뿐 누구나 다 경험해보았을 것이다. 사회적 환경 때문에 여성들이 특히 심하게 겪는다. 이게 약할 때는 단지 소심한 사람들의 행동 방식일 뿐이지만 심해지면 병적 증상이 된다.

열등감은 우리 모두의 어린 시절과 깊은 관계가 있다. 일단 어린 아이들은 오랜 기간 동안 보호를 받으며 자라야 한다. 그때 눈에 보이는 것은 모두 자기보다 크고 강한 존재들뿐이다. 아이는 자신이 열등한 존재라는 것은 느끼면서 자란다. 반면 짐승들은 인간에 비해 상당히 빠른 기간 안에 생존 지식을 배우고 독립한다. 인간과 비교하자면 미처 열등감을 느낄 여유도 없이 어른이 되어버린다.

이런 원초적인 열등감 말고도 우리 유전자에 입력된 열등감이 또 있다. 원시인들은 자연 재해를 겪으면서 인간이 한없이 사소한 존재라는 것을 절감했다. 그래서 인간의 위대함보다는 열등함을 먼저 배웠다. 물론 그것이 문명 발전의 동력이 되었다. 그래도 자연에 대해 인간은 여전히 열등감을 느끼며 산다.

개인적인 경험에서 만들어진 열등감들은 거의 어린 시절에 생성된 것들이다. 어린 시절 열등감을 제공해주는 대표적인 원인은 육체적 결함이다. 일단 어른에 비해 약하고 작다. 그리고 모든 것이 완전하지 못하다. 제대로 뛰지도 못하고 아는 것도 많지 않다. 어렸을 때 다른 아이들보다 약해서 괴롭힘을 당하는 아이들이 있다. 그들은 어른이 되어 대단한 성공을 거두어도 열등감은 여전히 지니고 산다.

어린 시절에는 친구들뿐만 아니라 부모를 비롯해 수많은 어른들로부터 아이들은 상처를 받는다. 이것은 평생 가는 마음의 상처다. 정도의 차이가 있을 뿐, 인간은 누구나 아물지 않은 이런 상처를 안고 살아간다.

열등감은 무의식 속에 잠겨 있다

스스로 괜찮다고 위로해도 소용없다

우리의 무의식에는 여전히 자신이 약하다는 생각이 잠겨 있다. 어린 시절에 어른들을 보고 이미 입력해 놓은 것이다. 약하기 때문에 다른 사람이 할 수 있는 일을 자신은 할 수 없다. 그것이 다른 사람과 비교해 자신이 가치 없다고 느끼게 되는 이유다. 그는 자신에게 나약하고, 모자라고, 멍청하고, 서투르다는 딱지를 붙인다. 이런 딱지는 어디든지 따라다닌다. 무의식 속에 깊숙이 잠겨 있어서 평소에는 보이지 않다가 언제든지 떠올라 행동과 감정을 조종한다.

사람들이 사랑에 빠지는 이유까지도 열등감 때문이다! 이렇게 말하면 심한 거부감을 느낄지 모르지만 어쨌든 그건 자신의 약한 부분을 보상하려는 무의식적인 행위다. 사랑에 빠지는 남녀가 비슷한 사람보다는 대조적인 사람에게 끌리는 걸 보면 이해된다. 그런 이유 때문에 헤어져도 그 사람을 잊기가 무척 어렵다. 상대를 잃으면 자신의 약점을 벌충할 중요한 원천이 사라져버리기 때문이다. 이런 경우의 해결책은 그 사람을 다시 찾는 것이 아니다. 자신의 열등감을 해결하는 것이다. 그가 필요하지 않아서가 아니라 자신의 약점에 대한 보상책을 스스로 해결하는 것이다.

그녀가 발작한 이유는 사랑 때문이다

'그녀'는 별로 매력적인 여자가 아니다. 특히 자신을 칠칠치 못하게 보이려고 애를 쓰는 게 특징이다. 화장도 하지 않고 좋은 옷도 입지 않는다. 언제나 초라하게 차림을 하고 다닌다. 자신을 미워하고 남들에 대한 적개심에 가득 차 있다. 누구도 그녀와 이야기하기가 힘들다. 하지만 그녀는 사랑과 관심을 간절히 원하고 있다. 하지만 자신의 꼴을 생각하면 누가 자신을 사랑하고 관심을 보여준다고 해도 그것을 받아들일 수 있을지 의문이다.

그녀의 이런 태도는 자신의 가치를 스스로 인정하지 않기 때문에 일어난다. 그것은 그녀의 어린 시절 때문이다. 그녀는 사랑이 거의 없는 가정에서 자랐다. 어머니는 정서적으로 성숙하지 못했고 매우 자기중심적이었다. 아버지는 다정하게 대해주지 않았다. 고등학교를 졸업하고는 좋은 직업을 가졌다. 그리고 독립해서 어떤 부부의 집에 세들어 살게 되자 생활 환경이 좋아졌다. 그 집 아주머니가 그럭저럭 어머니 노릇을 해준 셈이다. 아저씨는 이해심이 많아 그녀에게 정서적으로 도움이 되었다.

그러나 가끔 패닉 상태에 빠진다. 자신이 관심이나 사랑을 받지 못한다고 느끼면 심한 스트레스를 받는다. 문을 잠그고 혼자 방안에 처박혀 있거나 소리를 지르며 소동을 벌인다.

그러나 셋집 부부의 변함없는 따뜻한 관심을 받자 점차 어린 시절의 상처로부터 벗어나기 시작했다. 결국 여러 과정을 거쳐 상처와 두려움과 화를 모두 벗어버리자 생애 처음으로 남자와 사랑을 주고받을 수 있게 되었다. 자기혐오와 열등감에서 벗어나 자신감과 사랑을 되찾은 것이다.

'그녀'의 경우처럼 최초의 열등감 발생 요인은 대개 다른 사람에게 있다. 스스로 느끼는 열등감은 그 열등감의 반복이다. 열등감을 더욱 악화시키는 것도 자기 자신이 아니라 다른 사람들이다. 열등감은 사람들이 반응하는 방식 때문에 더욱 악화된다. 그녀는 셋집 부부들을 만난 것이 행운이었다.

잘났다고 설치는 것도 열등감이다

목소리가 가늘고 허스키한 어떤 남자는 청소년 시절에 친구가 놀리는 바람에 그것이 열등감으로 자리 잡았다. 친구가 놀리기 시작하자 사람들 앞에 서면 매우 부끄럽고 어색해서 쉽게 말을 하지 못하게 된 것이다. 그런데 이것이 극단적인 반대 성향으로 나타나는 경우가 있다. 그는 그것을 이기기 위해 될 수 있는 대로 눈에 띄는 화려한 옷을 입고 고급품으로 장식을 하고 엄청나게 비싼 차를 몰고 다닌다. 이런 눈에 띄는 행동으로 자기 목소리를 덮을 수는 있다. 그러나 자신이 평범하다는 것을 수시로 떠올리지 않을 수 없다. 그때는 오히려 더 깊은 열등감의 수렁에 빠진다.

사람들 중에는 자신이 평범하다고 생각하는 사람도 있고 대단하다고 생각하는 사람도 있다. 자신의 가치를 이성적으로 판단하는 일은 정신 건강이나 행복에 반드시 필요하다. 누구나 자신의 인생이나 활동이 나름대로 가치를 지니고 있다는 사실을 확인하고 싶어 한다. 그러나 자신의 가치 기준을 보통 사람보다 더 높게 설정해놓는 사람들, 스스로 자신이 보통 사람보다는 더 뛰어나다고 생각하는 사람들은 자신이 보통 사람밖에 안 된다는 사실을 확인하는 순간 열등감을 느끼지 않을 수 없다. 그러므로 자신에 대해 제대로 아는 것이 중요하다. 정상적인 수준에서 생각해야 하고 합리적인 목표를 세우는 것이 정신 건강에 좋다.

과잉보호가 열등감을 만든다

부모들은 아이를 열심히 돌봐주고 정성껏 가르치려고 한다. 그러나 극성스럽게 아이를 관리할수록 아이에게는 나쁘다. 부모의 극성이 심해지면 아이의 개성이 발현되지 못하는 수도 있다.

부모들은 어려운 일이 있으면 모두 자기들이 해결해준다. 자라면서 차츰차츰 하나씩 배워가야 할 것들을 아이는 하나도 배우지 못한다. 어려운 문제들을 어떻게 해결할지 전혀 모르게 된다.

보호를 받고 자라던 아이는 어느 날 갑자기 춥고 혹독한 '세상'을 만나게 된다. 학교 선생부터 친구들까지 하나같이 불친절하다. 아이는 '희한한 애'라고 따돌림 당하거나 거칠게 대접을 받는다. 남과 다를 바 없는 평범한 대접을 받는다는 것은 그 아이에게는 급격한 변화다. 이런 급작스런 변화를 당하면 쉽게 열등감이 생긴다. 아이는 자기 자신을 기준에 미달하는 존재, 외면당하는 존재로 여기게 된다.

아이는 성인이 되어도 부모의 도움 없이는 결정을 내리지 못한다. 부모의 뜻을 거슬러서도 안 된다. 이런 사람들은 여러 사람들과 어울렸을 때 자연스럽게 행동하지 못한다.

여성들의 경우에는 엄격한 아버지 밑에서 자라면 의존성을 띠게 된다. 아이를 낳으면 아이에게 기댄다. 어머니에게 의지해 살아온 남자 아이들은 어른이 되어서도 그 정서의 울타리를 뛰어넘지 못한다. 그런 남자들은 어머니 같은 지배적인 아내들을 원한다.

열등감은 내면의 강력한 메시지다

우리는 기억하고 싶은 것만 기억한다

우리는 자기 자신과 세상에 대해 자신만의 의견을 갖고 있다. 그 의견은 우리의 기억에까지 영향을 미친다. '나는 침착한 사람'이라고 생각하면 침착하게 행동했던 경험들을 강하게 기억하면서 자기 의견을 믿는다. '세상은 무섭고 힘든 곳'이라는 의견을 갖고 있다면 그에 맞는 경험을 기억하면서 자기 의견을 믿는다. 이렇게 자기 의견에 맞는 기억만을 형성하고 보존하므로 자신이 어떤 사람인가는 스스로 결정하는 셈이다.

어릴 때부터 신체적으로 허약한 아이는 다른 아이들보다 힘들어하는 자신을 의식하고 기억한다. 다른 아이들이 무시하거나 비웃는 경우 세상은 나를 비웃는 곳, 실망을 안겨주는 곳이라는 의견을 갖게 된다. 그러면 다른 사람과 함께 어울리는 것을 피한다. 열등감을 안겨주지 않을 상황만 선택한다.

응석받이로 키워진 아이는 사람들이 자신에게 관심을 덜 갖거나 욕구가 받아들여지지 않는 경우를 도저히 받아들이지 못한다. 자신에게 관심이 기울이지 않는다는 이유만으로 미워하고 분노하게 된다.

부모에게 학대 받았거나 무시당하거나 일찍 부모 곁을 떠난 아이들에게 세상은 '무서운 곳', '내 의견 따위는 중요하지 않은 곳'이 된다.

적절한 애정을 경험하지 못한 탓에 자신을 미워하고 세상에 대해 분노한다.

아이는 어른이 되어도 자신의 의견에 맞는 사실들을 기억하면서 자기 의견을 더욱 확신한다. 살아가는 스타일도 그 의견에 맞춰 형성해 나간다. 상처 입지 않을 환경을 선택하고 열등감을 주지 않는 상황 속에서만 지낸다.

사랑의 부족이 우리를 병들게 한다

자신감은 부모가 아이를 돌보는 동안에 아이에게 스며든다. 껴안고 만지고 이야기하고 듣는 가운데 그것을 배운다. 아이의 생존 본능은 부모의 사랑, 관심, 인정에 몽땅 쏠린다. 그런 확신이 없으면 아이는 자신에 대한 가치를 느끼지 못하고 자라게 된다. 그것이 거부되면 뒤틀린다. 아이에게는 칭찬을 받고 받아들여진다는 확신이 필요하다. 사랑이 거부되면 상당한 고통을 받는다.

어른이 되어서도 느끼는 막연한 불안은 어린 시절 엄마가 나를 사랑하지 않을 것이라는 두려움에서 생긴 것이다. 만나는 사람마다 자신을 사랑하고 칭찬해주지 않으면 불안하다. 그러나 표현하지 못하는 분노와 적의가 늘 담겨 있다.

어린 시절의 분리 경험을 소화하지 못한 채로 자라면 나중에 커다란 상처가 된다. 환영 받지 못하는 아이는 성인이 된 이후에도 행동을 자제하고 눈에 띠지 않게 자신을 위축시킨다. 인생 자체에 대한 공포가 점점 커진다.

부모뿐만 아니라 교사들, 친척들, 친구들의 영향도 크다. 무심한 교사들은 아이들에게 상처를 입힌다. 친척들은 아이가 잘되라고 늘 충고하고 꾸짖는다. 친구들은 조금만 틈이 보여도 괴롭힌다.

아이들은 웬만한 모욕은 참아 넘긴다. 그러나 계속 당하면 가학적 성향이 되어 자기보다 더 어리거나 약한 아이들을 괴롭힌다. 분노를 전이시키지 않으면 파괴적 성향이 되기 쉽다. 문제아들은 학교와 부모들에게 강한 메시지를 보내고 있는 셈이다. 여기에 교사의 열등감까지 가세하면 더 난감해진다. 열등감은 영원히 대물림된다.

아이들은 부모나 주변 어른들로부터 의견, 규칙, 금지 사항, 가치, 도덕 등을 그대로 물려받는다. 부모의 행동은 자녀의 행동 방향이 된다. 강압적인 부모 밑에서 자라난 아이는 남의 의견을 그대로 받아들인다. 의존적이고 자신감이 부족한 어른으로 자란다. 외부에서 제시하는 모범만 좇을 뿐이다.

열등감을 동력으로 만들 수 있다

열등감을 체계적으로 연구한 학자는 프로이트의 제자 알프레드 아들러다. 그는 열등감이란 다른 사람과 비교해서 뒤떨어져 있는 상태라기보다, 뒤떨어진 것을 극복하려는 정서라고 강조점을 스승과는 달리했다. 예를 들면 유명한 웅변가 데모스테네스는 심하게 말을 더듬었는데, 그 약점을 보상하기 위해 말더듬기를 극복하는 과정을 통과하자 최고의 웅변가가 되었다. 그래서 열등감은 자신이 열등한 존재라는 의식이자 동시에 우월을 바라며 힘을 가지려는 감정이라고 정의한 것이다. 좀 더 미래지향적인 개념이다.

보상받고자 하는 결점이 신체적인 기관·형태·기능에만 한정되는 것은 아니다. 지적 경쟁에서 실패한 아이가 운동 경기에서 이기려고 하는 것도 열등감의 보상이다. 이러한 뜻에서 열등감은 교육적으로 바람직한 것으로 생각되지만, 열등감이 너무 강해 자신의 결점을 극복할 수 없다고 생각되면 지나친 우월·권력을 추구하게 되어 우울증 등의 원인이 되기도 한다. 때로는 침착성을 잃고 성급해져서 격정에 빠지기 쉽다. 다른 사람을 고려하지 않기 때문에 과대망상으로까지 발전한다.

열등감이라는 개념은 지나치게 일반화, 일상화되었으며, 약점을 보상할 수 있다는 사고방식을 너무 쉽게 갖기 때문에, 정신분석과 심리학에서는 소홀히 다루고 경시하는 경향이 있지만 그 바탕에는 검토하고 반성해야 할 내용들이 많다.

열등감이란 뭘까

- 열등감은 자신을 쓸모없는 존재라고 생각하는 정서적 경향이다.

- 열등감에 사로잡힌 사람은 자신을 소심하고 한심한 인간이라고 생각한다.

- 열등감은 소심한 성격이라기보다는 병적 증상이며 쉽게 치유되지 않는다.

- 열등감을 가진 사람은 늘 위축되어 있으며 뒤로 숨거나 그림자처럼 행동한다.

- 열등감에는 보다 적극적이고 미래지향적인 측면도 있다. 즉 열등한 존재가 자신의 열등함을 깨닫는 건 우월한 힘을 쟁취하려는 적극적 감정의 시작이기도 하다.

제2장
열등감의 뿌리는 너무 깊어

"아내는 사랑한다고 말하지만

그때마다 나는 왜 나를 사랑하느냐고 묻는다."

– 어느 교수의 '열등감' 사례

열등감은 어디서 비롯되는 것일까

어린 시절의 상처는 의외로 깊다

열등감과 자신감 상실의 근원은 어디일까. 왜 어떤 사람은 명랑하고 외향적인데 반해 다른 사람들은 소심하고 주춤거리고 부족한 것처럼 굴까? 사람마다 다 다르다. 그러나 심리 상담의 결과를 보면 환경적 요소가 공통적이라는 것을 알 수 있다. 대부분의 사람들이 어린 시절의 상처 때문에 자신감을 잃어버리고 어른이 된 다음에도 힘들게 살아간다.

다섯 살 이전에 겪었던 일들은 우리는 잊어버리고 살아간다. 그러나 그것은 의식의 밑바닥에 가라앉아 오랫동안 우리에게 영향을 준다. 우리 성격이 형성되는 것은 그 시기가 결정적이다. 이것은 이론이 아니라 많은 사람들을 상담하고 인터뷰한 결과이다. 어른이 되어서도 다시 기억을 떠올려보면 아이는 그 사건이 남긴 상처만 기억하는 것이 아니라 당시의 상황까지도 다 기억하고 있다는 것을 알 수 있다.

이런 일들은 우리 주변에서 숱하게 벌어진다. 우리 자신들도 여러 건의 사건들을 기억할 수 있을 것이다. 흔히 벌어지는 이런 장면들은 우리 주변에 허다하다.

'어떤 아이'가 피아노를 배웠다. 열심히 연습했지만 발표회 때 처음 무대에 오르자 당황한 나머지 연주를 망치고 말았다. 자랑스러운 표정으로 객석에 앉아 있던 부모들은 창피해서 얼굴을 들 수 없었다. 좀 으스대고 싶었는데 체면이 엉망이 되었다. 다른 아이들은 모두 나름대로 연주를 잘 했는데 자기 아이만 실수를 한 것이다.

"아이구, 이게 무슨 꼴이냐. 너한테 실망이다, 정말."

"너 도대체 연습은 제대로 한 거냐?"

"돈만 들이고 이게 뭐야. 시간 버려 돈 버려."

집으로 돌아오는 동안 아이는 이 소리를 엄마와 아빠로부터 각각 열 번은 들어야 했다. 아이는 다시는 피아노를 치지 못했다. 그리고 자신은 영원히 부모의 기대를 만족시키지 못할 거라고 생각하며 살게 되었다.

어른이 되어서도 그는 어디를 가나 늘 부끄러워하고 당황해서 실수하는 일이 많았다.

"나는 부모님들을 실망시켰어. 다시는 사랑해주지 않을 거야. 나 같이 가치 없는 놈은 아무도 사랑해주지 않을 거야. 나는 실패자야."

아이들은 아주 섬세하고 민감해서 그런 일을 너무 부풀려서 생각한다. 그 아이의 부모는 아이를 사랑했고 상처를 입힐 생각으로 그런 것은 아니었지만 결과를 달랐다. 어린 시절의 기억은 희미해져 갔지만 그 수치심은 영원히 남았다. 그는 평생 열등감과 불안감을 안고 살았다.

우리에게는 이런 상처가 결정적인 것 하나만 있는 것이 아니다. 작은 상처들이 무수히 많다.

'그'는 40대의 지방대학 교수다. 사회적으로 성공했지만 완전히 절망에 빠져 살고 있다. 몸도 마음도 다 병든 것이다. 그의 부모는 사회적인 명사들이었다. 어머니는 소유욕이 강하고 아버지는 반대만 하는 분이었다. 엄마아빠가 자신을 다정하게 껴안아주었던 기억이 없다. 그가 부모의 눈길을 받는 방법은 공부를 잘하는 것 밖에 없었다. 어린 시절은 늘 혼자였고 늘 쓸쓸했다. 의지할 것이 아무 것도 없었다. 부모에게 그는 별 의미가 없는 존재 같았다.

스무 살에 그는 알코올에 빠졌다. 스물두 살에 결혼해서 스물여섯에 이혼하고 그 해에 다시 결혼했다. 스물여덟에는 알코올 중독자 치료 모임에 들어갔다.

치료 모임에 들어간 이후 술을 조절할 수 있었던 기간 동안에 그는 논문을 쓰기 시작해 박사 학위를 받았다. 그때는 두 번째 아내와 이혼 소송 중이었다. 이어 교수가 되고 학과장이 되었다. 15년 동안 술을 끊었고 학문적 성과를 이뤘고 아름다운 아내와 아이들과 집이 있었지만 그는 여전히 우울하다. 대상도 없는 분노에 늘 휩싸여 있다. 자신이 전혀 가치 없는 인간이라는 생각밖에 안 든다. 늘 소화불량, 위경련, 위산과다, 편두통에 시달린다. 아내는 사랑한다고 말하지만 그때마다 그는 왜 나를 사랑하느냐고 묻는다. 대부분의 시간을 그는 혼자 있지 못한다.

이런 사례들은 우리 주변에 의외로 많다. 열등감 가진 사람들이 소극적이어서 눈에 띄지 않을 뿐이다. 우리 모두는 의식하지 못할 따름이지 이런 상처들을 누구나 가지고 있다. 그리고 자신의 행동이 자기 못난 탓이거나 성격 탓이라고 생각하며 살고 있다. 하지만 내면에는 이런 상처들이 잠복해 늘 피를 흘리고 있다. 겉으로 드러나는 데에는 각자의 정도 차이가 있을 따름이다.

열등감에는 원초적인 원인이 있다
열등감에는 일상적인 정서 수준의 열등감이 있는가 하면 병적 수준의 열등감도 있다. 먼저 일상적으로 찾아볼 수 있는 보통 수준의 열등감을 보자.

당해낼 수 없는 적

사람들은 왜 자신이 뭔가 모자라는 인간이라는 느낌에 고통을 받을까. 그 이유에는 두 가지다. 인간들은 어느 정도는 자연의 힘에 좌우된다. 의학과 과학의 기술이 발달해 있는 오늘날에도 세균이라는 작은 적, 혹은 날씨라는 큰 적의 공격을 받으면 당해낼 방법이 없다. 인간은 정말 모자라고 힘이 없는 존재다.

그러므로 때때로 자신이 모자라고 부족한 인간이라고 느끼는 것은 모든 인간에게 아주 자연스러운 일이다. 바이러스나 날씨 같은 적들에게 보통 사람들로서는 대적할 방법이 없다. 이것은 인간의 유전자에 기록되어 있는 인간 본연의 열등감일 것이다. 문명의 원동력은 인간이 스스로를 모자라고 부족한 존재라고 생각하는 느낌, 즉 열등감 극복의 의지다.

느린 성장의 무력감

모든 사람들이 열등감을 느끼는 두 번째 이유는 훨씬 이해하기 쉽다. 야생의 짐승들을 보면 생존 기술들을 상당히 빨리 배우는 편이다. 태어나자마자 걸을 수 있으며 몇 달 지나면 독립해 혼자 살아갈 수 있을 정도다. 새끼 고양이는 서너 달이면 어미에게서 배울 건 대충 다 배운다. 이와 비교하면 인간 아기의 성장은 매우 느리다. 부모의 보호를 아주 오랜 기간 동안 받아야 한다. 인간이 독립해서 혼자 살아가려면 고양이보다 50배 이상의 시간을 부모 밑에서 보호받으면서 배워야 한다. 긴 세월 동안 우리는 이런 식으로 살아오면서 자연스럽게 자신이 부모에 비해 부족하고 모자란 존재라는 느낌을 받는다. 이런 느낌을 극복하려는 아이들의 노력은 시간이 갈수록 성장을 촉진하는 원동력이 된다. 어린 시절의 동물들은 두뇌의 발달보다 육체의 발달이 빠르지만, 어린 인간은 두뇌의 발달이 육체의 발달보다 빠르다. 인간은 육체를 효율적으로 움직일 수 있는 충분한 힘이 생기기도 전에 머리로는 뭘 해야 할지를 알게 된다. 해야 할 일을 알고는 있지만 실제로 실행해보면 불가능하다는 것을 알게 된다. 그래서 자연히 주변의 어른들보다 육체적으로 열등하다는 생각을 갖게 된다.

아동기를 벗어나 청소년기에 접어들면 두뇌가 발달해 어른이 하는 일을 할 줄 안다. 하지만 육체적인 힘은 아직 어른에 미치지 못한다. 아이들은 그 차이를 심각하게 느낀다. 이런 것이 인간의 느린 성장 때문에 자연스럽게 느끼게 되는 열등감들의 원인이다.

낙원의 상실

이기심, 자만심, 건방진 태도 등은 다 어린 시절에 생긴다. 그래서 이런 것들을 유아적 과대망상증이라고 부른다. 어린애들은 자기가 무엇이나 할 수 있다고 느낀다. 실제로 아이들은 뭐든지 할 수 있다. 갖고 싶으면 뭐든지 가질 수 있다. 뭐든지 움직일 수 있다. 집안 전체가 애

하나의 요구를 충족시키기 위해 거기에 맞춰서 돌아간다. 애가 울면 엄마는 만사를 제치고 달려간다. 배고프면 누군가가 기다리고 있다가 젖병을 물려준다. 웃으면 카메라를 가지러 달려간다. 보는 사람마다 탄성과 감탄사를 울린다.

애들이 이런 어른들의 아첨을 모를 것 같은가. 다 알고 있다. 아이들은 자신이 우주의 중심이고 모두에게 사랑받고 있다는 것을 너무나 잘 알고 있다. 그들은 이 우주를 작동하는 주인이다. 그들은 전지전능하다.

엄마가 아이를 껴안고 무조건적인 사랑을 퍼부을 때 아이가 뭘 느낄지 추측하기란 어렵지 않다. 대단한 상상력도 필요 없다. 아이는 엄마의 사랑을 받기 위해 특별히 뭘 할 필요도 없다. 엄마는 사랑하는 아기이기 때문에 먹이고 보살피고 어르고 떠받들고 길러준다. 이 시기를 나중에 회상해보라고 하면 모두들 '환희' '기쁨' '황홀' 같은 단어를 쓴다.

그러나 이런 무조건적인 사랑이 사라지는 시기가 되면 그때부터 엄마의 미소를 보기 위해서는 엄마를 기쁘게 할 뭔가를 해야 한다. 환희의 시대는 사라져간다. 모든 것을 다 할 수 없다는 것을 알게 된다. 만질 수 없는 것들이 점점 늘어간다. 하지 말라는 행동들이 점점 늘어간다. 엄마는 이유 없이 화를 내기도 한다. 분노와 좌절의 비명소리가 아이는 듣기 싫다. 아기들은 드디어 낙원에서 퇴거당한다. 엄마는 더 이상 변덕을 부린다고 다 받아주지 않는다. 손바닥으로 때리기도 하고 눈살을 찌푸리기도 한다. 수천 가지의 규칙이 만들어지고 수백 가지의 금지 사항이 만들어진다. 슬프지만 그들은 더 이상 모든 것을 맘대로 할 수 없다.

유치원의 첫날 어머니가 떠나자마자 아이의 울부짖음이 가슴을 아프게 한다. 낙원의 환희에 대한 열망은 영원히 막을 내린다.

예상치 못한 경험과 좌절

아이는 자라면서 점점 자신의 힘이 커지고 있다는 것을 느끼고 확인한다. 경험 없는 어린 아이였을 때는 모든 것이 낯설고 불안했지만 경험이 쌓이면 쌓일수록 거기서 서서히 벗어난다. 점점 자신감이 생긴다. 그러나 삶의 길에는 늘 예상하지 못하고 경험하지 못했던 새로운 사건들과 도전들이 기다리고 있다. 이때에 새로운 도전에 좌절하게 되면 오히려 더욱 심각한 열등감을 갖게 된다. 자신이 풀지 못할 사건들을 만나면 아직 모자라는 존재라는 것을 더 심각하게 느끼기 때문이다. 이런 사건들은 아주 중요한 영향을 미친다. 마음이 불안하거나 신경이 예민하거나 몸이 약할 때라면 그 사건을 해결하기가 더욱 버거워질 수밖에 없고 아이는 좌절을 지나치게 중대한 사건으로 받아들인다. 그러면 자신의 존재가 하찮다는 생각이 강해지고 더욱 깊이 마음속에 각인된다. 이때 심각한 열등감이 생긴다.

반복 주입된 부정적 정보

어린 아이 시절에는 부모에게 완전히 의지해 살아간다. 이때에는 부모가 모든 것을 해결해준다. 그리고 아이를 향해 수많은 정보들을 전달한다. 아이는 그것들은 가감 없이 순수하게 받아들인다. 부모가 하는 말들은 모두 진리이고 사실이며 대단히 가치 있다고 생각한다. 그 영향은 성인이 된 다음에도 지워지지 않는다. 부모에게서 받은 정보들은 여전히 가치 있다고 여기며 다른 사람들보다 그런 것에 훨씬 더 주의를 하고 중요하게 생각한다. 아이를 비하하고 비난하는 말들도 마찬가지이다. 아이에게 '쓸모없는 녀석'이라는 말을 하면 아이는 정말로 자신을 쓸모없는 인간이라고 받아들인다.

아이들은 늘 질문을 한다. 아이들의 호기심은 생존을 위한 정보 습득의 한 방편이다. 그러나 인내심이 부족한 어른들은 생각 없이 말을 던진다. "바보 같은 질문 좀 하지 마." 이런 말들은 열등감을 싹틔우는 훌륭한 씨앗이 된다. 아이들은 그 말이 정말이라고 믿는다. 그래서 자신이 바보라고 생각한다. 몇 번만 더 들으면 정말 바보가 되는 것이다.

육체적인 특징과 결점

우리는 오감을 통해 여러 가지를 배운다. 그런데 신체에 작은 결함이라도 있으면 삶에 대한 생각이 달라진다. 자신이 다른 사람들과 다르다는 생각은 소외감과 열등감을 느끼게 만든다.

육체적인 약점은 다른 약점보다 훨씬 더 견뎌내기 힘들다. 사람들 앞에 서면 얼굴이 붉어진다든지 주근깨가 있다든지 귀가 너무 크다든지 하는 아주 사소한 것들 때문에 아이들은 놀림을 받는다. 아이들로서는 자연스러운 개인적 차이의 확인 과정일 뿐이다. 그러나 놀림받는 아이들은 열등감이 훨씬 더 빨리 더 심하게 시작된다. 이런 사소한 것들이 열등감의 시작이다.

귀에 이상이 있어 청력이 약한 아이는 남의 말을 또렷하게 듣지 못해 말 배우는 게 늦어진다. 남보다 말하는 게 늦어지면 아이는 자신이 '정상적인 수준에 도달하지 못했다'고 생각한다. 자신만 뭔가 다른 것이다. 그 결과 쉽게 소외감을 느끼고 부끄러움을 탄다. 그런 다음에는 행동이 달라진다.

치아에 이상이 있어 발음이 부정확한 아이는 다른 아이들의 놀림을 받기 쉽다. 점점 말수가 줄어들고 나중에는 거의 말을 하지 않게 된다. 전문가의 도움을 받아도 이런 상처들은 쉽게 치유되지 않는다. 아이는 나이가 들어서도 계속 우울한 인생을 살기 쉽다. 우울한 아이가 우울한 어른이 되는 것이다.

모르는 사이에 스며드는 불안

열등감과 불안은 말로도 옮겨지지만 말이 없이도 옮겨진다. 그것은 마치 물이 삼투압에 의해 침투되듯이 전달된다. 아이들은 환경의 차이를 금방 알아채고 받아들인다. 아이들은 대단한 관찰자이다. 하지만 불행하게도 제대로 해석은 하지 못한다.

아직 태어나지 않은 아기들이 어머니의 감정에 영향을 받는다는 증거는 아주 많다. 어떤 젊은 여성은 이유 없는 불안 증세 때문에 사회생활을 제대로 하지 못할 정도로 시달리고 있는데 그 근원을 따져 보니 어머니가 임신 기간 중에 혼자 지내면서 큰 불안감에 시달렸다고 한다. 태어나지 않은 아이는 육체와 감정이 어머니의 일부분이다. 공포, 불안, 분노와 같은 부정적인 감정은 태어나지 않은 아이에게 부정적인 감정적 영향을 준다. 하버드대학의 인류학자 애슐리 몬태규는 임신한 여성 감정이 다양한 방법으로 태어나지 않은 아이에게 영향을 줄 수 있다고 한다.

어머니가 임신에 대해 거부하거나 무관심할 수 있는데 그런 태도는 자궁 속 아이의 발달에 영향을 미친다.

모든 사람이 가끔 느끼는 보통 수준의 열등감은 별로 걱정할 것이 없다. 문제는 열등감이 점점 증대되어 완전히 굳어지는 것이다. 심각한 열등감에 고통 받는다면 자신이 심한 열등감에 시달리고 있다는 사실을 인정하고 받아들이는 것이 중요하다.

자기 열등감을 인정한다는 것은 자기 자신을 제대로 아는 것이다. 이것이 중요하다. 그래야 자기 교정을 할 수 있고 자기 계발을 제대로 할 수 있다. 열등감을 조절하고 극복하려면 자신의 열등감을 아는 것이 가장 중요하다. 그러나 대부분의 사람들은 성격상의 문제나 운명으로 생각하고 넘어가버린다.

희망적인 사실이 있다. 아무리 열등감이 상습적이고 심각하다고 해도 우리가 그것을 이겨낼 수 있다는 사실이다. 단, 열등감이 생겼을 때 자기 연민에 빠지거나 병적인 상태에 빠져버리면 안 된다. 스스로를 불쌍하게 여기면 열등감에게 지배를 당하게 된다. 그러나 문제를 마주보고 그것을 이겨내겠다고 부딪쳐보면 대개는 치유할 수 있다. 물론 이때에 열등감이 어디서 오는지를 아는 것이 열등감을 제거하는 첫 걸음이다.

'혹독한 세상'이 기다리고 있다

살아 있는 것들의 모성애는 강하다. 인간도 예외는 아니다. 부모들은 누구나 아이를 열심히 돌봐주고 정성껏 가르치려고 한다. 요즘 엄마들은 그런 경향이 더욱 강하다. 모성애라기보다는 극심한 경쟁 사회의 생존법으로 보인다. 그러나 극성스럽게 아이를 관리할수록 아이에게는 나쁘다는 것은 슬픈 사실이지만 맞다. 부모의 간섭이 상대적으로 덜 했고 혼자 알아서 놀 수밖에 없었던 이전 시대의 아이들이 정신적으로 훨씬 건강했다고 할 수 있다.

부모의 극성이 심해지면 아이의 싹을 밟아버리는 결과가 된다. 아이를 애지중지하는 부모들은 어려운 일이 있으면 모두 자기들이 해결해준다. 아이 앞에 장애물이 있으면 스스로 해결하도록 이끌어주는 것이 아니라 부모가 미리 치워준다. 아이가 할 일은? 기다리기만 하면 된다. 자라면서 차츰차츰 하나씩 배워가야 할 것들을 아이는 하나도 배우지 못한다. 문제들을 어떻게 해결할지 전혀 모르게 된다. 당장 우리 자신과 친구들만 생각해보아도 선하게 떠오르는 장면이다.

이야기가 여기서 끝나면 참 살기 좋은 세상일 것이다. 그러나 보호를 받고 자라던 아이는 어느 날 갑자기 엄청난 충격을 받는다. 학교에 가기 위해 집을 나서는 순간 엄마 아빠처럼 친절한 인간은 하나도 없다는 사실을 발견한다. 학교 선생부터 친구들까지 하나같이 불친절하다. 아니, 나를 아무렇지도 않게 대하다니. 아이는 수업을 해도 놀이를 해도 늘 '희한한 녀석'이라고 따돌림 당하거나 거칠게 대접을 받는다.

남과 똑같이 공평하게 다뤄진다는 것은 당연하고도 자연스러운 일이다. 그러나 애지중지 대접을 받다가 남과 다를 바 없는 평범한 대접을 받는다는 것은 그 아이에게는 급격한 변화다. 이런 급작스런 변화는 쉽게 열등감을 유발한다. 아이는 자기 자신을 보통 아이들의 기준에 미달하는 존재, 아이들에게 외면당하는 이상한 존재로 여기게 된다.

부모에게 의지하는 정도가 심한 아이들은 어른이 되어서도 '생소한 인간'으로 취급 받는다. 그들의 약점은 스스로 결정을 못한다는 데에서 나아가, 결혼하면 상대를 자주 자기 부모와 비교한다. 독립성보다는 의존성이 강해서 상대가 부모처럼 자신을 보호해주고 돌봐줘야 할 사람으로 보기 때문에 부모가 평가의 기준이 된다. 독립적인 인간으로서의 기능은 일부 정지된다.

여성들의 경우에는 횡포한 아버지 밑에서 자라면 대부분 심한 의존성을 띄게 된다. 이런 여성들이 아이를 낳으면 그때는 아이에게 기댄다. 자기 아이들보다 훨씬 나이가 많으면서도 더 어리게 행동한다.

남자들도 예외는 아니다. 어머니에게 의지해 살아온 남자 아이들은 어른이 되어서도 그 정서의 울타리를 뛰어넘지 못한다. 그런 남자들은 자신을 쥐고 흔들어줄 어머니 같은 지배적인 아내들을 원한다. 그에게는 그것이 자연스럽고 편하다. 집안에서 남자들의 권위는 아이들 수준이다. '어머니'인 아내는 그런 남편을 늘 지배하고, 그런 남편은 아내의 지배를 기쁘게 받아들인다.

불화는 열등감을 유발한다

가정불화는 아이들에게는 열등감의 또 다른 원인이 된다. 부모가 자주 싸우면 아이들은 자연히 안정감을 느끼지 못한다. 부모들의 기분을 상하게 하지 않을까 하여 독립적으로 행동하기를 두려워한다. 부모의 기분에 맞추려고 노력한다. 이 의존적 경향이 커져 어른이 되어서도 늘 남에게 지고 떠밀려도 당연하게 생각한다.

부모 자식간의 불화가 커도 역시 같은 영향을 미친다. 부모 중의 한 쪽이라도 어떤 아이에게 퉁명스럽게 굴거나 다른 형제들과 차별을 하면 그 아이는 어른이 되어서도 남들과 어울리면 어색해 하면서 말을 잘 하지 못한다.

부모가 아이에게 너무 쉽게 굴복하는 것도 문제다. 부모가 쉽게 양보해버리면 아이는 늘 자기가 결정을 하게 된다. 그러면 아이는 다른 사람들의 마음을 이해하지 못하게 된다. 자신은 늘 자기 마음대로 결정을 해왔는데 왜 집 밖에만 나가면 사람들이 그걸 받아주지 않는지 이해를 못하는 것이다. 그럴 경우 심한 소외감을 느끼고 좌절하게 된다. 이것도 열등감으로 연결된다.

우울한 이야기이기는 해도 이런 사실들은 흥미롭고 관심을 끈다. 그걸 스스로 파악하면 자기 자신과 다른 사람들을 이해할 수 있기 때문이다. 그러면 성공과 행복의 영역으로 한 걸음 더 다가갈 수 있다.

환경은 거부할 수 없는 것일까

삶의 방식은 5세 전에 결정된다

다섯 살 이전에 일어났던 일들은 최소한 98% 정도 기억하지 못한다. 무의식 속에 묻혀 있는 것이다. 하지만 그것을 다시 찾아내서 경험하는 방법이 있다. 단지 기억하는 것이 아니라 그 일을 다시 겪어보는 것이다. 그러면 정신적인 증상들을 제거할 수 있다. 그만큼 이 시기에 겪은 일들은 중요하다.

프로이트는 다섯 살까지의 경험이 우리 인생에 결정적인 영향을 미친다고 보았다. 그 이후의 일들이 아무리 강렬해도 그것을 지우거나 덮어씌울 수 없다. 두 살 때의 경험은 아이가 이해하지도 못하지만 기억하지도 못한다. 그러나 이후의 인생에서 그것은 강박 관념이 되어 갑자기 찾아든다. 행동에 영향을 주고, 사람들을 좋아하거나 싫어하게 되고, 이성적으로 방어할 수 없는 방식으로 선택을 하게 만든다.

개성이나 라이프스타일의 원형은 5세 정도에 정해진다. 평생 살아갈 방식이나 성격이 정해지는 것이다. 새로운 경험들은 그런 원형을 바꾸기보다는 그걸 설명하는 데 유용하게 쓰일 뿐이다. 이미 정해진 생각에 꿰맞춘다는 것이 옳다. 그것은 우리가 새로운 지식을 받아들일 때 열린 마음으로 받아들이는 것이 아니라 우리의 틀에 박힌 방식에 억지로 맞추는 것과 다르지 않다.

어린 시절에 잘못된 생활 양식을 형성하는 세 가지 기본 상황이 있다. 첫 번째 것은 '신체적 결함'이다. 질병도 마찬가지이다. 그런 결함이 다른 사람들의 올바른 관심을 끌지 못한다면 그는 외부와의 소통을 중단하고 자신의 내부만 바라본다. 그러면 평생 강한 열등감을 갖고 살아가게 된다. 그 중 소수는 우월감을 확보해 과도한 보상을 받으려고 할 것이다. 사랑하는 사람의 격려만이 몇몇을 진정으로 보상할 것이다.

두 번째는 '애지중지'다. 많은 아이들이 다른 사람의 행동을 보고 주지 않고는 얻을 수 없다는 것을 배운다. 그러나 애지중지 커온 아이들이 원하는 것은 모든 사람들을 내려다보고 명령하는 것이다. 이 말은 아이의 상황이 굉장히 좋은 것처럼 들린다. 하지만 그렇게 자라온 아이들은 두 가지 면에서 실패한다. 우선 자기 일은 자기가 해야 한다는 것을 배우지 못한다. 그래서 나중에야 자신이 열등하다는 것을 알게 된다. 두 번째는 명령을 내릴 줄만 알지 다른 사람을 다루는 방법을 배우지 못한다. 사회는 애지중지 커온 사람들을 미워할 뿐 아무런 대응을 하지 않는다. 비법도 가르쳐주지 않는다. 결국에는 도태되기 쉽다.

세 번째는 방치다. 방치되거나 학대 받은 아이들은 애지중지 커온 아이들이 배운 것을 똑같이 배운다. 하지만 더 직접적인 방법으로 배운다. 그들은 열등하다는 것을 그 자리에서 배운다. 쓸모없는 놈이라는 소리를 날마다 듣기 때문이다. 그들은 이기심을 배운다. 아무도 믿지 말라고 배우기 때문이다. 그들은 자신의 존재 가치를 인정하지 않는다. 아무도 자신을 돌보아주지 않기 때문이다. 사랑이 뭔지 배운 적이 없다면 나중에 그것을 받아들이지 못한다.

방치된 아이들이란 고아들만 가리키는 것이 아니다. 학대받는 아이들도 마찬가지이다. 부모가 함께 있지 않거나 엄격한 환경에서 자란 아이들도 마찬가지이다. 모두 방치된 아이들이다. 요즘에는 이런 식의 방치가 아주 흔하지만 방치해 놓고도 부모는 깨닫지 못한다. 방치된 아이들이 입는 상처는 열등감이란 씨앗에는 비료나 마찬가지다.

출생 순서도 운명적 영향을 미친다

아이의 어린 시절에 영향을 미치는 것이 아이의 어머니와 아버지와 다른 어른들일 뿐만 아니다. 아이의 형제자매 역시 영향을 미친다. 심리학자 알프레드 아들러가 유명해진 것은 열등감 문제에 형제자매의 영향과 출생 순서의 영향을 참작한 것 때문일 것이다. 출생 순서를 생각한 것은 형과 경쟁했던 아들러 자신의 경험적 아이디어다. 이는 사람들을 이해하는 데에 유용한 가설이다. 그러나 그리 진지하게 받아들여지지 않았다.

외둥이는 다른 아이들보다 애지중지 자랄 경향이 많다. 결코 좋은 결과를 얻지 못한다. 결국 외둥이의 부모들은 달걀을 한 바구니에 담는 셈이다. 한 아이에 모든 것을 걸고 특별한 대우를 하게 된다. 그들의 자존심과 기쁨을 모두 건다. 때로는 걱정이 많아진다. 반면에 부모들이 학대를 한다면 외둥이는 홀로 그 학대를 견뎌야 한다.

첫 아이의 인생은 외동으로 시작된다. 모든 관심이 그 아이에게만 쏟아진다. 슬프게도 상황이 나아지는 것은 둘째가 태어나는 사건이다. 그러면 첫째의 왕관은 벗겨진다. 처음에는 첫째가 잃어버린 지위 때문에 싸우게 된다. 그래서 아기처럼 행동한다. 결국 동생 때문에 고통당하는 것처럼 보인다. 결국 부모에게 퇴짜 맞고 철들라는 소리나 듣는다. 어떤 아이들은 반항적이 되기도 한다. 다른 아이들은 주눅이 든다. 그래서 첫째는 다른 아이들보다 문제아가 될 가능성이 많다. 긍정적으로는 조숙하게 된다. 첫째는 가족 중에서 다른 아이들보다 상대적으로 외롭다. 그리고 보수적이다.

둘째는 매우 다른 상황에서 자란다. 첫째가 둘째를 늘 견제하는 일종의 속도 조절자 역할을 하는 것이다. 둘째는 그걸 추월하려고 매우 경쟁적이 된다. 끊임없이 자기보다 큰 아이들을 이기려고 한다. 그래서 성공하는 둘째들이 많다. 하지만 둘째들은 그 레이스가 영원히 끝나지 않는다고 생각한다. 그래서 정착하지 않고 계속 달리기를 꿈꾼다. 뒤이어 나온 아이들은 둘째를 닮으려고 한다.

막내는 가족 중에서 애지중지 자랄 경향이 가장 높다. 외둥이보다 더하다. 막내는 자기 자리를 동생에게 내주어야 할 필요가 없는 '영구 집권자'다. 그래서 막내 역시 첫째 다음으로 문제아가 될 가능성이 많다. 반면에 막내는 엄청난 열등감을 갖고 있다. 형제들 모두가 자기보다 크고 힘이 세기 때문이다. 막내에게는 모든 형제들이 속도 조절자이다. 그래서 그 모두를 추월하려는 욕망을 느낀다.

첫째, 둘째, 셋째가 눈에 보이듯 그렇게 확실하게 구별되지는 않는다. 터울이 길면 더더구나 거의 구별이 안 된다. 서로 비슷해지는 경향을 보인다. 모두가 외둥이처럼 자라기 때문이다. 둘째가 여자아이인 경우에는 첫째를 경쟁자로 생각하지 않는다. 여자들만 있는 가족의 남자아이는 외둥이처럼 자란다. 그러므로 각각의 경우에 따라 다르다.

자신의 의견에 얽매일 수 있다

우리는 자기 자신, 자기 삶에 대해 각자의 의견을 갖고 있다. 나는 이런 사람이고 세상은 이런 것이라는 자기만의 생각들이다. 그리고 그 의견은 우리의 기억에까지 영향을 미친다. 자신의 의견에 맞는 경험들을 강렬하게 기억하며 자신에 대한 의견을 스스로 증명하고 믿는다. 똑같은 경험을 하더라도 그 사건에 각자 자신만의 의미를 부여한다. 자기 의견에 맞는 기억만을 형성하고 보존한다. 그러므로 우리 자신이 어떤 사람인가는 스스로가 결정한다. 그런 의견을 형성할 때 세 가지 상황이 의견의 왜곡을 가져올 수 있다.

첫 번째 상황은 어릴 때 몸이 허약하거나 병에 시달린 아이의 경우다. 어릴 때부터 신체적으로 허약한 아이는 같은 상황에서 다른 아이들보다 힘들어하는 자신을 의식한다. 이에 실망하거나 무엇인가 불공평하다는 의견을 갖게 된다. 자신의 그런 모습 때문에 다른 아이들이 무시하거나 비웃는 경우 심각하게 받아들인다. 세상은 나를 비웃는 곳, 세상은 나에게 실망을 안겨주는 곳이라는 의견을 갖게 된다. 그러면 다른 사람과 함께 어울리는 것을 피한다. 자신에게 열등감을 안겨주지 않을 상황만을 택하며 활동 영역을 줄여버린다.

두 번째 상황은 응석받이로 길러지는 아이다. 응석받이로 키워진 아이는 욕망이 충족되는 것을 당연시한다. 항상 그런 경험을 쌓아왔었기 때문에 사람들이 자신에게 관심을 덜 갖거나 욕구가 받아들여지지 않는 경우를 받아들이지 못한다. 무시해서도 아니고 나쁘게 생각해서도 아닌데 자신에게 관심이 기울이지 않는다는 이유만으로 세상에 대해 적개심을 품거나 심지어 어떤 종류의 '복수'를 하려 한다.

세 번째 상황은 무시당한 아이들이다. 부모에게 학대를 받았거나 버려진 경우, 또는 일찍 부모님 곁을 떠나야 했던 경험은 '세상은 무서운 곳', '내 의견 따위는 중요하지 않은 곳'이라는 의견을 갖게 된다. 아이는 적절한 사랑을 주고받으며 애정을 쌓아가는 과정을 경험하지 못한 탓에 자신을 미워하거나 세상에 대해 적의를 품게 된다.

이렇게 자신과 세계에 대해 그릇된 의견을 형성한 아이는 성장해가면서 계속 자신의 의견에 맞는 사실들을 깊게 인식하고 오랫동안 기억하면서 자기 의견이 맞다는 것을 더욱 확신한다. 다른 사람과 함께 어울리면서 사랑과 우정을 나누고 함께 힘을 모아 일을 이뤄내는 경험을 거의 하지 못하면서 그릇된 의견을 증폭, 확인한다.

이 의견은 자신의 강렬한 경험이 바탕이 되어 있기 때문에 살아가는 스타일을 그 의견에 맞춰 형성해 나가는 것은 지극히 당연하다. 자신에게 상처 입히지 않을 환경만을 택하려 하며 열등감을 주지 않는 상황 속에서만 군림하려고 하는 것이 당연하다. 건강한 도전과 성취, 건강한 실패를 감당할 만한 용기를 내지 못한다.

하지만 의견은 단지 의견일 뿐이다. 같은 경험을 하고도 전혀 다르게 받아들일 수 있다. 그 의견이 스스로 부과한 것이고, 지극히 작위적인 것이라는 사실을 느끼고 과감하게 던져버리면 새로운 스타일로 삶을 살 수 있다. 우리는 기억마저 자신의 의견을 뒷받침하기 위해 선별해서 기억한다. 결국 기억의 지배를 받는 것이다. 이런 사실을 깨달으면 스스로 얽매어놓은 자기 의견의 굴레를 벗어나 세상 밖으로 나아갈 수 있다.

끝내 성공하지 못하는 이유가 있다

우리는 누구나 목표 달성, 완벽한 경지, 자아실현의 압력을 평생 받고 있다. 하지만 우리들 중 어떤 사람들, 즉 실패자들은 마침내 아무것도 이루지 못한다. 실력은 형편없고 자아실현과는 너무나 거리가 멀다. 그 모든 것은 사회(전체)에 대한 관심 부족 때문이다. 긍정적으로 해석하더라도, 우리가 너무 자기 이익만 챙기는 이기적인 인간이기 때문이다. 그렇다면 무엇 때문에 우리는 그렇게 자기 이익만 챙기는 이기적인 사람이 되었을까?

실패자들이 아무 것도 이루지 못하는 것은 열등감의 지배를 당하고 있기 때문이다. 전진을 멈추지 않고, 일을 잘 해내고, 경쟁심을 느낀다면, 우리는 다른 사람에 대해 생각할 여유가 있다. 그러나 그렇지 않다면, 생존이 인생의 전부가 된다면, 우리의 관심은 점점 더 자기 자신에게 맞춰질 것이다. 자기만 바라보고 살아서는 인생에서 결코 성공할 수 없다.

응석받이 아이들이 고통을 당하는 것은 결국 자기 자신만 바라보고 있기 때문이다. 그 아이의 눈에는 전체나 다른 아이들이 보이지 않는다. 개별성이라는 것이 무엇인지도 모르고 협동하여 부족한 부분을 채우는 것도 모른다. 다른 아이들의 모습을 보고 배우면서 자신을 키워나가는 방법도 모른다.

어른들 중에서도 상대적으로 열등감이 적은 사람들을 보면 사회 활동이 많고 사회에 대해 관심이 많은 사람들이다. 그들은 함께 어울려 살아가면서 자신의 부족한 부분을 알게 모르게 보완하고 보충하면서 산다. 그런 활동을 통해 열등감이 보정이 되는 것이다.

어린 시절부터 부정적인 메시지를 듣고 자라면 그것이 무의식에 입력이 되어 성인이 되어서도 그 메시지가 영향력을 발휘한다. 인생의 시나리오가 그 메시지대로 그려지는 것이다. 그런 메시지들은 자기도 모르게 작용하기 때문에 개인들이 대처하기가 어렵다. 스스로도 의식을 하지 못하는 것이다. 부정적인 메시지를 많이 듣고 자란 아이는 부정적인 생각을 갖게 된다. 성인이 되어서도 양지에 당당하게 서기보다는 음지에서 패배자로 살 가능성이 크다.

개별성을 결함으로 생각하면 안 된다

우리는 누구나 신체적으로 강한 부분과 약한 부분을 다 같이 갖고 있다. 어떤 사람은 태어날 때 심장에 문제가 있거나, 어린 시절에 심장병이 생기기도 한다. 태어날 때부터 폐, 신장, 간이 약하거나 문제가 있는 사람도 있다. 말을 더듬거나 혀 짧은 소리를 하는 사람도 있다. 어떤 사람은 당뇨병, 천식, 소아마비에 걸린다. 시력이 나쁜 사람도 있고 청력이 약한 사람도 있고 근육 조직이 약한 사람도 있다. 어떤 사람은 살이 찌는 체질을 타고 나지만 어떤 사람은 마른 체질을 타고 난다. 어떤 사람은 지능지체자이고 어떤 사람은 신체가 불구이거나 기형이다. 어떤 사람은 키가 엄청 크기도 하고 어떤 사람은 엄청나게 작기도 하다. 기타 등등 열등감의 원인은 아주 많고도 많다.

사람들은 신체적 열등에 보상이라는 행위로 반응한다. 자기 결점을 어떤 식으로든 보충하려는 것이다. 열등한 신체 기관은 훈련을 통해 강화할 수 있다. 그러면 보통 사람들보다 그 부분이 더 강해질 수 있다. 다른 기관들이 부족한 부분을 보충하기 위해 지나치게 발달할 수도 있다. 다른 기술이나 성격 유형을 발전시켜 신체적 문제점들을 심리적으로 보충할 수도 있다. 그런 약점을 극복하면 신체 조건이 훨씬 좋은 사람들보다 더 나은 사람이 될 수 있다. 이런 과정을 통해 상상도 하지 못할 만큼 성공을 이룬 사람들이 많다.

그러나 이것은 그림의 일부분일 뿐이다. 더 많은 사람들이 심리적인 열등감을 겪는다. 우리들 중 어떤 사람들은 멍청하다, 못생겼다, 허약하다는 말을 듣는다. 어떤 사람들은 자신들이 정말로 쓸모없다고 믿게 된다. 학교에서 우리는 수없이 시험을 치른다. 그것을 성적으로 평가한다. 그러면 누구보다 내가 못났다는 것을 알게 된다. 이 정도면 참을 만하다. 그런데 얼굴에 주근깨가 있다, 자세가 구부정하다, 친구가 없다는 등등 수많은 결점들이 뒤를 잇는다. 나는 남보다 잘하는 게 하나도 없는 것으로 보인다. 운동을 해도 엉망이다.

그런데 사실 이런 것은 신체적인 결함의 문제가 아니다. 발달이 늦고 비틀어지고 약해서 그런 것이 아니다. 개별성일 뿐이다. 하지만 우리는 그렇다고 배운다.

그런데 어떤 사람들은 우리가 열등하다고 느끼는 것을 잘하게 되어 자기 결함을 보정하고 보상을 받는다. 다른 것까지 또 잘하게 되면 더욱 보정이 되고 더욱 보상을 받는다. 하지만 그렇지 않는 경우에는 열등감이 여전히 남는다. 어떤 사람들은 자존심과 자신감을 전혀 회복하지 못하는 경우도 있다.

이런 것이 각 개인들에게 딱 들어맞지 않을 수도 있다. 더 일반적인 열등감의 형태는 어린아이들의 자연스러운 열등감이다. 아이들은 누구나 주변의 어른들보다 작고 약하고 사회성이 부족하고 지적 능력이 떨어진다. 아이들의 놀이나 장난감이나 상상력을 보면 공통점을 발견할 수 있다. 빨리 자라고 싶고 커지고 싶고 어른이 되고 싶어 한다. 이런 보상은 바로 완벽한 존재가 되려는 노력과 분투이다. 이것은 아이만의 개별성이지 결함은 아니다.

결국 능력보다는 열등감 문제다

모자라고 부족하다는 생각에 사로잡히면 우리는 열등감을 점점 키우게 된다. 어린 시절을 돌아보면 나중에 열등감의 뿌리가 되었던 것들을 발견할 수 있다.

몸무게가 좀 많이 나가는 편이어서 '뚱보' 수준이었다면 그것도 나중에 열등감이 되었을 것이다. 야구나 축구 같은 운동을 배우지 못할 환경에서 자랄 수도 있다. 부모가 너무 똑똑하거나 능력이 뛰어나면 아이는 영원히 부모처럼 되지 못할 것이라는 생각을 하게 된다. 자라면서 아이는 부끄럼을 타고 위축되고 주눅이 든다. 그래서 학교 공부만 열심히 하게 된다. 그리고 그게 자신의 장점이라는 걸 알게 된다.

공부벌레가 아니었던 사람이라면 누구나 '수학 공포증' 같은 일반적인 열등감 하나쯤은 갖고 있다. 그런데 그 시작은 어디였을까. 그것은 구구단 하나 잘못 외우는 사소한 사건에서 시작된다. 자라면 자랄

수록 그런 식으로 도무지 요령을 터득할 수 없거나 이해할 수 없는 것들이 생겨난다. 자라면 자랄수록 점점 더 다른 사람들에게 뒤처지게 된다. 그래서 결정적인 위기의 지점에 다다른다. 이제는 구구단이 아니라 대수가 등장한다. 아직 구구단도 알지 못하는데 방정식이 등장한다.

수많은 사람들이 수학은 못한다고 생각한다. 그렇게 태어났다고 생각한다. 뭔가 뇌의 한 부분이 작동을 안 한다고 생각한다. 그러나 수학은 누구나 할 수 있다. 제대로 가르치기만 하면, 그리고 본인이 할 의사만 있으면. 어째서 그 수많은 사람들이 과학자가 되거나 교사가 되거나 사업가가 되는 걸 포기할까. 대학을 포기하는 사람도 있다. 능력이 없어서가 아니다. 열등감 때문이다.

우월감으로는 열등감을 덮지 못한다

열등감이 결코 작은 문제는 아니다. 일생을 지배하는 문제다. 열등감을 갖게 되면 평생 부끄러움을 타고, 자신감이 없고, 소심하고, 불안해하고, 주저하고, 겁을 내고, 수동적이 되고, 고분고분해진다. 사람들에게 지지를 받기 위해 의지하기 시작한다. 사람들의 지지를 얻으려고 작전을 펴기 시작한다. "나 멋지지, 응?" 하는 식이다. 자신이 멋지고 예쁘고 강하고 섹시하고 착하다는 것을 인정받으려고 한다. 그것들이 다 소모되면 스스로 자신을 알게 된다. 아무도 자기중심적으로 징징대는 꼴을 오랫동안 참아주지 않기 때문이다.

이외에도 열등감에 대해 사람들이 반응하는 방법이 또 있다. 우월감을 키우는 방법이다. 우월감은 우월한 척하는 행동으로 열등감을 덮는 것이다. 자신의 키가 작다면 키를 키울 수는 없다. 대신 크다는 느낌을 줄 수 있는 방법을 쓴다. 다른 모든 사람들이 더 작다고 느끼게 만드는 것이다. 골목대장, 허풍쟁이, 작은 독재자들이 어디서나 볼 수 있는 대표적인 샘플들이다.

더 솜씨 좋은 샘플은 관심을 끌기 위해 연기에 집중하는 사람들, 범죄를 저지를 때 자신이 강하다고 느끼는 사람들, 성, 인종, 민족, 종교, 성적 취향, 몸무게, 키 등등의 문제로 다른 사람을 깔보고 괴롭히는 사람들이다. 더 교묘한 경우는 자신이 가치 없다는 느낌을 알코올과 마약의 힘을 빌려 숨기는 것이다.

사랑이 가장 강력한 치료제이다

사랑이 부족하면 아이는 죽음을 택한다

아이가 태어났을 때는 자신감이나 자부심 따위가 있을 리 없다. 아이는 그것을 부모로부터 받는다. 부모가 아이를 돌보는 동안에 아이에게 스며드는 것이다. 아이를 껴안고 만지고 이야기하고 듣는 가운데 아이는 그것을 배운다. 그 과정에서 아이는 자신의 느낌이 옳다는 것을 확인하게 된다.

아이에게 가장 큰 두려움은 부모가 자신을 버리는 것이다. 또는 부모가 자신을 사랑하지 않는 것이다. 무관심하게 방치되거나 거절당하는 것은 아이에게는 가장 큰 공포이다. 아이의 생존 본능은 부모가 사랑해주는 것, 돌보아주고 관심을 기울여 주는 것, 인정해주는 것에 몽땅 쏠려 있다. 그런 확신이 없으면 아이는 자기 자신에 대한 가치를 느끼지 못하고 자라게 된다. 그러면 자기 정체성, 즉 자신이 누구인지, 자신의 가치가 뭔지, 자기 위치가 어디인지 정확하게 모르게 된다.

이런 욕구가 없이 우리는 자랄 수 없다. 아이가 받는 점수, 아이가 받은 영광, 아이가 주고받은 칭호들은 모두 어린이에게 필요한 어른의 사랑이다. 아이는 그것을 찾는다. 그것에 굶주려 있다. 그것을 거부당하면 아이는 뒤틀린다. 아이는 그저 채워지기를 기다리고 있는 컵일 뿐이다. 사랑은 여러 가지 방식으로 온다. 인정해주는 것, 관심을 표시하는 것, 이야기를 들어주는 것, 칭찬해주는 것 등등의 방식으로 온다. 더 깊은 단계로는 우리는 칭찬을 받고 받아들여진다는 확신이 필요하다. 사랑이 거부되면 우리는 상당히 깊은 수준까지 고통을 받는다.

어른이 되어서도 느끼는 막연한 불안은 어린 시절에 칭찬받지 못했기 때문에 생긴 것이다. 엄마가 찬성하지 않는 짓을 하면 나를 사랑하지 않을 것이라는 두려움에서 생긴 것이다. 근심 걱정이 많고 불안한 사람은 만나는 사람마다 그들이 자신을 사랑하고 칭찬해주지 않으면 불안하다. 그래야 안심이 된다. 칭찬과 사랑이 필요하기 때문에 불안한 사람은 자기 주위에 있는 사람들을 달래기 위해 많은 일을 한다. 그러나 감히 표현하지 못하는 상당한 분노와 적의가 늘 담겨 있다. 자신을 위해 물건을 산다든가 좋은 음식을 먹는다든가 할 때에는 늘 이 기적이라는 생각이 든다.

유아 소모증 또는 유아 쇠약증이라는 증상은 한 세대 전에 발견된 증상이다. 갑자기 엄마를 잃으면 아기는 먹기를 거부한다. 억지로 먹여도 결국에는 죽는다. 당시 미국과 캐나다에서는 91명의 아기들을 고아원에서 연구했다. 아기들은 잘 보살펴주었다. 그래도 심하게 우울해졌고 매우 불안해했다. 다른 아기들만큼 빨리 자라지 못했다. 몸무게도 늘지 않았고 줄어들기까지 했다. 좋은 음식에 적절한 의료를 받았지만 34명이 죽었다. 살아남은 아이들은 모두 여러 가지 육체적 정신적 지체 현상을 보였다. 그러나 이것은 단지 고아원에서만 일어나는 일은 아니다. 아주 환경이 좋은 가정에서도 다양한 방식으로 벌어지는 일이다.

칭찬과 사랑이 아이를 자라게 한다

부모들이 저지르는 가장 흔한 실수 중의 하나는 아이의 감정을 무시하는 일이다. 저녁 먹기 1시간 전에 아이가 부엌에 들어와 "엄마, 배고파."라고 한다면 엄마들은 뭐라고 할까. "아직 저녁 먹을 시간이 안 됐잖아."라고 할 것이다. 엄마의 말은 네 느낌 따위는 상관없다는 뜻이다. 완전히 무시당한다. "그래, 나도 배고프다. 조금 있으면 저녁 차릴 거야. 기다리기 힘들지?" 이런 대답이 아이에게는 필요하다.

아이가 손가락을 베어 깜짝 놀라서 "악!" 소리 지르는데 엄마가 "제발 허겁 좀 떨지 마라. 그 정도로는 안 죽어. 일회용 반창고나 붙여라."라고 해버리면 아이의 감정 같은 건 아무 상관없다는 태도를 보여주는 것이다. 그러나 그 반대의 경우, 즉 너무 과도한 감정을 보여주어도 상처를 받기는 마찬가지이다. 조그만 상처인데도 큰일이나 난 것처럼 부모가 먼저 호들갑을 떨어버리면 아이는 조그만 고통만 당해도 그때마다 너무 큰 감정의 격변을 겪게 된다. 이것도 바람직한 것이 아니다.

부모들은 늘 걱정한다. "도대체 애들은 어떻게 키워야 할지 모르겠어?"라고. 대답은 이렇다. "아주 많이 사랑하는 사람은 어떻게 대합니까?" 정답은 관심과 사랑이다. 아이들의 감정을 인정해주어야 한다. 아이들의 말을 경청해주어야 한다. 아이들의 의견이나 행동이나 감정을 옳지 않다고 꺾어버리지 말아야 한다. 아이들의 모든 일에 늘 관심을 보여야 한다.

칭찬은 한 번밖에 안 하면서 비판은 스무 번씩이나 하는 부모들도 있다. 그런데 그 비율이 바뀌어야 한다. 스무 번 긍정적인 칭찬을 한

다음 한 번쯤 부정적인 비판을 해주는 것이 좋은 육아 태도다.

어떤 아이들은 감기나 호흡기 질환이 끊이지 않는 경우가 있다. 천식이나 부스럼이 생기기도 한다. 그것은 아이가 사랑받기를 원하고 있다는 표시라고 말해주면 부모들은 아이들을 언제까지나 계속 사랑해줄 수는 없다고 대답한다. 부모들에게는 의미 없는 것처럼 보일지 몰라도 아이의 감정은 소중한 것이다. 사랑받는다고 하지만 아이들은 끊임없이 소외감, 열등감, 수치심, 죄책감 등을 느낀다. 그런데 이것을 부모에게 말할 방법이 없다. 잦은 호흡기 질환은 아이의 눈물이 밖으로 나오지 못하고 안으로 흐르는 현상이다.

아이들은 끊임없이 사랑받고 있다는 것을 확인해주어야 한다. 너를 사랑하고 있다는 말을 들으면 아이는 영향을 받는다. 특히 더 열심히 해라, 더 잘해라, 더 얌전해라, 더 친절해라, 더 공부해라, 더 깨끗해라, 더 깔끔해라는 등의 타이름을 받으면, 그런 목표들은 너무 커서 도달할 수 없기 때문에 아이들에게는 대단한 짐이 된다. 그러면 아이들은 "사랑한다."는 말을 들을 수 없다. 수많은 비판을 듣느라 바쁘기 때문이다.

아이는 꽃으로도 때려서는 안 된다

아이가 지나치게 억압을 당해 자기 능력 이상의 것을 강요당하고 충분한 사랑과 인정을 받지 못하면 자기 혐오증을 갖게 된다. 이것은 자학적 성향으로 나타날 수도 있다. 무의식적으로 실패를 유도하기 위한 것이다. 자학 성향은 우울증, 신체적 증상, 극단적으로는 자살 같은 형태로 나타난다. 이것들은 모두 열등감 때문에 생기는 회피 현상이다.

부모들은 매질을 하지 않더라도 여러 가지 다양한 벌을 줄 수 있다. 그러나 거기서 멈추지 않는다. 아이들은 두려움 때문에 복종할 따름이라는 사실을 부모들은 받아들일 수 없기 때문이다. 복종을 하더라도 아이들의 의지는 고스란히 살아 있다. 반항심, 불복종, 복수심 같은 형태로 남아 있다. 부모들은 오래 묵은 장치들을 총동원한다. 그들은 수천 가지 심리적인 장치로 일탈 행위를 막기 위해 수치심을 주고, 무시하고, 비난한다. 그러면서도 자신이 빗나가는 아이들의 판단과 생각을 죽이려는 의도로 그런다는 것을 인정하지 않는다. 부모들의 이런 행동에는 무의식 중에 아이를 통해 영원히 살려는 의도가 담겨 있다. 아이를 자신의 판박이로 만들면 부모의 정체성이 아이 안에 영원히 살아 있을 것이기 때문이다. 정신적으로 이상이 있건 건강하건 상관치 않는다. 자신의 이런 의도를 부모는 아이에게 수천 번 반복해서 주입시킨다.

아이는 상처 받지만 부모의 정체성이 확실히 주입된다. 부모는 헌신적이고, 강하고, 현명하고, 참을성 있고, 덕성스럽고, 힘이 넘치고, 청렴결백하고, 부유하고, 영생불사하고, 담대하고, 건강해야 한다. 어떤 좌절, 한계, 쇠퇴 앞에서도 영향을 받지 않아야 한다. 그렇게 되지 못하면 부모는 무시당한다. 엄마는 막대기를 밟고 넘어져서 다리가 부러지는 일이 없어야 한다. 어떻게 그렇게 바보 같이 바닥에 있는 막대기를 못 볼 수 있단 말인가. 어떻게 그렇게 바보 같이 균형을 잃고 비틀대다가 쓰러질 수 있단 말인가. 어떻게 그렇게 바보 같이 뼈를 부러뜨릴 만큼 약할 수 있단 말인가. 아버지가 알코올 중독자라고? 어떻게 불멸의 정복자가 자기 역할을 버리고 그렇게 엉뚱한 짓을 할 수 있단 말인가. 그는 세상의 지배자다. 어떻게 반항하는 행동을 얼마든지 할 수 있는 지배자의 역할을 버릴 수가 있단 말인가. 상처받은 아이들은 우둔, 실패, 패배, 한계 등등 부모가 조금이라도 허물어지는 모습을 보여주는 곳에서는 어디서나 분노한다.

무심한 어른들이 열등감을 대물림한다

아이의 심리적 문제는 부모 노릇을 잘못했기 때문만은 아니다. 무감각한 교사들, 친척들, 친구들 때문에 생기기도 한다. 생각 없고 무심한 교사들은 때로 아이들의 섬세한 감정 구조에 큰 상처를 입힌다. 다른 아이들 앞에서 창피를 주고 형편없는 아이의 샘플로 만들어버린다. 우리 주변의 부모들이나 교사들의 행태를 보면 몸서리가 쳐진다. 우리 아이들의 성향이 원래 나빠서 학생들의 문제가 심해지고 문제 학생들이 많아지는 것이 아니다. 사회가 끊임없이 아이들을 괴롭

히고 상처를 주어 문제 학생들을 양산하고 있는 것이다. 문제 없이 자라는 아이들이 신기할 정도다

아이들은 타고난 성향이나 재주가 다 다르다. 어떤 아이는 매우 민감하지만 어떤 아이는 웬만한 모욕쯤은 쉽게 참아 넘긴다. 그러나 비판이나 모욕에 별반 상처를 입지 않는 것 같은 아이들도 수치심이나 상처를 누르고 있을 뿐이다. 묻어둔다고 해서 없어지는 것은 아니다. 무의식이라는 구석방에 감춰두고 있을 뿐이다. 거기서 육체와 감정의 뒤틀림이 만들어진다. 공격적인 아이들은 비판과 조롱을 견뎌낸다. 하지만 그런 인내가 좋은 게 아니다. 계속 그런 일을 당하면 잔학한 일을 즐기는 가학적인 성향이 되기 쉽다. 그래서 자기보다 더 어린 아이들을 괴롭히는 아이가 된다. 방어할 수 없는 더 어린 아이에게 자신의 분노를 옮겨 놓는 것이다. '왕따'라는 따돌림 현상의 원인을 교사들은 다 알고 있다. 하지만 적극적으로 해결하기는 귀찮다. 더 큰 원인이 있다는 걸 알기 때문이다.

만약에 그런 분노를 전이시키지 않으면 어떻게 될까. 파괴적 성향이 되기 쉽다. 미국에서는 학생들의 학교 파괴 행위로 한 해에 수억 달러가 소모된다. 지금의 교육 시스템이나 일상에서는 아이들이 자신의 분노를 부모들이나 교사들에게 표현할 길이 없다. 학교는 아이들이 모욕을 당하는 장소여서는 안 된다. 창피스러운 실패로 고통을 당하는 장소여서는 안 된다. 자신에게 맞는 속도로 자신의 능력 범위

안에서 지속적으로 배울 수 있는 곳이어야 한다. 아이들은 배우고 싶어 하는 본능을 지녔다. 그래서 수천 가지의 질문을 던진다. 하지만 교과서가 그런 질문과 관계가 없다든지 수업이 흥미를 잃게 만드는 방식으로 대하면 아이들은 냉소적이고 적대적이고 반항적이 된다. 문제아들의 행태는 학교 시스템과 부모들에게 '제발 이러지 말라'는 강한 메시지인 셈이다. 흥미를 잃은 아이들은 갈 길을 모르고 헤매는 아이들이다.

어떤 아이는 선생이 일으켜 세워 놓고 옷차림이 지저분하고 머리가 엉망이라고 모욕을 주자 학교에 불을 질러버린다. 그 아이는 집이 가난해 어머니가 아이들에게 신경을 쓸 수 없어서 지저분하게 자랄 수밖에 없었지만 무심한 교사는 그런 데까지 마음써주지 않는다. 교사의 열등감까지 가세하면 더 난감해진다. 열등감은 이렇게 증폭되고 대물림된다.

분리 경험은 인간을 그림자로 만든다

태어난 후 몇 년이 이후 성장과 발달에 지대한 영향을 미치지만 버림받은 경험은 특히 영향이 크다. 어린 시절의 분리 경험(생후 6-8개월 아이가 엄마나 엄마 역할을 해줄 사람과 3~5일 정도 떨어져 방치되는 경험)을 소화하지 못한 채로 자라면 나중에 커다란 상처가 된다.

환영 받지 못하는 아이였다는 슬픔은 성인이 된 이후에도 다른 사람에게 부담이 될까봐, 방해가 될까봐, 피해를 줄까봐 두려워서 자신을 최소화하는 방법을 택한다. 행동을 자제하고 다른 사람의 마음에 드는 일만 골라서 한다. 그는 늘 그림자처럼 행동한다. 그렇다고 마음이 편한 것은 아니다. 인생 자체에 대한 공포가 점점 커진다. 사는 것 자체가 두렵다. 감당하기 어려운 벽에 부딪치면 숨고 싶은 마음뿐이다.

기본적 신뢰감이 부족한 사람은 세상을 위험한 곳으로 받아들인다. 다른 사람을 동료가 아닌 적으로 받아들인다. 주변 사람에게 자신을 내맡겨서는 안 된다는 것을 어릴 적에 경험했기 때문에 성인이 된 이후에도 어떤 상황에서도 안전하다는 느낌을 갖기 힘들다. 낯선 사람을 보면 호기심보다는 겁을 먹고 방어적으로 대한다.

분리 불안도 마찬가지이다. 다른 사람과 헤어지는 일이나 홀로 남겨지는 것이 두렵다. 상대(엄마)가 아무 이유 없이 자신을 버렸다고 믿으면 자신을 쓸모없고 사랑받을 수 없는 존재로 생각한다. 자신감 부족은 기본적 신뢰감 부재에서 비롯된다. 기본적 신뢰감은 생애 최초의 대인 관계인 엄마에게서 비롯된다. 이는 어른이 되어서도 지속된다.

조급함·게으름·욕심도 열등감 때문이다

한편 아이들은 부모나 주변 어른들로부터 각종 제도(학교, 교회, 기타 단체), 의견, 규칙, 금지 사항, 명령, 허용 수준, 가치, 도덕 등을 그대로 물려받는다. 부모의 행동이 비판 받을 만한 것이든 올바른 것이든 부모의 행동은 자녀의 행동 방향이 된다.

강압적인 부모 밑에서 자라나 남의 의견을 무비판적으로 받아들이는 성향을 갖게 된 사람은 타인의 의견을 그대로 삼키는 성향이 강하다. 그런 아이는 나중에 의존적이고 자신감이 부족한 어른으로 자란다. 자기 의견이 없기 때문에 아이는 남의 의견을 그대로 받아들이고 판단 기준이 없기 때문에 외부에서 제시하는 모범만 좇을 뿐이다.

자기만의 성숙된 자아를 발달시키기보다는 부모가 제시하는 모범답안을 한 치 오차 없이 그대로 답습하고 평생 그 모범을 기준으로 살아간다. 이들은 엄마라면 아빠라면 이 상황에서 어떻게 행동했을까 끊임없이 자문하며 부모가 했을 법한 행동을 자기 행동의 기준으로 삼는다. 그래서 규칙이 미리 정해져 있는 상태를 좋아한다. 누가 미리 정해놓은 확고한 지침이 있으면 거기에 맞춰 행동하면 되기 때문이다.

이런 사람들은 조급함, 게으름, 욕심, 세 가지 특징을 보인다. 뭔가를 서둘러 수용하려는 조급함, 뭔가를 제대로 수용하기 위해 노력하기 싫어하는 게으름, 되도록 많은 것을 되도록 빠른 시일 내에 얻으려는 욕심 등이 이런 성향에서 나온다.

반면 도덕적 우월감에 사로잡힌 사람은 의무, 금지사항, 지시사항, 높은 기대치 등으로 가득 차 있다. 자신에게 엄격한 잣대를 들이대고 자신의 모든 행동과 사고를 비판적으로 바라보고 자기가 늘 부족하다고 생각하여 더욱 채찍질을 가하면서 자신을 늘 무자비하게 대한다. 감정을 엄격하게 통제하고 제대로 표출하지 않는다. 진솔한 감정은 금물이다. 세상과 자신을 속이는 것이다. 지나친 양심의 잣대로 자신을 공격한다. 양심의 가책을 느끼고 모든 게 자신 탓이라고 자책한다. 자유분방한 행동이나 충동적 행동을 하고 나서는 죄책감과 자기비하에 빠진다.

완고하고 경직된 자아를 지닌 사람의 내면에는 충동적 행동을 가로막는 금지조항들이 너무 많다. "하지 마. 똑바로 해. 호들갑 떨지 마. 부지런해야 해. 질서 정연해야 해. 올바르게 해야 해. 100%로도 부족해."라고 늘 명령한다.

세상에 완벽한 사람은 없다. 그러므로 이렇게 살 수 있는 사람도 없다. 그의 우월감은 열등감의 다른 모습이다. 늘 "난 왜 이렇게 멍청할까? 난 인생의 패배자야. 제대로 하는 게 아무 것도 없어."라고 자책한다. 실패했을 때 스스로를 위로하는 법이 없다. 자신을 이해하려는 따뜻한 마음과 너그러움이 없다. 어릴 적부터 부모형제에게 이해와 사랑을 받아온 사람이라면 자기 자신에게도 따뜻하게 대할 수 있다. 그렇지 못한 경우에는 조급한 마음과 자책감에 시달린다. 남들이 자기를 대하던 방식으로 자신과 남들을 대하는 것이다. 심지어 아이들의 충동적인 행동도 이해를 못한다.

열등감은 왜 생길까

- 무방비 상태인 어린 시절의 경험들은 씻을 수 없는 마음의 상처로 남는다.

- 아이에게 '쓸모없는 놈'이라고 하면 정말로 자신이 쓸모없다고 생각한다.

- 특히 다섯 살까지가 중요하다. 그때까지의 경험으로 평생 살아갈 방식이나 성격이 정해지며 이후에는 바뀌지 않는다.

- 어린 마음에 열등감을 새기는 건 주위 어른들뿐만이 아니다. 형제자매를 비롯한 또래들 역시 영향을 미친다.

- 어른들의 막연한 불안은 어린 시절에 칭찬받지 못했기 때문에 생긴 것이다.

- 충분한 사랑과 인정을 받지 못하면 자기 혐오증이나 자학적 성향을 갖게 된다.

제3장
열등감 바다에서 익사하기

"신앙이 깊어지고 싶어 하는 사람은 엄청나게 많지만

겸손해지고 싶어 하는 사람은 하나도 없다."

−라 로슈푸코의 〈잠언〉

열등감은 어떤 형태로 나타날까

'지배하느냐 지배당하느냐'이다

열등감 때문에 기가 꺾이는 경험을 어떤 형태로든 느끼지 않은 사람은 없을 것이다. 열등감이란 우리 삶의 일부분이라고 해도 과언이 아닐 정도로 늘 우리 곁에서 영향력을 발휘한다. 열등감에 심하게 시달리는 사람이라면 '삶의 일부분'이라는 표현을 거부하고 싶을지도 모르지만 거부한다고 없어지는 것은 아니다.

세상에는 '절대로 당황하지 않고 침착하게' 행동하는 사람들도 많다. 그들은 어떤 상황에도 대처할 준비가 되어 있는 듯하다. 처음 보는 사람과도 오래된 친구나 되는 것처럼 선선히 대화를 잘 한다. 이런 사람들은 우리 주위에도 있다.

하지만 깨닫지 못하고 있는 사실이 있다. 그들이라고 열등감이 없는 것은 아니다. 그들이 그때 받은 느낌은 우리가 받은 느낌과는 조금 달랐을 뿐이다. 우리는 열등감에 굴복한 대신, 그들은 열등감의 본질을 알고 그것을 어떻게 다뤄야 하는지를 알고 행동한 사람들이다. 그래서 열등감이 있었지만 그것 때문에 방해받지 않았을 뿐이다.

우리는 열등감을 통제하지 못하고 열등감에게 조종당하고 있는 것이다. 열등감은 누구에게나 있지만 지배를 하느냐 지배를 당하느냐에 따라 양상은 달라진다.

방법만 안다면 열등감을 극복하기란 어렵지 않다. 우선 문제의 본질을 알아야 한다. 문제의 본질을 제대로 알지 못하는 경우에는 해결하기가 힘들다. 어디에서부터 시작해야 하는지 어느 지점을 공격해야 하는지 모르기 때문이다. 열쇠가 없으면 문을 열 수 없다.

라이프스타일을 보면 열등감이 보인다

자신의 라이프스타일을 분석하기 위해서는 여러 가지를 살펴보아야 한다. 어린 시절의 기억에서 현재 라이프스타일의 원형을 볼 수 있다. 초기 기억에 불안과 관심이 많이 나타나면 애지중지 자랐다는 증거다. 형에 대한 적극적인 경쟁의 기억이 있다면, 둘째의 강한 투쟁심과 지배자적인 유형을 나타낸다. 홀로 지낸 기억이 많거나 매질을 당한 기억이 있다면 심각한 열등감과 회피 증상이 있을 수 있다.

어린 시절의 문제들을 알면 현재의 문제를 알 수 있다. 식사나 잠자리 버릇이 나쁘면 어렸을 때에 부모에게 잡혀 살지 않고 부모를 조종했다는 증거다. 어둠을 무서워하고 혼자 있기를 싫어하는 것은 애지중지 자랐다는 증거다. 대놓고 반항하거나 상습적으로 훔치는 짓은 우월감의 증거다. 공상, 고립, 게으름, 누워 있기 등의 버릇은 열등감을 피하려는 다양한 방법들이다.

꿈도 중요하다. 라이프스타일의 반영이기 때문이다. 꿈은 현실의 부정이 아니라 의식과 연결되어 있다. 보통은 자신의 목적과 목적 달성 도중에 직면한 문제들을 나타낸다.

자세, 악수하는 방식, 제스처, 행동, 바디 랭귀지들은 우리가 자신을 표현하는 방식이다. 애지중지 자란 사람은 벽이나 쿠션, 의자 등받이 등에 몸을 기대는 습관이 있다. 잠자는 자세로도 내면을 알 수 있다. 머리까지 이불이나 시트를 뒤집어쓰고 엄마 뱃속의 아기처럼 웅크리고 자는 사람은 아무 것도 덮지 않고 침대 가득히 큰대자로 퍼져서 자는 사람과는 확실히 다르다.

외부에서 발생한 요인 또는 사건도 중요하다. 불안, 죄의식, 첫 성경험, 성적 불능 등등의 문제들도 중요하다. 여자들만 겪는 문제도 있다. 임신, 출산, 월경의 시작과 종료 같은 것들이다. 사랑, 데이트, 약혼, 결혼, 이혼 같은 인생의 문제도 중요하다. 직장 생활이나 학교 생활도 마찬가지이다. 시험, 진로 결정, 직업, 사랑하는 사람의 위험이나 상실도 중요하다.

좀 합리적이지 않고, 좀 더 예술적인 증상의 측면도 있다. 공감, 직관, 어림짐작 같은 것들도 모두 내면의 열등감을 반영한다.

가장 흔한 증상은 은둔과 공격이다

열등감의 증상 중 가장 흔한 것은 은둔이다. 자의식, 민감한 반응, 사회적 접촉 중단 등이 여기에 들어 있다. 다른 하나는 공격적인 방법이다. 과도한 관심 끌기, 타인에 대한 비난, 과도한 복종 의식과 의무감, 불안과 걱정 등이 여기에 포함된다.

은둔 작전은 공격적 방법보다 흔하다. 자의식이 강해 남을 시선을 너무 의식하는 사람은 다른 사람과 대면하면 당황하고 자신이 없어진다. 두려움 때문에 행동을 제대로 못하거나, 당황해서 눈에 띄는 방법으로 과잉 행동을 하게 된다. 비난에 민감해서 비교당하면 불쾌해한다. 우호적인 농담에도 기분 나빠한다. 잘못된 것을 고쳐주려고 하면 반발한다. 자기가 선택한 행동에는 철저히 방어적이다. 칭찬을 몹시 바란다. 사소한 일에도 과도한 관심을 쏟는다. 불이익 당하지 않을까 염려하고 늘 방어할 준비가 되어 있다. 사회적 접촉을 기피하고 사람들을 두려워한다. 자신감이 없다. 영웅적인 인물이나 고통 받는 순교자가 되기를 원한다.

공격적인 방법은 기피적 방법보다 다양하지 않다. 공격적인 방법을 선택한 사람은 원래의 자신보다 훨씬 공격적으로 변한다. 사람들의 관심이나 인기를 지나치게 얻으려고 한다. 그래서 다른 사람의 호의를 얻기 위해 자주 원칙을 무시한다. 아이들은 중얼거리거나 감정 표현을 하거나 아픈 척하는 것으로 관심을 끈다. 어른은 화를 내고 다른 사람을 비웃고 성미 급한 행동으로 관심을 끈다.

다른 사람을 비난하는 것은 열등감을 다른 사람에게 투사하려는 노력이다. 다른 사람의 실수를 지적하면 자기 실수를 축소할 수 있다. 과도한 복종 의무감이나 극단적인 굴종은 이미 알려진 약한 부분을 보상하기 위한 방법이다. 약하다는 것이 드러나지만 그것으로 얻을 수 있는 것들이 있다. 사소한 일에 대한 과도한 걱정은 자신감 부족의 결과이다.

수동적 인간은 억눌린 화를 투사한다

사랑받지 못하고 있다고 느끼는 아이들에게는 몇 가지 길이 열려 있다. 소극적인 아이라면 조용하고 내향적이고 비사교적이 된다. 그러나 화를 억누르고 있으므로 불안하거나 우울하게 된다.

수동적 의존형 남자는 자신을 보호해줄 수 있는 강한 여자와 결혼하는 경향이 있다. 자기 내부에 있는 아이에게는 '좋은 엄마'가 생기는 것이다. 자신을 거부만 하던 '나쁜 엄마'와는 반대다. 이것은 여성에게도 마찬가지로 적용된다.

수동적 공격형 남자는 능력 있고 잘 보살펴주는 '어머니+아내' 복합형과 결혼하는 경향이 있다. 돌봐주기를 바라는 갈망이 어린 시절 어머니의 거부 때문에 생긴 것이라는 사실을 깨닫지 못하고, 그는 아내에게 더 많은 사랑과 더 많은 공감과 더 많은 관심을 끊임없이 요구한다. 그러나 그의 기대가 심해지면 아내는 우울, 절망, 이혼의 수렁에 빠진다. 정당한 성인으로서 기대할 수 있는 요구를 넘어선 것은 어릴 때 해소되지 않은 사랑에 대한 갈구가 더해졌기 때문이다. 그것이 해소되지 않으면 신경과민이 되어 앞뒤 가리지 않고 자주 벌컥벌컥 화를 낸다.

'그'에게는 어린 시절과 청소년 시절에 억눌린 감정들이 있다. 마음 밑바닥에는 열등감과 부족감이 자리 잡고 있다. 자신감이 없고, 불안하고, 자부심이 없다. 이런 것들은 어렸을 때부터 느껴오던 것들이다. 너무 많은 것을 요구하던 어머니에게 무시당하던 느낌이 생생하다. 어머니는 늘 그의 친구들과 친구 부모들을 비판했다. 그런 이야기들을 들으면 자신이 뭔가 잘못을 저질렀다는 느낌을 갖게 되었다. 어머니는 애정을 표현하는 법이 없었고 매질을 했다. 매를 맞으면 스스로 가치 없는 인간이라는 생각이 들었다. 아버지는 아버지를 닮은 형을 더 좋아했다.

여덟 살 때 자기보다 큰 아이에게 맞았다. 응원을 받으려고 아버지에게 갔다. 그의 반응은 "자기 싸움은 자기 스스로 해결해."였다. 당황하고 실망스럽고 상처를 받았다. 매우 외롭고 거부당하는 느낌이었다. 그 이후 아버지에게는 아무 것도 바라지 않았다. 거부당하자 자신의 감정의 문도 닫아버렸다.

그의 마음속에는 거부, 부족, 열등의 감정에서 솟는 분노가 있다. 언젠가는 내 가치를 보여주겠다는 분노였다. 아내에게 느끼는 분노도 뿌리는 같았다. 열등감과 자기혐오 같은 적대적 감정을 아내에게 퍼부었다.

어린 시절의 장면으로 돌아가 그때의 상처를 기억해내는 것은 괴로운 일이었다. 그러나 그 기억을 다시 떠올리면 마음이 진정되었다.

이런 사람은 수동적 공격형 인간이다. 반항하지 않고 어린 시절의 상처를 받아들여 열등감과 소외감을 키운 것은 수동적이다. 억눌린 분노의 감정을 아내에게 투사한 것은 공격적이다.

공격적 인간은 보상 방법을 찾는다

만약 공격적인 사람이 지성과 창조력이 뛰어날 경우, 그들은 자신의 부족감을 보상할 방법을 찾게 된다. 프로이트의 제자인 알프레드 아들러는 사교적이고 머리 좋고 인기가 많았던 자기 형 게오르그의 그늘에 완전히 가려 있었다. 그러나 아들러는 자신의 사교성 부족을 보충할 방법을 찾아 그것을 해결했다. 그는 형보다 좋은 품성과 뛰어난 학교 성적을 유지했다. 훌륭한 학생이 되어 열등감을 해결했다. 나중에 그는 형 게오르그가 이렇게 말하는 소리를 들었다. "알프레드 같이 훌륭한 사람은 본 적이 없습니다." 그는 보상을 받은 것이다.

열등감을 갖고 있는 사람이 그것을 만족스럽게 보상할 방법을 찾지 못하면 매우 방어적이 된다. 그런 사람은 "내 잘못이야."라고 말하는 것조차 못할 정도로 방어적이 된다. 모든 것을 인정할 줄 아는 사람은 자신이 잘못을 저질렀다는 걸 알면 그 말을 어렵지 않게 할 수 있다. 방어적이고 불안한 사람들은 정신적인 문제가 생겼거나 결혼 생활에 문제가 생겼을 때 전문가의 도움 받는 걸 거절하는 경우가 많다. 자신이 잘못했다는 걸 인정할 수 없기 때문이다.

달랑 20달러를 들고 미국에 건너와 큰 부자가 된 어떤 젊은이는 자기가 살아온 이야기를 하고 싶은 욕구를 참을 수 없어서 마음이 늘 불안했다. 그는 마흔이 되어서야 그의 아버지가 자신을 찾아와 부드러운 말로 칭찬을 해주자 그 욕구가 가라앉았다. 그는 아버지한테서 처음으로 따뜻한 말을 들었던 것이다. 자신에 대해 말하고 싶어 한 그의 강박적인 욕구는 아버지의 관심을 끌고 싶다는 표현이었다.

창조적 인간들은 성취의 자극을 받는다

창조적인 인간들은 어린 시절의 상처나 한계를 다양한 방법으로 잘 보충해나간다. 찰스 다윈은 학교 다닐 때 성적이 형편없었다. 그래서 아버지가 늘 "가문까지 부끄럽게 만들겠구나."하고 말했다. 평론, 시, 희곡, 소설 등 100권의 책을 쓴 엄청난 저술가이자 연작 추리소설 '브라운 신부' 시리즈로 유명한 길버트 체스터튼은 여덟 살 때까지만 해도 글을 읽을 줄 몰라 선생은 늘 "네 머리 뚜껑을 열어보면 아마 뇌는 한 조각도 없고 지방 덩어리만 있을 거야."라고 말했다. 토머스 에디슨의 첫 선생은 그를 "썩은 머리"라고 불렀고 에디슨의 아버지도 그를 바보라고 믿었다.

아인슈타인의 부모들은 아들이 너무 멍청해서 늘 걱정이었다. 고등학교 때까지 학교 공부는 엉망이었다. 선생은 그를 유급시키면서 "넌 절대로 진급하지 못할 거야, 앨버트."라고 했다. 부모들은 말이 너무 늦는 그가 걱정되어 의사에게 보이기까지 했다. 그의 잠재력을 알아본 선생은 아무도 없었다. "네가 끼면 이 반 전체가 형편없어져."라고 말했다. 아인슈타인은 그 말을 인정하고 학교를 떠났다. 고등학교를 낙제한 것이다. 그는 몇 달 동안 이탈리아 북부 지방을 여행하며 보냈다. 짬짬이 비정규적인 일을 해서 살아가면서 직업을 갖기 위해 계속 지원했지만 번번이 탈락했다. 그는 스위스특허사무소에서 특허 실험관으로 일하고 있는 동안에 상대성 이론으로 발전할 수 있는 최초의 아이디어들을 생각하기 시작했다.

이런 뛰어난 사람들은 어린 시절의 좌절을 당한 다음 그 거부감과 자기 혐오감을 보상할 방법을 발견했다. 아들러가 그 확실한 증거다. 적절한 열등감은 성취의 강력한 자극이 될 수 있다. 물론 부족감이 너무 크면 일어서지 못하고, 주저앉아버린다.

사람은 누구나 부족하다. 그리고 자신이 부족한 존재라고 생각한다. 그런데 대단한 성취를 이루었으면서도 열등감을 좀처럼 해소하지 못하는 사람들이 있다.

보상은 적응의 한 방법이다

보상은 열등감에 대한 적응의 한 방법이다. 보상해줄 방법이 없으면 방어 시스템을 활용한다. 그런 방어 방법은 현실 거부, 현실 왜곡, 현실 도피, 현실 공격, 현실 타협 등이 있다. 충동을 억누르고 충동의 존재를 부인하는 것으로 현실을 거부한다. 하지만 감정은 억누르기 어렵다. 나중에 어떤 식으로든 다른 형태로 나타난다. 합리화, 투사, 동기의 분리와 대체 등을 통해 현실을 왜곡한다.

합리화는 어떤 이유 때문에 발생한 행동이 고통스러워서 받아들일 수 없을 때 여기에 대해 위장된 변명을 무의식 중에 내놓는 것이다. 이것은 두 가지 형태가 있다. 하나는 '원래 먹지 못할 신 포도였어.'라고 생각하는 태도이다. 자기가 먹지 못하게 되자 먹지도 못할 맛없는 포도라고 폄하하는 것이다. 다른 하나는 '원래 신 포도가 아니라 달콤한 오렌지였다니까.'라고 생각하는 태도이다. 좋아하는 것을 하는 것이 아니라 자기가 하는 것은 다 좋다는 식이다.

투사는 자기 결함을 반성하지 않고 다른 사람이나 환경 탓으로 돌린다. 실패에 대한 좌절감에서 스스로를 사면해주는 것이다. 동기의 분리는 서로 방해하는 두 개의 다른 기준을 함께 유지하는 것이다.

그렇게 되면 한 상황에서는 진실로 받아들였지만 상황이 달라지면 거부하는 것이다. 상황에 따라 이랬다저랬다 기준이 달라진다.

대체는 사람이나 상황 때문에 발생한 불쾌하고 파괴적인 감정을 다른 사람이나 상황 탓으로 돌리는 것이다. 투사 행위와 비슷하다.

현실 도피는 유아기로 돌아가 현실 대신 환상 속에서 살아가는 퇴행 행위를 말한다. 아이처럼 행동하다가 심해지면 병적 상태로까지 발전한다.

현실에 대한 공격은 청소년들의 비행과 같은 육체적인 공격이다. 어른들의 난폭한 폭언도 이런 유형이다.

현실 타협은 세 가지가 있다. 한 부분에서 생긴 실패를 다른 부분의 성공으로 대체한다든지, 열등감의 표현 방식을 순화시켜 나타낸다든지, 어린이의 영웅 숭배나 사업가들의 집단 자부심에서처럼 크고 중요한 일과 자신을 동일시하는 방법들이다.

현실 화해는 가장 바람직한 방어 시스템이다. 상대적으로 건강하기 때문이다. 다른 사람과 더 나은 관계를 이끌어갈 수 있기 때문이다. 인생의 유용한 목표를 방해하지 않기 때문이다.

우리의 모든 행동과 경험 뒤에는 개개의 추진력이나 동기가 있다. 아들러는 그 동력을 '완벽 지향 분투'라고 불렀다. 우리 모두가 잠재적인 가능성을 실현시키려는 욕망, 이상에 조금이라도 더 가까이 다가가려는 욕망이 있다는 것이다. 이와 비슷한 것으로는 '자기실현'이 더 잘 알려진 개념이다.

'완벽'이나 '이상'은 문제가 많은 용어다. 매우 긍정적인 목표이기는 하지만 사람들이 모두 완벽해지려고 달려야 하나? 심리학에서는 그것을 오히려 부정적인 의미로 파악하는 경우가 많다. 완벽과 이상이란 도달할 수 없는 것이다. 많은 사람들이 완벽해지려고 몸부림치기 때문에 인생이 슬프고 고통스러워지는 것이다. 다른 학자들은 이런 문제점들을 강조했으나, 이런 부정적인 의견들은 긍정적인 해석을 잘못 이해한 것이다.

완벽 지향 분투는 아들러가 처음 사용한 말은 아니다. 처음에는 '공격적 동력'이라고 표현했다. 그것은 먹고 싶은 욕망, 성적 만족을 원하는 욕망, 일을 이뤄내고 싶은 욕망, 사랑받고 싶은 욕망 같은 욕망들이 좌절됐을 때 우리가 보이는 반발을 가리키는 말이다.

또 다른 개념은 '보상 작용'이었다. 열등감을 감추기 위한 행동 또는 극복하기 위한 노력을 가리키는 말이다. 사람은 누구나 문제가 있고 단점이 있다. 한두 가지의 열등한 부분이 있다. 그런 문제들에 대해 다른 쪽에서 보충하거나 극복하는 방법이다.

보상 욕구가 빗나가면 병적이 된다
자신이 열등감이나 결함을 가지고 있으면 누구나 그에 대한 보상을 하려고 한다. 그러나 보상에는 건설적 보상과 파괴적 보상이 있다. 어린 시절의 상처를 보상하려고 하면 그 상처에서 헤어나지 못한다. 점점 더 큰 보상을 하려고 들게 된다. 더 큰 계약을 하나 더 하려고 하고, 분점을 하나 더 내려하고, 10억을 더 모으려고 하고, 새 아파트를 하나 더 사려고 하고, 뭔가 하나 더 정복하려고 한다. 힘의 쟁취는 그 끝이 없다.

원초적 상처에서 나오는 불안감을 다루는 다른 방법에는 알코올과 마약이 있다. 뇌의 중심 부분을 일시적으로 잠재워 불안을 가라앉힌다. 그러나 깨어나면 그만이기 때문에 또 다시 알코올과 마약을 찾는다. 이것도 끝없이 계속되는 쳇바퀴와 같다. 결국에는 중독의 길로 들어선다.

강박증이 약물의 자리를 차지하기도 한다. 무서울 정도로 바쁘게 사는 것이다. 끊임없이 전화를 걸고 대화를 나누고 중요한 사람을 만나면 기분이 좋아진다. 관심을 끌고, 기록을 갈아치우고, 저명인사들과 가깝게 지내는 것들은 보상의 한 형태다. 모두 일종의 병적 행태들이다. 궁극적인 만족을 주지 못하기 때문에 이것도 끝없이 계속된다.

1. 병적인 힘의 쟁취 : 지배와 특권을 위한 권력 투쟁. 매우 힘이 세서 아무도 건드릴 수 없는 존재가 되고 싶은 것이다.
2. 병적인 애정의 쟁취 : 다른 경우라면 정상적일 충동. 단지 과도하

고 분별없게 표현될 때 병적 증상이 된다.

3. 병적인 복종 : 자기 욕구보다 다른 사람의 요구를 우선하여 모두 들어준다. 그렇게 복종하면 아무도 자신에게 해를 끼치지 않을 것이라는 생각에서 하는 행동이다.

4. 병적인 위축 : 거부당할 위험을 피하기 위해 모든 접촉을 끊고 숨어버린다. 사실은 갈등 상황을 해결해 유대감을 느껴보려는 시도이다. 신경증인 사람은, 자신의 모습이라고 생각하는 이상적 이미지, 자신이 되어야겠다고 생각한 사람, 될 수 있다고 생각하는 사람을 만들어내, 그 환상에 빠진다.

이런 반응들은 하나만 나타나지 않는다. 제대로 된 성숙한 사랑을 받지 못하는 아이들은 부모들에게 매일 이런 반응을 하면서 자란다. 하지만 부모들은 그것이 병적 반응이라는 것을 모른다.

권력 의지는 사회적으로 성공한 쿨한 여성들에게서도 자주 발견된다. 뭔가 계속 보여주어야 하고 점점 더 많은 권력을 손에 쥐어야 하고 끊임없이 더 높은 지위로 올라가야 한다. 최고가 된 자신의 모습을 그리며 남들을 깔보는데, 그것은 자기 지위를 위협할까봐 두려워하는 마음에서 나온다. 비판을 받으면 최고의 이미지는 순식간에 무너진다. 자신의 무능이 공개될까봐 두려워한다. 자신이 세상을 속이고 있다는 느낌에 빠진다. 외모 가꾸기도 방어 요소 중의 하나다. 남자 같은 행동 방식도 안정감을 얻기 위한 수단이다. 자신감 넘치는 듯하지만 감정적으로는 나약하다. 남에 대한 의존도가 높다. 사생활에서는 안정감을 찾아보기 어렵다. 그녀의 자신감과 침착한 태도는 모두 거짓일 가능성이 높다.

'그'는 부자인데다 아주 잘 생긴 남자다. 말도 잘 하고 성격도 좋다. 하지만 술에 흠뻑 취하면 바닥에 쓰러져 자기가 돈 많고 성공한 사람이라고 고래고래 소리지른다. 술을 마시고 무장해제가 되면 자신의 열등감을 드러내는 것이다. 그는 너무 가난하게 자라 늘 좋은 집 아이들을 부러워하며 자랐다. 어른이 되어 성공했지만 어린 시절의 비참한 생활에 대한 수치심을 지우지는 못했다. 일당 노동자인 아버지에게서 지독한 열등감을 물려받은 것이다.

불안감이 깊으면 일부는 보충할 수는 있지만 일부는 마음 깊은 곳에 남는다. 질투심 때문에 며칠씩 말을 하지 않는 경우도 있다.

대부분의 사람들은 어느 정도의 열등감, 불안감, 부족감, 소외감을 갖고 있다. 그걸 알게 되면 자기 자신이 갖고 있는 그런 감정들에 대해서도 적절하게 대처할 수 있다.

자신을 두려움 없이 바라볼 수 있게 되면 자신의 열등감의 정체를 파악할 수 있고 그 원인을 제거할 수 있다. 자신에게 열등감이 있다는 것을 알고 인정하는 것으로 그것을 조절할 수 있는 방법이 생기는 것이다.

아이가 부모에게 계속 바보 소리를 들으면 결국에는 주눅이 들어 바보가 되어버린다. 이때에는 아이가 상황을 아는 것이 중요하다. 부모가 하는 말의 내용과 이유를 아이 나름대로 파악해야 한다. 그렇지 않으면 아이는 자신도 모르는 '힘'을 자기 안에 간직하게 된다. 그리고 열등감이라는 그 힘의 지배를 받게 된다.

열등감을 가진 사람들이 다른 사람들을 비하하고 과소평가하는 경우가 있다. 열등감을 제거하기 전까지는 자기가 그러는지 알지도 못하고 이해하지도 못한다. 타인 비하와 과소평가는 자신이 그들보다 더 낫다는 느낌을 받기 위한 반응이다. 그것으로 자신의 열등감을 해결하려는 반사적이고 본능적인 행동이다.

남을 괴롭히고 위협하는 사람들은 우리 주위에서도 심심찮게 볼 수 있다. 자기 과시형 인간들이다. 대단한 자신감으로 세상의 관심을 모두 자기가 차지하겠다는 듯 행동한다. 실제로는 열등감을 숨기려는 행동이다. 열등감을 남에게 알리고 싶지 않은 것이다.

이처럼 사람들이 열등감을 다루는 방법에는 여러 가지 유형이 있다. 어떤 것은 올바른 방법이고 어떤 것은 잘못된 방법이다.

미성숙한 정서는 열등감의 증거다

누구에게나 서툰 부분이나 미숙한 부분이 있게 마련이다. 그래서 아이를 사랑하는 부모들도 본의 아니게 아이에게 죄를 짓는다. 아이가 부모에게 짓는 죄보다 훨씬 많은 죄를 짓는다. 그 과정에서 아이들은 부모 때문에 상처를 입는다. 부모들 역시 자신의 부모들에게 같은 짓을 당했으며 사회의 잘못된 가치에 세뇌되어 있다.

누구나 죄를 짓듯이 우리 역시 서로에게 죄를 짓고 산다. 그리고 상처받은 영혼으로 세상을 떠난다. 모두 나약하고 불안한 몸과 마음을 지니고 있는 영혼들이다. 아니면 자부심과 오만함을 지닌 영혼들이다. 이것은 모두 성숙되지 못한 정서에서 나온다. 미성숙한 태도에는 여러 가지 모습이 있다. 주변 상황에 대한 민감한 반응, 과도한 힘의 추구와 과시 등은 대표적인 미성숙한 태도들이다.

지나치게 예민한 반응은 열등감과 불안감의 증거다. 누구나 비판이나 반대를 당하면 기분 나빠지는 것이 정상이다. 그렇게 되지 않으려고 노력하지만 자신의 감정과 다른 사람의 요구가 부딪칠 때 민감해지지 않을 수 없다. 민감해지면 불안감이 높아지고 불안감이 높아지면 민감해진다. 이때에는 사소한 비판에도 마음이 거칠어진다.

정서적으로 미숙한 부분은 어린 시절에 입력된 것들이다. 그렇다고 부모를 비난할 필요도 없고 자기 자신을 자책할 필요도 없다. 핵심은 우리의 결점을 아는 것이다. 그것을 현실로 받아들이고 결함을 고치는 것이 목표다.

힘을 갈구하는 것 역시 미숙한 정서의 표출이다. 불안한 사람이 자신의 환경을 제어할 수 있다는 것을 알면 안전하게 느낀다. 미숙한 사람은 그 방법을 모른다. 불안을 제어할 다른 방법을 찾아야 한다. 그 방법은 힘 또는 폭력이다. 몽둥이와 고함소리로 가족들을 다스리는 남자들이 있다. 힘을 휘두르는 것은 힘이 있어서가 아니라 힘이 없기 때문이다. 불안하기 때문이다.

주변 상황을 지배하지 못하고 있다고 느끼면 나약한 사람은 불안해진다. 그러나 다른 사람들처럼 상황을 바꾸려고 하지 않고 불안을 숨긴다. 불안을 숨기는 방법은 고함 소리로 명령하고 냉혹하게 비판하는 것이다. 침묵으로 위협하기도 한다. 침묵도 분노만큼 효과가 있다.

돈도 힘의 하나다. 대부분의 부자들은 만족하는 법이 없다. 더 많은 돈을 벌려고 한다. 돈은 힘을 상징한다. 돈이 있으면 자신이 힘이 없다는 자괴감과 불안감을 보상받을 수 있다. 히틀러의 광적인 권력 지향은 그의 힘이 강해서가 아니라 독일 국민의 힘이 약했기 때문에 가능했던 것이다. 1차 대전 후 무력감에 빠진 독일 국민들의 정서를 움직여 나약한 자신의 무력감을 보상받은 것이다. 그것은 독일 국민들도 마찬가지였다. 대규모의 이중적 보상이다. 돈도 권력도 미숙한 정서적 해결법이다.

여성들도 남성보다 못하지 않다. 주위를 장악하고 제어하는 힘을 즐긴다. 에너지가 넘쳐 활기찬 아내는 늘 조용하게 사는 남편이 마음에 들지 않는다. 그래서 이것저것 집안일을 시킨다. 남편은 잔디를 깎다가 심장마비로 죽고 아내는 그것에 죄책감을 느낀다. 그러나 다른 사람을 몰아치는 사람은 힘없이 조용히 사는 사람들을 이해하지 못한다. 게으르고 의지가 태만하다고 여긴다.

파트너를 고르는 것도 열등감이다

열등감이 뚜렷한 영향을 미친다는 것은 파트너를 고르는 행태를 보면 잘 알 수 있다. 여자들은 남자에게서 두 가지 모습을 찾는다. '부드러움을 지닌 강함'이다. 불안한 정서의 여자들은 강한 모습을 더 좋아한다. 겉으로는 강해보일지 몰라도 그런 남자들은 실제로는 매우 약하다.

때로는 여자들이 조용하고 자신을 잘 드러내지 않는 소극적인 남자와 결혼하기도 한다. 강한 남자는 아버지에 대한 공포심을 다시 유발할 수 있기 때문이다. 이런 것들은 자신도 의식하지 못하는 사이에 일어나는 일이다.

사랑 표현이 없는 집안에서 자라 자신이 가치 없는 인간이라는 생각을 안고 사는 여자는 피학성 성향을 지니기 쉽다. 그런 여자들은 육체적으로나 언어적으로 자기를 학대해줄 가학성 성향의 남자를 찾는다.

'그녀'는 어렸을 때 어머니로부터 사랑을 못 받았다. 아버지는 무뚝뚝하고 무관심했다. 나이가 들자 처음 사귄 남자가 가학성 성향이었는데 그녀는 그에게 손쉬운 목표였다. 그녀의 남편은 약하고 수동적 공격 성향이고 알코올 중독자였다. 그는 여자의 기를 죽이기 위해 비웃는 태도를 취한다. 술을 마시면 입버릇이 사나워진다. 남편은 열등감이 크다. 자신이 가치 없다고 생각한다. 그는 자기혐오의 감정을 그녀에게 드러낼 뿐이다.

이들은 평생을 괴롭히고 괴로움 당하면서 살아가고 있다. 그것을 안정적 상태로 받아들이고 있다. 하지만 괴롭힌다고 마음이 편한 것은 아니다. 마찬가지로 괴롭다. 프로이트가 지적했듯이 우리는 어른이 되면 어린 시절에서 파생되는 문제들을 풀려고 노력해야 한다. 그러지 않으면 평생이 괴롭다.

일반적인 행동들도 열등감 때문일까

'나폴레옹 콤플렉스'는 보상 정서다

열등감이 나폴레옹 콤플렉스로 발전하기도 한다. 나폴레옹은 키가 너무 작아 자신감이 없고 불안하여 그것을 보충하기 위해 자신을 몰아세운 끝에 리더가 되었다. 그래서 심리학자 알프레드 아들러가 그의 이름을 따서 만들어낸 용어다.

나폴레옹 콤플렉스를 가지고 있는 사람들은 공격적인 행동으로 자신의 열등감을 감춘다. 겉으로만 거칠게 보일 뿐이다. 자신의 불안을 보상받으려는 과도한 행동이다. 키에 관한 한 불리하다는 것을 느끼고 그것을 미리 막아보려는 것이다. 작은 키는 신체적 장애가 아니다. 스스로 결함이라고 감지할 뿐이다. 열등하다고 느끼는 것 때문에 결함으로 생각하는 것이다.

이런 형태의 열등감은 과도하게 보상하려는 행위 때문에 생기는 것으로 진단된다. 자기보다 큰 사람을 누르려면 나폴레옹 콤플렉스를 갖게 되고 과도 보상 행위를 하게 된다. 자기보다 더 큰 사람보다 더 잘하려는 욕망을 갖게 된다. 자기보다 더 큰 사람을 나쁘게 보려고 하고 실제로 나쁘게 본다. 이런 열등감의 가장 나쁜 증상은 더 큰 사람을 육체적으로 괴롭히거나 상처를 입히는 것이다. 이런 경우는 자기보다 큰 사람에 대한 열등감과 공포심에서 생긴다.

나폴레옹 콤플렉스는 일반적인 용어다. 키만을 가리키지 않는다. 개인이 스스로 핸디캡이라고 자각한 결함을 과도하게 보상하려는 정서를 가리키는 말이다. 키는 제각각 다를 수 있다는 수많은 가능성을 무시하기 때문에 생기는 정서다.

과도 보상의 행위가 일어나는 대표적인 예는 미모에 위협을 느끼는 경우다. 어떤 여성이 자기보다 더 매력적인 여성에게 위협을 느낀다면 나폴레옹 콤플렉스를 갖고 있는 것이다. 남성을 다투는 경우에는 경쟁을 해야 하기 때문에 외모에 열등감을 느끼면 그에 대한 보상을 받으려 한다. 그 방법은 그 아름다운 여성을 비난을 하거나 괴롭히거나 불안하게 만드는 것이다.

어리석은 여성은 다른 여성들보다 더 나아지려고 한다. 또 자기보다 덜 매력적이거나 자질이 떨어지는 여성들을 깔아뭉개서 자기 기분을 즐기려고 한다. 이것은 열등감을 느끼지 않으려고 취하는 행동이다. 다른 사람을 끌어내릴 필요가 있다면 그것은 열등감에 고통 받고 있는 것이다.

다른 사람을 비난하면 일시적으로 열등감이 나아진다. 자기보다 뛰어난 사람 곁에 있으면 매우 괴롭고 위축되고 혼란스럽다. 하지만 비교 자체가 열등감의 소산이다. 결국 악순환이다.

비난으로 사람을 끌어내릴 수 없다

나와 같은 영역에서 나보다 뛰어난 실력을 보여주는 사람을 보면 어떤 생각이 드는가. 나보다 더 매력적인 사람을 보면 어떤 생각이 드는가. 일을 나보다 훨씬 잘하는 사람을 보면 어떤 생각이 드는가. 열등감이 느껴지는가? 그 사람이 나보다 나은 사람이라고 생각하는가? 그를 비난하여 끌어내려야 한다고 생각하는가? 아니면 그들의 성공을 보고 자극을 받고 분발하는가?

성공하지 못하고, 행복하지 못하고, 비참하게 사는 사람들이 자신들보다 더 행복하고 성공적으로 사는 사람들을 비난하는 것을 볼 수 있다. 비난하는 사람은 비난 대상보다 더 낫지도 않고 열등하지도 않다. 자신의 불안감 때문에 남을 끌어내리려는 것은 좋지 않은 행동이다.

한 사람이 정서적으로 안정되어 있고 자신감 있는지 알 수 있는 테스트가 있다. 예를 들면, 어떤 여성이 자기 용모에 대해 자신감이 있는지 알아보려면, 그녀 앞에서 더 매력적인 여성의 용모를 칭찬한다. 그 여성이 불안하다면 그녀는 곧 뭔가 잘못된 점을 찾으려고 할 것이다. 그리고 칭찬이 끝나자마자 말을 이을 것이다. "그런데 신발이 저게 뭐예요. 아유, 패션 센스가 엉망이구만."

역사상 중요한 인물들도 모두 열등감을 가지고 살았다. 자신의 부족함, 자기 확신의 결여, 실패에 대한 느낌들이 있었다. 가장 위대한 춤꾼이었던 바슬라프 니진스키는 인기의 절정에서 내려선 다음에 정신 분열증에 걸리고 말았다. 그는 인기를 갈망했지만 세상은 그의 갈망을 만족시켜 주지 않았다. 열등감을 덮기 위해 노력을 시작했다. 그러다 미쳐서 죽었다. 엄청난 재능과 심한 열등감의 조합이 그를 미치게 했다.

자신의 재능과 외모가 뛰어나다는 것을 알아도 그것이 뿌리 깊은 자기혐오의 감정을 보상해주지는 못한다. 프로이트는 젊은 시절 10년 동안이나 우울증에 시달려 코카인을 사용했다. 편두통과 심장 이상에 시달리기도 했다. 모두 정서적인 문제에서 비롯된 것이었다. 그는 심각한 노이로제에 시달리고 있었다. 마약 중독자가 되어 여기저기 돈을 꾸었다. 대단한 인물들도 보통 사람들이 겪는 고통을 다 겪으며 살았다. 그러면서 그들도 남을 비난했다.

윌 듀란트는 다른 사람을 나쁘게 말하는 것은 자신을 칭찬하는 부정직한 방법이라고 말했다. 정확한 말이다. 다른 사람의 실수를 말하는 것은 자신이 더 낫다는 것을 말하고 싶기 때문이다. 최악의 비평가는 열등감에 사로잡힌 사람이다.

심한 비난과 가장 비슷한 것이 소문 퍼뜨리는 짓이다. "맨 처음 시작한 사람이 가장 나쁘다." 루머와 가십을 퍼뜨리는 것은 그 사람을 당황하게 만들어 스스로 주저앉는 것을 조용히 즐기는 짓이다. 퍼뜨리는 사람은 당연히 주목을 받는 중요 인물이 되는데, 그 점도 즐거운 일이다. 그러면서 하는 말, "다 저 잘 되라고 하는 말이야. 그렇지 않으면 내가 말을 안 한다." 남을 죽이면서 자신은 각광받는 방법이다.

출세의 추구는 열등감 선언이다

출세하려고 애쓰는 것은 열등감 있다고 선언하는 것이나 마찬가지다. 누구나 자기 불신감을 조금씩은 가지고 있다. 재능이 뛰어난 사람들도 열등감을 가지고 있다. 그런데 뛰어난 능력으로 필요한 것을 얻으면 간단하게 그 열등감이 해소된다.

자기 자신을 현실적으로 바라보는 사람들은 열등감이 없다. 남에게 특이하고 인상적인 모습을 보이려고 하지 않는다. 외모나 돈이나 업적을 동원해 두드러지게 보이려고 하지 않는다. 대부분의 사람들은 자신을 좋아하지 않는 사람들에게 잘 보이려고 필요 없는 일에 없는 돈을 쓰는 것과는 반대다.

성공이란 측정해볼 잣대가 없어서 계측하기 어렵지만 업적이나 소유물을 통해서는 성공의 정도를 재어볼 수 있다. 지위나 신분 추구에 사로잡혀 있다면 성공을 위해 자신을 너무 심하게 몰아붙이지 않는 게 좋다. 자신을 믿고 스스로가 가치 있다는 것을 증명할 때까지는 나약한 자아가 쓰러지지 않게 받쳐줄 기둥을 먼저 찾아야 한다. 먼저 자기 자신을 알라는 말이다.

돈 많고 사회적 지위가 높은 사람들은 자신의 모습이 신문 같은 곳에 크게 나는 것을 보면 대단히 만족해한다. 유명한 사람과 연관되어 이름이 오르면 아주 만족해한다. 열등감이 그것으로 어느 정도 해소되기 때문이다. 사회 지도자들이나 학자들, 재벌들은 이런 불안과 열등감으로 온몸에 페인트칠을 한 사람들이다. 우리는 현실을 받아들이고 인정하고 남을 사랑하는 마음을 버리지 말아야 이런 데서 벗어날 수 있다.

폭식과 거식은 불안이 원인이다

프로이트는 죄책감과 열등감은 다르지만 구별하기 어렵다고 했다. 실제로 열등감, 죄책감, 수치심, 실패감, 궁핍함들은 서로 연결되어 있다. 단어들은 다르지만 하나의 감정을 끊임없이 우리에게 주입하는 말들이다. 그것은 열등감이라는 우울한 후렴이다.

"나는 부족한 인간이야. 그러니 사랑해줘. 지켜봐줘. 확인해줘."

강박적이고 충동적인 성격은 늘 자신이 부족하고 열등하다고 생각한다. 극단적이거나 지나치게 신경질적인 반응들은 모두 그 뿌리가 열등감에 있다. 강박적인 정서가 그 예다. 감정은 시대순으로 생겨나지 않는다. 어린 시절의 수치심, 죄책감, 열등감은 사라지지 않고 뒤섞여 있다. 어른이 된 이후에도 성품 안에 굳건히 자리 잡는다. 강력한 치료가 필요하다.

무엇에 쫓기듯 강박적으로 과식, 과음, 수다, 일중독에 빠지는 사람들이 있다. 강박적으로 과식을 하는 사람은 마음속의 불안을 잠재우기 위해 먹는다. 사랑받지 못해 불안한 사람에게 음식은 사랑의 대용물이 된다. 그들은 정상적으로 받았어야 할 사랑을 충분히 받지 못한 사람들이다. 대신 음식을 먹으면 그것에서 충족감을 느낀다.

극단적인 경우로 거식증 환자들이 있다. 대개 18세에서 26세의 여성들이 많고 한다. 그들은 먹지 않거나 먹고 나서 토해버린다. 너무 살쪘다고 생각하기 때문이다. 그러다 죽기도 한다.

거식증과 과식증을 함께 앓는 여성도 있다. 엄청나게 많은 음식을 먹은 다음에 수치심을 느끼고 돌변하여 굶기 시작한다. 그녀에게는 사는 게 갑작스럽게 먹고 싶은 욕망과 굶어 죽고 싶은 강렬한 충동 사이의 투쟁이다.

거식과 과식의 원인을 알아도 고치기는 어렵다. 어떤 여성의 예를 보자. 그녀는 어렸을 때 아버지가 "많이 먹어라. 그래야 빨리 크고 힘도 세진단다."라고 채근했다고 한다. 친척들도 모두 뚱뚱했다. 어머니는 아버지와는 반대로 음식을 조절하고 몸무게를 줄이라고 했다. 그래서 어렸을 때부터 권위 있는 두 사람의 많이 먹으라는 주문과 적당히 먹으라는 주문, 크고 강해지라는 주문과 가볍고 날씬해지라는 주문에 시달려 왔다. 어린 소녀에게는 그것이 꼭 따라야 할 메시지였다.

결국 그녀는 실패자가 되었다. 부모 두 분 중 누구도 만족시키지 못했기 때문이다. 그것은 자기 거부 반응으로 나타났다. 어른이 된 이후에는 시간이 많이 흘러 그 원인을 알 수 없는 경우가 많다.

전문가들에 의하면 이런 거식-과식 같은 '식욕 이상 항진증'이 미국의 경우 여대생의 20%에 달한다고 한다. 식욕 이상 항진증(과식-거식증) 환자들이 이것을 극복할 수 있는 방법은 이런 증상을 촉진하는 어린 시절의 억눌린 경험을 되살리는 것뿐이다. 그 경험의 의미와 문제들을 깨닫고 자기 나름의 가치관을 다시 세워야 한다. 위에 예를 든 여성이라면, 이런 증상의 원인이 된 어린 시절의 경험을 떠올려 곰

곰이 살펴보아야 한다. 슬프고 불안하고 답답한 심정을 다시 겪어보아야 한다. 그런 다음에 크고 강해져야 할지(아버지) 가볍고 날씬해져야 할지(어머니) 스스로 결정해야 한다. 말하자면, 홀로서기다.

거식증 같은 섭식 장애는 비교적 잘 알려져 있다. 이런 증상을 겪는 것은 모두 여성들이다. 거식증은 수줍고 내향적인 여성들이 잘 걸린다. 과식증 환자는 외향적인 성공 지향적 완벽주의자들이다. 대개 10대 후반에 먹어대기 시작하는데 문제는 이것을 개인의 식성 정도로 생각하는 것이다. 과식증이 일반에게 거식증만큼 잘 알려지지 않은 까닭은 이 때문이다. 거식증 환자는 거의 시체처럼 마른다. 남의 눈에 얼른 띈다. 그러나 과식증 환자는 대개 정상을 조금 넘는 수준의 몸무게밖에 안 된다. 아무도 깨닫지 못하는 것이다.

수다 떠는 목적은 다른 데 있다

수다를 떨지 않으면 참을 수 없는 강박적 수다쟁이에게는 특별한 관심이 필요하다. 말이 많다는 것은 매우 불행한 일이다. 수다쟁이들은 끊임없이 주절대는 것으로 마음속에 있는 스트레스를 해소한다. 쉬지 않고 말하지 않으면 불안해진다.

이런 강박은 어린 시절의 고통에 원인이 있다. 세부적인 상황은 사람마다 다르겠지만 근본 원인은 충분한 사랑과 신뢰를 받지 못했다는 점이다. 어머니는 아이에게 사랑을 많이 주는데 아버지는 아이에게 비판적인 경우도 아이를 수다쟁이로 만든다. 사랑이 없는 어머니와 애정이 많은 아버지 밑에서도 마찬가지 결과가 나온다. 강박적인 사람이 끊임없이 혼란스러운 수다를 쏟아내는 이유는 상대의 관심을 소리(말)에 쏠리게 만들어 자기 불안을 감추려는 것이다.

자아가 약하기 때문에 수다쟁이는 자기 말을 다른 사람들이 들어주고 있다는 것을 확인할 필요가 있다. 그러나 수다쟁이가 대화를 장악하는 일은 없다. 불안과 열등감 때문에 생긴 걱정을 가라앉히기 위해서 술을 마시는 알코올 중독자들처럼 수다쟁이는 의사를 전달할 필요가 있어서 말을 하는 것이 아니라 다른 목적이 있어서 말을 하는 것이다.

수다쟁이처럼 외향적 태도를 보이는 열등감이 있는가 하면 그 반대의 경우도 있다. 열등감 있는 사람들이 일반적으로 보여주는 극단적인 자의식 과잉 행태다. 그들은 남의 이목을 의식하고 주목받기를 꺼린다. 그게 열등감의 표현이라는 것을 모르면 자기중심적인 인간이라고 비난할 수도 있다. 그들은 자기 중심이 아니라 '자기 고통 중심'인 것이다. 어린 시절 자신이 부족하다고 생각했던 느낌이 여전히 그에게 고통을 주고 있는 것이다. 아직도 누군가에게 지적 당하고 있다는 느낌이다. 그는 그 고통을 꺼안고 살아가고 있다.

같은 가족의 아이들도 서로 크게 다르다. 어떤 아이는 외향적이고 어떤 아이는 내성적이어서 남의 이목을 너무 의식하고 꺼린다. 내성적인 아이는 간단한 이야기도 잘 하지 못한다. 어른이 되어서도 대화를 잘 하지 못한다. 적절한 사회적 기능을 배우지 못한다. 지나치게 남의 이목을 의식하고 꺼리는 사람들은 열등감이 깊다. 그들은 머리가 뛰어나고 상당한 재주가 있다. 아이 때 어른들이 그것을 잘 받아주어야 한다. 그러면 능력이 잘 발현된다. 그러나 어른들이 제대로 받아주지 못해서 아이가 자신에 대해 확신을 얻지 못하면 어른이 되어서도 사람들 속에 끼이면 열등감을 느낀다. 수다도 열등감 때문이지만 침묵도 열등감 때문이다. 자신을 표현하기에는 남의 이목이 너무 꺼려지는 자의식 과잉 때문이다.

열등감의 또 다른 양상은 자기 불신이다. 자기 불신으로 마음이 불안한 사람은 매우 민감하다. 현실을 인정하고 받아들일 수 있는 사람은 비판을 받아도 상처를 받지 않는다. 자기 가치를 충분히 인식하고 있기 때문에 비판을 받아도 괴롭지 않다. 서너 살 먹은 아이가 "난 아저씨가 싫어."라고 말한다고 해서 상처받을 사람이 있는가. 다 이해한다. 그러나 이렇게 여유로운 자기 수용의 태도를 지닌 사람은 얼마 되지 않는다. 우리는 거의 모두가 어느 정도는 훼손되어 있고 결함들이 있다.

정직한 비판을 받아들이면 세상을 올바르게 살 수 있다. 그러나 우리 대부분은 어리석게도 말도 되지 않는 칭찬을 좋아한다. 그리고 그것 때문에 망한다. 이것이 아주 흔히 볼 수 있는 자부심 부족의 경우다.

일 중독은 불안을 푸는 방법이다

일 중독자들은 헌신적이고 강박적이다. 오랜 시간 일하고 집에까지 일을 가져가서 한다. 쉬는 토요일에도 책상이라도 치우려고 사무실로 간다. 가족과는 거의 시간을 같이 하지 않는다. 진짜 일 중독자들은 휴가 가기도 싫어한다.

그러면서도 그들은 이 모든 것이 가족을 위한 것이라고 한다. 의식적으로 거짓말을 하지는 않는다. 진지하게 자신의 설명을 믿는다. 실제로는 일 중독자들이다.

그들은 알코올 중독자들이 과음하는 이유나 탐식자들이 과식하는 이유와 같은 이유로 과도하게 일을 한다. 형태만 다르지 중독이라는 행태는 기본적으로 이유가 비슷하다. 불안감이 느껴지지 않도록 다른 요소를 동원하여 억누르는 것이다. 말로는 일이 좋아서라고 한다. 그러나 일을 하면 막연한 불안감이 느껴지지 않아서 좋은 것이다. 술을 마시는 방법 대신 엄청난 양의 일에서 긴장을 푸는 방법을 찾은 것이다. 존경할 만한 신경증이다. 건강, 평온, 인간관계 등을 깨버리는 파괴적인 방법이긴 하지만.

그들을 이해하기 위해서는 섭취 또는 동화작용을 이해해야 한다. 우리가 지금 의무사항이나 금지사항이라고 생각하면서 꼭 지키려고 하는 것들은 모두 어린 시절 환경에서 비롯된 것들이다. 어린 시절 우리는 부모의 요구와 기대를 그대로 섭취한다. 부모의 가치와 개념을 자기 것으로 흡수한다. 아버지가 일하지 않고는 못 배기는 강박적인 노동자였다면 아이들 중 한둘은 그의 예를 따르는 경향이 있다. 늘 바빠야 한다. 늘 활동한다는 것은 좋은 일이다. 앉아서 쉰다는 것은 나쁜 일이다. 반면 그런 아버지를 나쁜 역할 모델로 받아들이는 아이도 있다. 끊임없이 바쁘기만 한 아버지를 싫어하는 것이다. 그러면 의식적으로 가능한 한 아버지와는 다른 사람이 되기로 결정한다.

'그녀'의 어머니는 쉬지 않고 일하는 스타일이었다. 딸에게는 뭐든지 완벽하게 하라고 요구했다. 완벽주의자를 원하는 완강한 어머니였다. 딸은 그런 어머니가 싫어서 어머니와는 다른 사람이 되고 싶었다. 하지만 자신이 원하는 대로 살지도 못하고 완벽주의자가 되지도 못했다. 결국 신경증과 불안증만 갖게 되었다.

부정적인 역할 모델밖에 갖지 못하면 스스로 자기 성격을 만들어가게 된다. 하지만 따르고 싶은 긍정적인 모델이 없기 때문에 결국은 심각한 불안이 마음의 평화를 망친다.

일 중독자는 늘 바쁘다. 부모들이 끊임없이 들려주던 "부지런해라. 사람은 바빠야 한다. 멍청히 앉아 있지 마라. 넌 게으름뱅이야. 숙제는 다 했냐, 공부가 끝나지 않으면 놀지 마라, 넌 아무 짝에도 쓸모없는 놈이 될 거다."라는 소리를 잠재우기 위해서다.

그들은 머릿속에서 끊임없이 들려오는 그 테이프 소리에 반응해 늘 바쁘지 않으면 안 된다. 그리고 머릿속의 부모들과 자기 자신에게 뭔가가 이뤄지고 있는 중이라는 걸 증명해야 한다. 자기 내부의 판관인 부모의 기대를 배반하면 안 된다. 게다가 사회는 그에게 성공한 사람이라는 보상을 준다. "그렇게 대단한 걸 이루신 줄은 몰랐습니다. 정말 제일 바쁘게 뛰시는 분입니다."

일 중독자는 대개는 불안을 겪는다. 그것은 억눌린 공포, 분노, 열등감, 죄책감 때문에 생기는 것들이다. 그러나 본인은 그런 감정들을 의식하지 못 한다. 그저 바쁘지 않으면 긴장되고 걱정되는 느낌만 감지될 뿐이다. 활동하지 않으면 불안감이 나타난다. 바쁘게 뛰어야만 그것을 누를 수 있다. 어린 시절의 상처나 사랑의 부족 때문에 생긴 고통을 그것으로 억눌러 놓는다.

그들과는 반대로 천성적으로 일을 즐기는 사람들이 있다. 그들도 일 중독자라고 부른다. 하지만 그런 사람들은 휴가도 가고, 집에까지 일을 가져가지도 않는다. 그저 일에서 상당한 만족을 느낄 뿐이다.

늘 바쁘게 살고 있는 어떤 여성의 경험은 흥미롭다. 어렸을 때 어머니가 독서하라고 채근하고는 그녀가 독서를 하고 있으면 빨리 숙제하라고 채근했다고 한다. 한 가지 일만 시키지 않았다. 그래서 그녀는 제일 중요한 일이 '늘 바빠야 하는' 것이었다. 어른이 되자 그녀는 할 일을 그렇게 찾아다녔다. 책을 읽으려고 잠시만 앉아 있어도 그러지 말아야 한다는 생각이 들었다. 우리의 신경증은 이렇게 만들어졌다.

완벽한 엄마는 아이를 소외시킨다

완벽주의도 강박증이다. 옷에 털 한 오라기만 있어도 집어내야 한다. 사진이 조금만 비뚤어져 있어도 안 된다. 깔끔하다. 강박적으로 청결을 유지하기 때문이다. 주변에 뭔가 조금이라도 완벽하지 않은 것이 보이면 불안해서 그냥 두지 못한다.

이런 사람들도 사랑을 충분히 받고 자라지 못한 사람들이다. 그래서 사랑과 관심을 끌려고 강박적으로 깔끔하게 정리하고 말끔하게 정돈한다. 집안 물건이 제자리에 있지 않으면 참지 못한다. 불같이 화를 내기도 한다. 그런 사람들은 세상에는 완벽한 것이 없다는 걸 깨달아야 고쳐진다. 직장에서건 집안에서건 어떤 일이나 어떤 물건도 완벽할 수는 없다.

이런 사람들은 일을 할 때에도 어려움을 겪는다. 늘 긴장해 있기 때문에 쉽게 이완이 안 된다. 편히 쉴 수 없다. 편지봉투에 우표를 붙일 때도 대강 붙여서는 안 된다. 붙이는 위치와 좌우 간격이 정확해야 한다. 잘못 붙이면 떼어서 다시 붙여야 한다. 그대로 넘어가지 못한다. 어떤 일이든 완벽하게 이뤄지지 않으면 불안하고, 죄책감이 들고, 쫓기는 것 같고, 수치스러운 생각이 든다. 완벽주의도 열등감의 일종이다. 늘 마음 한 구석에는 '난 뭔가 부족해.'라는 느낌을 안고 살아가는 사람들이다.

완벽한 엄마는 오히려 아이에게 좋지 않은 엄마다. 아이를 완벽한 아이로 만든다고 완벽한 어머니가 되는 것은 아니다. 완벽한 아이를 만들려고 아이를 붙들고 채근하다보면 오히려 아이가 현실의 자신을 거부하고 부정하는 아이로 변하게 된다. 아이는 완벽한 아이가 되고 싶은 마음이 전혀 없다. 그저 엄마의 이해와 보살핌을 받고 싶을 뿐이다. 아이가 보기에 완벽한 엄마는 극단적이고 파괴적인 여자일 뿐이다.

극단적인 인간은 마치 모든 일들이 죽고 사는 문제라도 되는 것처럼 반응을 하지 않으면 안 된다. 모든 게 사느냐 죽느냐의 문제다. 모든 게 흑백 선택의 문제다. 결국에는 아무 것도 얻지 못하고 다 잃는다. 간신히 살아간다는 게 정확한 표현이다. 아무 것도 이루지도 못하고 만족하지도 못한다. 프로이트는 신경증 환자는 현실을 보지 못한다고 했다. 병적 상태가 그걸 거부하기 때문이다.

정신의 완벽지향성이라는 것도 있다. 목표를 높게 설정하여 가능한 한 높은 정신적 성장을 이루려는 것으로, 그것 자체는 잘못된 것이 아니다. 그러나 너무 지나치면 정신병이 된다. 정신적으로 완벽하고 싶은 사람은 소심함과 꼼꼼함이라는 신경증으로 발전한다. 모든 것을 배제하고 정신적 성장에만 초점을 맞춰 사소한 것에 사로잡힌다. 완벽한 것에서 조금만 벗어나도 참회를 해야 한다. 사소한 일에도 죄의식에 사로잡힌다.

소외될수록 더욱 열등감을 느끼게 된다

어떤 결점 때문에 열등감에 손상된 사람이 자신을 정상적으로 평가하고 판단할 수 있을까. 그 사람이 취할 반응에는 두 가지다. 아예 꽁꽁 숨어 사는 것, 아니면 열등감의 공격에 대해 반격하는 것이다. 대부분은 부끄럼을 타고 어색해 하고 뒤로 숨고 사람을 아예 만나지 않으려고 한다. 그러나 반대로 자신이 열등하지 않다는 걸 증명하기 위해 노력하는 경우도 있다.

우월감을 갖고 있는 사람들은 자신이 다른 사람들과 '다르다'고 느낀다. 아주 대단하게 살아갈 거라는 생각이 든다. 그런데 그때 실패하게 되면 열등감을 더욱 심하게 느낀다. 사람들 만나는 것을 우선 피하려고 한다. 자기는 '다른' 사람이기 때문에 정상적인 사람들과 비교되기 싫은 것이다.

이런 식으로 사회적 접촉을 피하는 사람들은 열등감이 점점 더 악화된다. 혼자 있을수록 거대 사회의 힘과 자신의 힘이 비교되고 자신이 너무 나약해보이기 때문이다. 열등감을 느끼는 이유와 크게 다르지 않다. 인간이 오늘날의 문명에 이른 것은 서로 협력해서 그 나약함을 보완했기 때문에 가능했다. 때문에 홀로 고립되어서는 해결책이 나오지 않는다. 서로 힘을 합치기 위해 서로 대면해야 한다. 우리가 주위사람들과 어울려서 놀고 일하고 대화하는 것은 아주 자연스러운 일이다. 사람들과 완전히 떨어져서 산다면 문제를 제대로 보고 문제에 제대로 대처하지 못한다. 그 결과 열등감을 더 느끼게 된다. 그리고 점점 더 소외되는 악순환을 겪는다.

세상의 소식을 매일 다루는 신문의 어느 편집자가 외부와 접촉을 완전히 끊은 적이 있었다. 하루 동안 사람들을 전혀 만나지 않은 것이다. 그는 그날 편집 회의에서 뉴스에 대해 의견을 말하려는데 자신의 머릿속이 비어 있는 것 같다는 느낌을 받았다. 사람은 주위 사람들과 접촉해야 생각을 합리적으로 할 수 있다. 주위의 생각을 들어봐야 새로운 생각도 떠오른다. 그 편집자는 자기 생각이 합리적이지도 새롭지도 않다는 생각이 들었던 것이다. 접촉이 없었기 때문이다.

소외감은 중요한 문제다. 신경 쓸 필요가 있다. 다른 사람들과 '다르다'는 느낌도 소외감과 마찬가지이다. 열등감으로 고통 받는 사람은 늘 혼자다. 정상적인 수준에 있지 않기 때문이다. 소외감은 육체적으로 정상이 아닐 때, 정신적으로 가라앉아 있을 때, 정서적으로 감정 조절이 안 될 때 생긴다. 이걸 보면 구석에만 박혀 있는 게 바보 같은 짓이라는 걸 알 수 있다. 일단 그렇게 되면 열등감 때문에 우리는 더욱 더 내성적이 된다.

열등감에 싸여 있으면 사소한 일에도 신경이 간다. 나중에는 생각이 온통 그것에만 쏠린다. 부스스한 머리, 낡은 신발, 깜빡거리는 기억력 같은 것들은 별로 중요한 일이 아니다. 그러나 열등감을 갖고 있는 사람이라면 엄청 신경을 쓴다. 그러면 아무 일도 못하게 된다. 지나고 나면 모두들 웃고 넘어갈 일이다. 열등감을 해결하지 않고 계속 안고 있으면 이런 식으로 과도하게 악화되어 진짜 문제가 생기게 된다. 일 차적인 해결책은 절대 도망가지 말라는 것이다. 사람을 피하기 시작 하면 더욱 악화된다.

열등감을 해결하지 않고 계속 놔두면 어떻게 될까. 인생은 비참해 지고 마음은 병들어 영영 회복되지 못한다. 길을 잃어버린 격이다. 끝내 나갈 길을 찾지 못한다. 그러므로 자신이 홀로 어떤 길을 가고 있 다는 생각이 들면 즉시 원점으로 되돌아와 사람들과 어울려야 한다. 성공과 행복의 길로 가려고 결심했다면 어떤 길이 잘못된 길이고 어 떤 길이 올바른 방향인지 알아야 한다.

열등감 느껴지기 때문에 다른 사람을 피하려고 한다면 결국에는 왜 다른 사람들과 어울리지 않는지 그 이유와 변명을 찾아야 한다. 예를 들면 사람들과 만나면 얼굴이 붉어진다거나 말을 잘 못하기 때 문에 그런 자리가 싫다는 것 등이 그런 변명이 될 것이다.

기분이 안 좋아서 사람들을 만나고 싶지 않다는 것은 아주 좋은 변명거리이다. 신경이 날카로워지고 다른 사람 기분까지 나쁘게 만들 지 모른다. 우울하고 짜증나고 불쾌해지면 우리는 뒤로 숨게 된다. 그 러나 그럴수록 점점 소외되는 것이다. 그러면 열등감을 영원히 극복 할 수 없다. 외로움은 열등감을 더욱 심하게 만들 뿐이다.

어떤 모임에서 참석했다가 열등감이 느껴지면 어색하기 짝이 없다. 그래서 얼른 그 자리를 빠져나오려고 한다. 그러나 무작정 피하려는 건 해결책이 되지 못한다. 오히려 문제를 더 극복하기 어렵게 만들어 버린다. 마주하기를 거부하면 할수록 도망치고 싶은 생각만 더 들 뿐이다. 그것이 버릇이 되면 아예 그런 자리에는 가지 못하게 된다. 도망친다고 해서 그런 감정이 깨끗이 해결되는 것은 아니다. 비슷한 상황이 되면 또 비슷한 감정을 느끼고 또 도망쳐야 한다. 영원히 피해 다니는 인생이 되고 만다. 그건 삶의 한 부분을 포기하고 사는 것이나 마찬가지이다.

사람들 만나서 어울리는 것이 싫으면 그것을 피하기 위해 여러 가지 핑계를 대곤 한다. 그런 사람들은 침대에 누워 있는 게 낫다고 스스로를 설득한다. 그러면 진짜로 병이 생긴다. 직장에서 열등감을 심하게 느끼는 사람은 일이 싫어져서 자주 몸이 아프게 된다. 열등감이 없었다면 어떻게 됐을까. 동료들과 즐겁게 일하고 싶다는 평범한 바람을 갖고 있었다면 어떻게 됐을까. 똑같은 병이라도 쉽게 치료되었을 것이다. 뜨거운 차를 마시고 일찍 잠자리에 들어 푹 잤을 테니까.

이런 식으로 살면 우리는 자신을 더욱 결함 있는 사람으로 만들게 된다. 열등감은 더욱 악화된다. 쉬고 싶어서 병이 나기만을 기다리는 심정이 된다. 열등감에 지배를 당하면 누구도 쉽게 병들게 된다.

열등감은 대를 이어 전달되기 쉽다

냉소적으로 비웃기를 잘 하는 사람, 그리고 남 괴롭히기를 즐기는 사람들이 있다. 그런 버릇 뒤에는 정신적인 이유가 있다는 것을 알 수 있다. 자기 아이들을 무자비하게 괴롭히는 부모들도 없지 않다. 말로는 아이들이 세상에 나가 적응할 수 있도록 강하게 키우기 위한 방법이라고 한다. 약간의 괴롭힘은 이런 면역 효과가 있을 수 있다. 하지만 이런 게 계속 된다면 지독한 열등감에 시달리는 아이 말고는 아무 것도 남는 게 없다.

어른들이 아이를 괴롭히는 것은 아주 야비한 일이다. 자기 자신의 열등감에서 벗어나기 위해서 그러는 것이다. 어른이 아이에게 열등감을 해소하려 하다니, 있을 수 없는 일 같지만 흔하다. 어른들이 아이를 괴롭히는 것은 대개 이런 이유에서다. 매우 잘못된 행동이다. 자기 열등감은 해소될지 몰라도 자식들이 새롭게 열등감을 안고 살아가야 한다. 자신의 열등감을 다음 세대에게 물려주는 꼴이다.

자기 자신에게 죄책감을 느끼는 사람들이 있다. 배우자나 형제 또는 친척들에게 죄책감을 느끼는 사람이 있다. 이유는 각각 다르겠지만 까닭 없이 늘 자신이 뭔가 잘못했다는 느낌을 갖고 살아간다. 이것 역시 열등감의 한 증상이 확실하다.

아주 얌전하고 소심한 사람이 남을 못살게 구는 '왕따' 대장이 되는 경우도 있다. 가장 흔히 볼 수 있는 열등감에 대한 과도한 벌충 또는 보복의 형태다. 군대나 사무실이나 주방에서는 가장 계급이 낮은 병사나 사환 또는 요리 보조사가 가장 가혹한 대우를 받는다. 그들을 못살게 구는 사람들은 바로 직전에 그 자리에서 그런 일을 당했던 바로 윗사람이다.

가장 낮은 자리에서 이제 갓 한 단계 올라선 이들은 자신이 여전히 약간 높은 '졸병'일 뿐이라는 생각을 지우지 못한다. 그래서 자기 내부의 열등감이 꿈틀거리는 것을 누르기 위해 누군가 희생양이 필요하다. 결국 열등감이 대물림되는 것이다.

인간은 낙원에서 추방된 열등감 환자다

강박 관념은 어떤 감정이나 생각이 끈질기게 되풀이하여 의식되는 증상이다. 열쇠로 문을 잠가 놓고도 제대로 잠겼는지 여러 번 확인한다. 편지 봉투를 써놓고도 주소가 맞는지 여러 번 확인해도 안심이 안 된다. 손을 씻고도 깨끗하지 않은 것 같아 다시 비누로 여러 차례 씻는다. 불안과 공포심 때문에 나타나는 행동들이다. 이 역시 열등감의 한 종류다.

우월감도 강박 관념일 수 있을까. 우월감을 갖고 있는 사람들은 늘 기분이 좋을 것처럼 생각된다. 그러나 우월감 때문에 괴로워하는 사람들도 있다. 어린 시절 아이에게 허망한 칭찬만 잔뜩 안겨주는 경우에 나타나게 된다. 대개 이런 칭찬을 받는 아이들은 용모가 뛰어나다거나 지능이 좋다든지 하는 특징을 지녔다. 아이는 점점 오만해져서 어른이 되어도 윗사람에게 인사조차 하기 어려워진다. 타협할 줄도 모르는 엄격한 사람이 된다. 어떤 경우에도 양보하려고 하지 않는다.

어른들의 터무니없는 칭찬과 아첨이 아이를 결점 많은 인간으로 만든다. 우월감 콤플렉스, 왕자병 공주병이라고 할 수 있다. 대체로 이런 사람들이 일반에게 쉽게 받아들여지지는 않는다. 재능이 뛰어나 성공을 거두기도 하지만 결국에는 인간관계나 사업에서 실패를 거듭하게 된다.

뛰어난 용모나 높은 지능을 갖고 있어도 그것이 성공을 가져다주지 않는다. 결국 자신이 생각하던 세상이 환상이었다는 것을 깨닫는다. 공주병 왕자병이 슬픈 것은 결국에는 공주와 왕자의 자리에서 내려와야 하기 때문이다.

낙원으로 다시 돌아갈 수 없을 때 우리는 그 대용품을 찾는다. 어머니의 대가 없는 사랑을 다시 맛보고 싶은 것이다. 칭찬, 보상, 명예, 부, 지위, 훈장, 메달, 자격증, 아부, 이 모든 것들은 우리가 겪어서 알고 있는 환희의 상징들이다.

세계 최고 부자들 중 한 사람은 어렸을 때 아버지에게 넌 아무 짝에도 쓸모없는 놈이 될 거라는 소리를 들었다. 그 비판에 충격을 받고 그는 아버지가 잘못되었다는 것을 증명하기 위해 살았다. 서른 살에 처음으로 1백만 달러를 모았다. 마흔 살에는 수천 만 달러를 모았다. 아버지보다 더 부자가 된 것이다. 그는 대단히 만족스러웠다. 아버지가 잘못 생각했다는 것을 증명한 것이다. 하지만 그것 때문에 가족에게는 전혀 신경을 쓰지 못했다. 아들 중 하나는 그를 몰라보고 '아저씨'라고 불렀다. 이렇게 모든 것을 바쳐 바라던 것을 얻는다 해도 그것은 우리가 바라는 어린 시절 낙원은 아니다.

어떤 남자는 평생 동안 어머니에게 무한한 사랑을 받았다. 아이도 아무런 잘못을 저지르지 않고 잘 자랐다. 아이가 이렇게 만족할 만한 사랑을 받는 경우는 드물다. 이 정도는 넘치는 사랑이다. 그는 쓸 데 없는 칭찬을 많이 받았다. 그 결과 여자들 앞에만 서면 네온사인처럼 불이 켜진다. 과장된 행동이 많았다. 여자만 있으면 그는 갑자기 왕자가 되었다. 아내는 그가 여자가 있는 데만 가면 눈이 반짝거린다고 한다. 그는 아내의 그런 말을 농담으로 들었고 아내에게는 문제가 되었다.

결혼한 다음에도 그는 계속 여자들과 관계를 가졌다. 그는 애정 중독자였다. 여자만 보면 어린 시절의 사랑받던 느낌이 되살아나 그것을 다시 맛보고 싶어 했다. 그것을 극복하지 못한 것이다. 자기도 모르는 사이에 어머니의 그 무한한 사랑을 늘 갈구했던 것이다. 그걸 알자 그는 그 강박증을 조절할 수 있게 되었다.

같은 남자와 네 번 결혼한 여자도 있다. 이혼하고 나면 남자는 다시 그녀에게 다가가 구혼을 했다. 그러면 그녀는 다시 낭만적인 사랑의 환희를 맛보았다. 그러나 생활이 정착되면 그녀는 또 시무룩해졌다. 그리고 적절한 때에 이혼을 했다 그녀는 로맨스 중독자이다.

중독자들은 대부분 중독에 취해 불안감이나 열등감을 잊으려는 것이다.

권력 추구·허풍·자만은 약점 때문이다

권력에 대한 갈망은 어린 시절에도 다양한 형태로 나타난다. 무한한 힘을 갖고 싶어 하는 것은 아이들도 다르지 않다. 슈퍼맨이나 플래시맨에 대한 환상은 바로 그런 막강한 힘을 갖고 싶다는 갈망에서 나온 것이다. 인기, 권력, 아첨, 부, 명성을 좇는 사람들은 대부분 불안감이나 열등감을 그런 것들로 어느 정도 상쇄하려는 것이다.

열심히 일해서 돈을 더 벌려고 노력하는 백만장자는 사실은 돈을 좇는 것이 아니라 돈갖고 있는 권력을 좇는 것이다. 붕붕거리며 오토바이를 타고 다니는 젊은이는 엔진 소리나 스피드가 갑자기 죽어버리면 동시에 기분도 죽어버린다. 사람들의 관심을 끌 수 있는 엔진 소리나 스피드는 그에게는 권위의 상징이다. 사람들이 불쾌하게 생각하건 말건 그는 상관이 없다. 불안감이나 열등감 따위는 그것으로 모두 깨끗하게 날려버리는 것이다.

남자를 정복하기 위해 유혹하는 데 열심인 여자는 사랑을 좇는 게 아니라 권력과 자신감을 좇는 것이다. 수많은 여자들을 유혹하는 남자는 여자를 정복해야 한다는 강박관념에 억눌려 있다. 이런 행동들은 열등감을 잊을 수 있는 가장 확실한 방법이다.

성서에 나오는 첫 유혹은 권력에 대한 유혹이다. 신이 아담과 이브에게 선악과를 따 먹지 말라고 금지한 것은 꼭 엄마들이 아이들한테 "만지지 마!"하고 지르는 소리와 같다. 그걸 따 먹은 아담과 이브는 신이 되고 싶었던 것이다. 즉 막강한 힘을 갖고 싶었던 것이다. 그렇게 해서 최초의 남자와 여자의 마음속에 절대 권력에 대한 갈망이 시작되었다. 아담과 이브도 신에 대해 열등감을 갖고 있었나?

권력, 칭찬, 인기, 확인, 수용, 긍정들은 우리 가치를 증명하기 위한 욕망에서 나온 것들이다. 존 레논은 비틀즈가 예수보다 더 인기 있다고 했다. 무하마드 알리는 자신이 역사상 가장 위대한 인물이라고 했다. 이런 허풍과 자만들은 모두 불안감을 감추기 위한 것이다. 영국 일간신문 〈가디언〉에 이런 광고가 실린 적이 있다.

'서로 의지가 될 만한 사람을 찾습니다. 담배를 피우지 않고, 매력적이고, 섬세하고, 지성적이고, 독립심이 강하고, 몸매가 좋고, 활력이 넘치는 36세 이하(신체적, 정신적으로 모두)의 여성을 원합니다. 자부심이 강하고, 잘 웃고, 고루한 성적 관습에서 자유로워야 합니다. 저는 지적인 자극을 주고, 서로 존중하고, 솔직하고, 적절한 거리를 유지하고, 인간적으로 가깝고, 점점 강해지고, 정서적으로 의지가 되고, 성적으로 큰 만족을 주고, 이념적으로 공존할 수 있고, 취미를 폭넓게 즐길 수 있고(비행, 항해 등등), 매우 바쁘고, 힘이 넘치고, 교육 수준이 높고, 재정적으로 안정되어 있고, 키 178cm에 몸무게 75kg이고, 매력적이고, 섬세하고, 지적이고, 따뜻하고, 유머러스하고, 진지한 44세의 남자입니다.'

이런 자기중심적이고 오만불손한 문장이 이때 처음 나온 것이 아니다. 자만하고 오만한 사람들은 자신이 그런 줄을 모른다는 것이 불행이다. 그들은 자기 자신이 너무 약해보이기 때문에 그걸 감추려고 그런 행동을 무의식 중에 하는 것이다. 대부분 방어적인 사람들이다. 머리뚜껑을 열어보면 뇌 대신에 열등감 덩어리만 가득 차 있다고 해도 지나친 말이 아니다.

열등감을 정의하기 위해서는 우월감과 대비해보아야 한다. 열등감은 자기 자신의 가치를 낮보는 경향이 있는 병적인, 비정상적인 상태다. 열등감이 심한 사람은 매우 민감하다. 남에게 칭찬받으려는 욕망이 아주 강하다. 그러나 다른 사람과 비교하여 자신을 낮게 평가한다.

우월감은 단순한 자부심이 아니다. 우월하다는 의식이다. 개인의 영리함, 동료들보다 뛰어난 능력, 어려운 일을 쉽게 해내는 능력 등에서 나온다. 우월감을 가진 사람은 성인이 되어서도 어린 시절의 자기중심적인 성향을 유지하고 있는 뛰어난 인간이다. 그러나 한계를 인식하고 인정할 만큼 성숙하게 자라지 못한다. 조숙한 망나니 아이 정도밖에 안 된다.

열등감 때문에 생기는 보상 작용이 과도해지면 허세로 나타난다. 이것이 우월감으로 오해되기도 한다. 적극적 자랑(허풍)은 열등감 느끼는 허풍장이의 허세인 반면, 지적 냉담함은 우월감 느끼는 이기주의자의 진심이다.

힘에 대한 갈망은 자만심의 표현이다. 자만심은 잘못을 받아들이지 않게 만든다. 자만심 가득한 사람은 실패했다는 생각을 견디지 못한다. 토론을 해도, 스포츠를 해도, 어떤 일을 해도 실패를 받아들이지 않는다. 언제나 옳아야 한다. 반드시 이겨야 한다. 늘 제압을 해야 한다. 오만은 모든 죄악의 근원이다.

위대한 인간들도 보통 사람들처럼 자만심의 포인트가 있다. 프로이트는 약점이 있었다. 비판을 받으면 매우 괴로워했다. 융과 아들러가 자기들의 이론으로 새 학파를 만들어 출발했을 때 프로이트는 매우 화를 내며 괴로워했다.

오늘날 흔히 볼 수 있는 우울증도 억눌린 분노에서 나온다. 왜 분노할까? 자신이 열등하다는 생각을 참을 수 없기 때문이다.

야망은 수치심에 대한 방어 기제이다

기대 이상의 성취를 이루기 위해서는 자신을 죽어라 몰아쳐야 한다. 강한 척하면서 늘 바빠야 한다. 일에서 즐거움을 느끼거나 주위를 살필 여유가 없다. 그러다가 더 이상 속도 조절을 할 수 없는 지경에까지 이른다.

심리학 사전은 '야망'을 수치심에 대한 방어라고 정의한다. 가치 있는 목표를 달성하기 위한 정상적인 열망과는 다르다. 정상에 다다르기 위해 과도한 야망을 가지면 정신적인 병이 되기 쉽다. 그러다 한꺼번에 무너진다.

명성은 명성을 생각하지 않는 사람에게 온다. 성공만을 바라고 쫓아다니다보면 정신적으로 황폐해져 심장병에 걸리기 딱 알맞다. 야망이란 열등감 때문에 느껴지는 부끄러움을 방어하기 위한 것이라는 것을 알면 어떤 사람들은 혼란스러워할지도 모르겠다. 하지만 사실이다.

라 로슈푸코는 "신앙이 깊어지고 싶어 하는 사람은 엄청나게 많지만 겸손해지고 싶어 하는 사람은 하나도 없다."라고 썼다. 우리 인간들이 자만심을 버리기는 어렵다는 말이다. 자만심을 나쁜 죄악이라고 말하는 사람은 하나도 없다. 자만심은 자기 결점을 전혀 보지 못하기 때문에 가장 나쁜 죄악이다. 이런 진실을 인정하기란 무척 고통스럽다.

아인슈타인은 훌륭한 과학자라서 많은 사람들이 존경했다. 그러나 사람들이 그를 더욱 더 존경한 것은 그가 겸손한 사람이기 때문이었다. 개인적으로 그를 아는 사람들은 그가 품위 있고, 드러나지 않게 동정하고, 허영심이 없고, 유머가 있고, 아름다운 것을 사랑했다고 한다. 이 시대 가장 위대한 과학자가 스스로를 가리켜 자신은 전혀 재능이 없는 사람인데, 단지 호기심만은 열정적인 사람이라고 말했다 한다.

이 정도로 겸손한 사람이라면 열등감이 전혀 없다고 할 수 있다. 그는 어렸을 때 손가락질 당하던 아이였다. 마음의 상처가 많았을 것이다. 그런데도 완벽하게 치유가 되었던 것 같다.

자만심은 열등감을 가리기 위한 포장에 불과하다. 자신을 정확하게 볼 줄 안다면 자만심 따위는 가질 이유가 없다. 열등감도 마찬가지이다. 스스로에게 겸손해지는 것과 열등감은 어떻게 다를까. 아마 자신을 정확하게 바라볼 줄 아는 능력의 차이일 것이다. 있는 그대로의 자신을 인정하고 받아들이는 것이 진정한 겸손이고 열등감 치유의 한 방법일 것이다.

사내아이들은 계집아이들보다 자부심이 더 높은 편이다. 사내아이들은 적극적으로 강하고, 공격적이고, 자제하는 심성을 갖추려고 한다. 남성적이 되려는 것이다. 약하고, 수동적이고, 의지하려고 하지 않는다. 여성적이 되려고 하지 않는다. 그 바탕에는 남자가 여자보다 뛰어나다는 생각이 깔려 있다. 그래서 결국에 남자는 더 훌륭한 일을 하는 데 필요한 힘, 교육, 재능, 동기를 갖게 된다. 여자는 이런 것들을 가지지 못한다.

이런 이야기들은 한 세대 전의 경향이지만 아직도 어른들이 아이들에게 하는 소리들이다. 사내아이가 제 주장이 분명하면 '사내아이답다'고 말한다. 남성적 주장이다. 계집아이가 조용하고 수줍어하면 '여성스럽다'고 칭찬을 받는다. 그 반대라면 사내아이는 커서 계집애 같은 놈이 될 거라고 걱정한다. 계집아이가 적극적이고 제 주장이 분명하면 말괄량이 소리를 듣는다. 그러면서 크면서 차츰 저 버릇이 고쳐질 거라고 말한다.

그러나 남성들의 적극적이고 사회적 성공이 많은 것은 원래 능력이 뛰어나서 그런 것은 아니다. 그것은 어려서부터 끊임없이 공격적 적극적이 되라고 부추김을 받았기 때문이다. 반대로 계집아이들은 끊임없이 방해를 받고 단념을 하면서 살았다. 하지만 사내아이나 계집아이나 원래 삶의 시작은 다 '제 주장'을 할 만한 능력을 갖고 시작한다. 사내아이들이 원래 공격적은 아니다.

'완벽 지향 노력'이나 '우월 지향 노력'이라는 말에는 철학적인 뿌리가 있다. 그것은 권력 의지를 삶의 기본적인 동기로 본 니체의 철학에서 온 것이다. 우월해지려는 노력은 더 나아지려는 욕망을 말하지만, 그것은 다른 사람들보다 더 나아지기를 원한다는 생각을 담고 있다.

스스로 더 나아지는 것이 아니라 비교 개념인 것이다. 이것은 건강하지 못한 노력이다.

날씬해지기 위해 열등감에 빠진다?

비만은 전지구적 현상이 되었고, 우리 모두의 열등감의 뿌리가 되었다. 20세기에 등장한 선진국형 증상이다. 몸은 이제 새로운 자기학대 프로그램의 대상이 되었다. '완벽 지향 노력'이 여성들에게는 몸에서만은 확실하게 진행되고 있다. 그러면서 자기 몸을 미워하고 싫어하고 학대한다. 자기 몸을 있는 그대로 사랑하는 여성은 많지 않다. 허구의 이미지인 이상형을 따라간다. 보통의 몸매를 지닌 여성들도 누구나 지금보다 몇 킬로 더 빠졌으면 한다. 그런 소망을 광고와 매스컴은 열심히 부추긴다. 나날이 새로운 다이어트 방법이 나온다. 하지만 날씬한 몸매에 자신감 있고 행복하기까지 한 여성이 되는 기적은 결코 일어나지 않는다.

몸매가 날씬하지 않아도 행복할 수 있다. 자기 몸을 있는 그대로 받아들이고 존중하면 가능하다. 질 좋은 음식을 적절하게 먹는 것은 자기 몸을 존중하는 태도다. 자기 몸을 사랑하고 받아들이면 부족한 점을 찾으려고 하지 않는다. 살이 너무 많고 적은 부위를 찾지 않는다. 있다고 해도 그것 때문에 괴로워하지도 않는다.

노출을 꺼리는 여성들이 모두 뚱뚱한 것은 아니다. 봐주기 힘들 정도의 여성들은 그리 많지 않다. 스스로 뚱뚱하다고 생각하는 이들이 수영장을 꺼린다. 자기 몸을 제대로 받아들이지 못하기 때문이다. 실제로 날씬한 여성들은 자기가 뚱뚱하다고 생각하는 경우가 많고 뚱뚱한 여성들은 자기가 그런대로 괜찮다고 생각하는 경우가 많다.

자기 몸을 제대로 받아들이지 못하는 이유는 왜곡된 미인상에 있다. 젓가락처럼 야윈 모델들이 아름답다고 생각하고 있는 것이다. 패션모델들이 미의 기준인가.

여성들의 자기 몸에 대한 평가는 매우 자학적이고 파괴적이다. 자기 몸에 대해 비관하기 시작하면 자기 몸을 인식할 능력이 없어진다. 자기 자신을 스스로 부인하는데 어떻게 받아들일 수 있겠는가.

열등감을 앓는 여성들은 자기 몸에 대해서도 무지하거나 부정적 시각을 갖고 있다. 몸은 오직 '환상적 이미지-거짓 자아' 실현을 위한 도구다. 진실한 자신의 모습을 새로운 몸으로 감추는 것이다. 아름다워지기 위해 과다한 운동과 트레이닝, 수술, 무작정 굶기 등을 한다. 한계점에 이를 때까지 혹사한다.

극단적인 반대 경우로 꾸미지 않고 완전 방치하는 경우도 있다. 몸에 대해 자연스러운 시각을 가지지 못했기 때문이다. 몸에 필요한 것들을 알지 못한다. 몸에 귀를 기울이는 것이 아니라 몸에 조건을 부여한다. 그것 때문에 스스로 열등감에 발목을 잡히는 것이다.

20세기 들어 시간이 갈수록 미인 선발대회 참가자들의 체중이 줄어드는 것을 알 수 있다. 풍만한 그리스·로마의 조각들이나 인상파 화가들의 그림에 나오는 통통한 모델들의 모습은 수백 년 동안 아름다운 몸매의 조건으로 받아들여졌었다. 그러나 30년 전에는 매력적이던 몸매가 지금은 통통한 것으로 간주된다. 몸의 군데군데에 살집이 있어야 미인이던 기준은 지금은 바비 인형으로 변했다. 일반 여성들도 키는 커졌고 몸통은 가늘어졌다.

잡지에 나오는 모델들은 거식증 환자로 보일만큼 말랐다. 모든 여성들은 그런 몸매를 이상형으로 여기고 따라하기 위해 기를 쓴다. 건강에 필요한 정상적인 식사는 불가능하다. 몸매를 대상으로 하는 사업은 번성한다.

날씬한 몸매는 매력, 성공, 인기, 활력, 건강을 상징한다. 뚱뚱한 몸매는 의지박약, 무절제, 소외, 고독을 상징한다. 특히 무절제는 집중비난 대상이다. 먹을 것이 없어서 아이들이 굶어죽는 나라도 있는데 뚱뚱하다니, 말이 안 되는 인간이다. 날씬한 몸매에 대한 강박 관념은 부족한 게 없는 풍족한 사회가 갖는 병리 현상이다. 이런 맥락을 보지 못하면 수동적 희생자가 된다.

여기서 벗어나기 위해서는 어떤 몸매가 건강한 몸매이며 자신에게 적합한 몸매인지 정확히 판단해야 한다. 물론 비만을 찬양할 필요는 없다. 어떻든 몸매와 자신감을 연관시키는 태도는 위험하다. 자신감을 몸매와 같은 외적 요인에서 찾는 것은 불안정해서 쉽게 흔들린다. 외적 요인들이란 상대적일 수밖에 없다.

외부 자극을 통해 자존감을 획득하려는 경향이 남자보다는 여자들에게 많다. 남들의 시각이 자기 평가에 커다란 영향을 미치는 것이다. 같은 여자들도 외모로 다른 여자를 판단한다. 따라서 여자들은 그 사회가 요구하는 미적 기준과 매력 포인트를 갖추기 위해 노력하고 또 노력해야 한다. 그래야 남들에게 좋은 인상을 주고 소외되지 않는다. 하지만 사회의 미적 기준과 끊임없이 비교해야 하는 상태에서는 결코 열등감에서 벗어날 수 없다. 늘 불안하고 더 아름다운 여성을 보면 기가 죽는다.

열등감이 왜 악화되는 걸까

자기 정체성 없으면 모든 게 힘들다

다른 사람과 관계 맺기를 두려워하는 사람은 분리와 유기에 대한 두려움이 있다. 자신이 버림을 받을까 두려워 접근하지 못한다. 혼자 있는 시간을 두려워한다. 곧 버려지는 것으로 생각한다. 외부의 관심과 애정이 없으면 자아가 흔들린다. 그래서 배우자나 애인이 생기면 완전한 융합을 추구한다. 모든 걸 함께 해야 하고, 늘 같은 걸 원해야 하고, 똑같은 강도의 사랑을 주고받아야 한다. 개성을 무시하고 하나가 되려고 애쓴다. 아직도 정신이 성숙하지 못해 어린 시절 분리 상태의 감정을 유지하고 있는 것이다.

자신의 욕구를 채워줄 사람이 사라지는 순간 음식이나 약물의 도움을 받아 소외를 잊으려고 한다. 자존감이 낮은 여성들은 자아 정체성과 자아 개념이 약하기 때문에 스스로를 진정시키고 용기를 북돋을 능력이 없다. 외부의 위로와 애정이 필요하다. 그것이 없다면 대신 채워줄 수 있는 것이 음식과 약물이다. 음식은 내면의 공허함, 감정의 공복 상태를 물리적 방법으로 해결해준다. 약물은 공허함이나 공복 상태를 잊게 해준다. 둘 다 저급한 동물적 방법이다.

무척 흥미로운 현상 중에 베개나 인형에 극단적으로 집착하는 아이들이 있다. 부모와 가져야 할 애착 관계가 적절하지 못했을 때에는 다른 대상으로 전이된다. 만약에 베개로 전이됐다면 아이는 베개를 엄마처럼 생각한다. 엄마로부터 얻을 수 있는 모든 것을 베개로부터 얻는다. 베개에게 말도 하고 꺼안고 자기도 하고 베개를 떼어놓으려고 하지 않는다. 아무도 베개를 만질 수 없다. 엄마로부터 얻는 스킨십을 베개로부터 얻는다.

분리의 두려움은 경험을 통해 줄여나갈 수 있다. 분리가 되어도 커다란 위험을 겪지 않는다는 것을 알면 그런 상황을 극복할 수 있다. 경험을 통해 안정적인 관계의 모델을 내면에 입력해두면 분리를 관계

종료가 아니라 일시적 상태로 받아들이게 된다. 외부의 자극이 없더라도 자기 안에 확고한 중심을 세우고 스스로 자신을 위로하는 방법을 깨우치게 된다.

그러나 자존감이 약한 사람들은 의존과 자립 사이에서 전쟁을 치른다. 의존과 자립은 모순 개념이 아니다. 남녀 관계 속에서도 의존하면서 동시에 자기 독립성을 유지할 수 있다. 그걸 깨닫지 못하면 연애를 해도 자기 자신을 포기하고 완전히 의존하거나, 아예 혼자 있거나 둘 중 하나를 선택한다. 사랑과 자립은 배타적인 관계라고 생각한다. 하지만 인간은 엄마에게 의존했다가 독립하면서 평생 만남과 헤어짐을 반복한다. 의존과 자립이 겹치면서 지속되는 것이 인생이다. 중요한 것은 자기 정체성과 자신감 확립이다.

열등감은 어린 시절의 상처, 거부당한 경험, 실패로 돌아간 자율성 등에서 비롯된다. 부모가 독립을 향한 아이의 욕구를 인정하고 지원해주지 않을 경우 아이는 성취감과 자신감을 얻을 기회를 상실하고 열등감을 갖게 된다.

정체성과 자신감을 방해하는 또 다른 원인은 부모가 아이에게 능력과 한계에 대한 개념을 심어주지 못하는 것이다. 아이와 부모는 자주 충돌하는데 그때마다 부모가 승자가 되어버리면 부모는 모든 걸 할 수 있고 자신은 아무 것도 할 수 없다는 생각을 하게 된다. 그러면 자기 안에 잠재된 능력조차도 발휘하지 못하고 깊은 열등감에 빠진다. 부모는 아이를 지원하고 장점과 약점을 깨닫게 해줘야 한다.

스스로 할 수 있는 일은 혼자 처리하도록 배려하고 능력 밖의 일은 성심껏 도와준다면 아이는 자신의 능력에 대해 현실적인 생각을 하게 된다. 일을 혼자서 하나하나 처리해 나갈수록 자신감이 붙고 자기 정체성을 확립하게 된다. 이것은 어른이 되어서도 마찬가지이다.

바쁘게 살아가는 사람은 자기애가 강한 우월감의 소유자들이다. 우월감에 빠진 사람의 내면을 분석해보면 세 가지 유형이 있다. 열등감, 우월감, 진정한 자아이다. 처음 두 개의 요소가 결합하면 거짓 자아가 형성된다. 열등감에 싸여 있는 자신의 모습도, 우월감에 싸여 있는 자신의 모습도 진정한 자신의 모습은 아니다.

자기가 잘난 구석이라고는 찾아볼 수 없는 보잘 것 없는 존재라는 생각이 열등감이다. 자기가 너무 잘났거나 남들보다 우월하다는 생각이 우월감이다. 이 둘은 모두 착각이다. 장단점이 없는 사람이 없고 모두 특색이 있으며 능력은 또 비슷하다. 열등하고 우월하다고 생각하는 특징들은 모두 각자의 개별성일 뿐이다.

불안감, 정신적 고통, 죄책감 등의 불쾌한 감정이 들면 자기를 보호하기 위해 분리와 모순 같은 심리적인 장치를 작동시킨다. 그러나 그것이 일시적인 부담감은 덜어줄 수 있지만 갈등을 근본적으로는 해소해주지 못한다. 무의식 속의 갈등 요소는 그대로 남는다.

분리는 모순되는 두 가지 사항을 구분하여 불안감과 위협으로부터 자신을 방어하는 장치이다. 충돌하는 사항이 있으면 그 갈등을 적절히 조정하여 화해하거나 해소하지 않는다. 한 가지만 부각시키고 나머지는 부인한다. 의존과 자립, 열등과 우열이 통합·조정·화해되지 않는다. 모순의 불안에서 탈출하기 위한 명쾌한 선택이다.

열등과 우월의 반복으로 우울증이 온다

우월감의 소유자들은 우월감에 빠져 있는 동안에는 우월하게 행동한다. 열등감을 느끼는 부분도 자신의 일부이지만 떠올리지 않는다. 비판을 받으면 즉시 우울증에 빠져 열등감을 느끼고 괴로워한다. 열등감에 빠지면 열등감에만 젖어 우월감은 아예 없었던 것처럼 부인한다. 그러나 내면에는 늘 상반된 두 사람이 공존한다. 이 두 사람의 통합을 위한 화해가 없는 것이다.

우월감 소유자들 안에는 선인과 악인이 공존하며 둘 중 하나가 극명하게 나타난다. 결국 외부 사람들도 선한 사람과 악한 사람으로 양분한다. 자신의 돌변과 마찬가지로 외부 사람들에 대한 평가도 선인에서 악인으로 돌변할 수 있다. 비판을 받으면 문제를 규명하고 해결하기보다는 무작정 자기를 비하하며 열등감에 빠져버린다. 이들에게 중간이란 없다. 극과 극을 오간다.

우월감에 빠지면 그것을 유지하기 위해 대단한 노력이 필요하다. 성공, 불굴의 노력, 강인한 모습을 통해 사람들의 관심과 사랑을 얻으려 하기 때문이다. 망가진 모습을 절대로 보이지 않는다. 감정을 잘 드러내지 않는다.

자존감이 약하면 심리적으로 열등감을 이겨내지 못한다. 그래서 완벽주의, 거짓 독립심, 성공, 강인함, 감정 조작, 지나친 적응, 자만심, 일 중독 등을 통해 열등감을 상쇄한다. 그 정도가 지나치지만 걸출한 성과를 올려야 안심이 된다. 외모도 완벽해야 한다. 실수를 용납하지 않는다. 스스로를 지치게 만든다. 고유의 개성을 발휘할 여지도 갖지 않는다. 절대로 의존하지 않고 감정에 흔들리지 않는다. 그저 일하는 기계처럼 숨 쉴 틈 없이 바쁘게 뛰어야 한다.

이들은 절망과 열광 사이를 오간다. 일이 잘 풀리면 열광한다. 그러다 상황이 바뀌면 무능하고 쓸모없는 인간이라고 자신을 비관한다. 사소한 실패에도 절망한다. 이렇게 절망과 열광이 번갈아가며 반복되면 우울증이 된다. 우울한 기분을 심리적으로는 달랠 방법이 없는 사람들이다. 그래서 중독성 물질에 손대기 쉽다.

자존감이 낮으면 절망을 받아들이고 참아내는 인내심이 부족하다. 전부가 아니면 아무것도 갖지 않겠다는 식이다. 거부와 실망에 대처하는 방식을 익히면 건전한 자아를 형성할 수 있다. 어느 상황에서든지 한계를 수용하고 적절히 대처하는 방법을 배우면 해결된다. 현실을 인정하면 가면을 쓰고 있을 필요가 없다. 거짓 자아가 무너지면 순식간에 사람들을 신뢰할 수 있다.

우월감이 무너지면 열등감과 우울증이 그 자리를 대신한다. 열등감이나 우울증은 상처를 주는 말이나 비판을 들었을 때, 거부당했을 때 고개를 든다. "나는 너무 뚱뚱해. 너무 못생겼어. 못났고 멍청해. 패배자일 뿐이야. 난 아무 것도 아니야." 자기 단점을 과장하고 자기 비하에 빠진다. 존재 가치를 부정하고 수치심과 죄책감에 시달린다. 열 사람이 칭찬을 해도 한 사람이 비판을 하면 열 가지 칭찬은 다 잊어버린다. 이것이 열등감의 특징이다.

이처럼 자존감이 약하면 남들로부터 거부당할까 가장 두려워한다. 하지만 스스로 자신을 받아들이지 않고 있다는 사실은 깨닫지 못한다. 자기를 사랑해야 한다는 사실을 깨닫지 못한다. 남들이 자기를 좋아해주기만을 바란다. 남들이 원하는 모습에 자기를 맞춘다.

여성들의 경우 자기 비하 주종목은 외모다. 이상적으로 생각하는 외모를 갖기 전에는 만족하지 못한다. 성형수술을 여러 차례 하는 이유가 그것이다. 그러나 불가능하다. 자기 외모에 만족하는 사람은 거의 없다. 사랑에 실패해도 면접에 떨어져도 외모 탓을 한다. 매스컴과 광고는 외모와 성공을 연결시킨다. 글로벌한 사회 현상이다.

현실을 인정하면 자기 모습이 보인다

자존감이 낮으면 사소한 실수에도 자신을 보잘 것 없는 존재라고 생각한다. 극단적인 굴욕감이나 수치심을 느낀다. 또 욕구 표현을 수치스럽게 여긴다. 뭘 하고 싶어도 말하지 않고, 좋은 일이 생겨도 드러내지 않는다. 사람을 그리워하고 따뜻한 정을 주고받고 싶지만 사람들과의 관계는 더더욱 기피한다. 따라서 자신의 욕구를 억누른 채 남들이 자신의 욕구에 맞춰 행동해주기를 기다린다. 먼저 다가가는 법은 없다. 당장 필요한 것이 있어도 상대에게 말하지 않는다. 진정한 자아 개념이 없기 때문에 자기 표현에 대해 수치심을 느끼는 것이다. 관심을 보여 달라는 식의 표현은 부끄러운 일이다. 속마음이 드러나면 남들이 자신을 훤히 알아버릴까 두렵다. 그렇게 되면 더 이상 숨을 곳이 없어진다고 믿는다. 남들에게 진심을 들킬까봐, 두렵고 수치스러운 마음을 감출 수 없게 될까봐 두려운 것이다.

수치심 뒤에는 이런 두려움이 숨어 있다. 좀 들키면 어떤가. 속마음이 드러나면 멸시와 조롱의 대상이 되고 모두들 자기를 미워할 거라는 생각에 두려운 것이다. 이들은 대개 남의 말을 통해 자기 정체성을 확인한다. 남들에게 좀처럼 자기 진심을 보이지 않는다. 속마음을 털어놓는 순간 자신감을 잃어버리고 보잘 것 없는 존재가 된다고 믿는다.

수치심은 자기를 정복하거나 꿰뚫어보려는 힘에 맞서려는 시도다.

숨거나 외면하는 등 부끄러워하는 행동들은 방어 시도로 볼 수 있다. 자존감이 약해서 자기를 보호할 다른 방법이 없는 경우 최후의 수단으로 수치심을 동원해 그 뒤에 숨는 것이다. 경계가 허물어지고 남들이 보호막 안으로 침투하려고 할 때 숨거나 외면하는 것으로 끝까지 자신을 드러내지 않는다.

그에게는 그것이 마지막 자존심이다. 남들이 자신이나 자기 세계에 관심을 갖고 들여다보는 것을 침입으로 간주한다. 거세게 저항한다. 누군가가 자신을 쳐다보는 것도 불편하다. 말을 거는 것, 초대하는 것, 흠모하는 것조차 귀찮고 부끄러운 일로 여긴다. 그런 적극적인 접근은 대단히 위협적인 침입이기 때문이다.

다른 사람의 칭찬, 관심, 긍정적인 비판도 잘 받아들이지 못한다. 마음속으로는 반기면서도 정작 칭찬이나 관심을 받으면 주저하고 부끄러워한다. 이것 역시 침입에 대한 두려움이다.

이래서는 진정한 자아를 형성하지 못한다. 자신을 들여다볼 기회가 없기 때문이다. 거짓 자아의 양극인 우월감과 열등감 사이를 오가면서 어렴풋이 자기 모습을 짐작할 따름이다. "남들은 나를 독립심이 강하고 똑똑한 사람으로 생각하는데, 왜 나는 나 자신이 이렇게 초라하고 못나게만 보일까? 난 대체 누구지? 어떤 사람일까? 두려움에 벌벌 떠는 꼬마 겁쟁이인가? 아니면 못해낼 일이 없다고 망상에 빠져있는 허풍쟁이 거인인가?"

그는 난쟁이도 거인도 아니다. 두 요소 모두 가지고 있다. 거기에 자기 특성이 색칠해진 것이다. 그것은 자기 자신이 가장 잘 안다. 이를 자각하기 위해서는 진정한 자아를 체험해야 한다. 억눌린 감정, 소원, 욕구를 조금씩 인정하면서 거짓 자아에서 조금씩 벗어나야 한다. 우월감을 충족시키기 위해 뭔가 대단한 것을 하겠다는 망상을 포기해야 한다. 자신을 아끼고 믿어주는 사람들에게 조금씩 다가가면서 점점 더 진정한 자기 모습, 내면의 아이를 향해 다가가야 한다. 이를 통해 사람에 대한 그리움과 슬픔도 인정해야 한다.

열등감이 악화되면 우울증이 된다

우울증에는 여러 가지 종류가 있다. 원인도 많다. 남자와 여자에게 미치는 영향이 각각 다르다. 여성들이 남성보다 서너 배는 더 자주 우울증을 겪는다. 남성보다 정서적 집착이 강하기 때문에 우울증에 걸리기 쉽다. 여성은 독점적 관계를 맺는 경향이 있어서 죽음, 이혼, 자식들의 분가 등으로 그 관계가 깨지면 자주 우울증에 시달린다. 혼자 사는 것보다 차라리 죽는 게 낫다는 여자들이 많다.

요즘에는 가정과 사회 활동 사이에서 갈등을 느낀다. 모성애가 필요한 가정과 경쟁이 필요한 사회는 다르다. 전문직 여성들이 집에서 살림하는 여성들보다 우울증을 많이 겪는다.

사랑의 상실이나 관계의 단절은 여성들을 깊은 우울증에 빠지게 한다. 남편과 이혼한 어떤 여성은 약간의 우울증만 겪고는 초기의 상처를 잘 견뎌냈다. 새 삶을 시작하기 위해 다른 동네로 이사를 간 그녀는 친구들을 서넛 사귀고 잘 살아가는 것처럼 보였다. 그러나 애정 관계가 자신이 바라던 만큼 발전해가지 못하자 깊은 우울증에 빠졌다. 그리고 자살을 기도했다가 살아났다.

약을 먹었을 때 그녀는 이전의 남편에게 전화를 했다. 도움을 요청하는 의미와 자신을 이렇게 만든 전남편에 대한 침묵의 분노가 같이 담겨 있다. 그녀는 다른 사람에게도 전화를 했다. 사실은 살고 싶었기 때문이다. 그녀는 자신의 분노를 표현할 수 있는 방법이 없었다. 그래서 자살이라는 방법을 택한 것이다.

루치아노 파바로티는 세계 최고의 테너 가수였지만 성공의 정점에 올랐을 때 우울증이 덮쳤다.

"1970년대 중반에 무서운 일이 닥쳤다. 우울증에 빠진 것이다. 전혀 빠져나올 수가 없었다. 원인을 알 수 없었다. 가수로서 내가 정점에 다다른 때였다.

가족생활은 만족스러웠다. 세 딸은 건강하고 밝고 아름답게 자라고 있었다. 이렇게 운이 좋은데 나는 완전히 모든 일에 열정을 잃어버렸다. 관중들의 박수도 전혀 효력이 없었다. 모든 것에 목적을 잃어버렸다.

나는 내 우울증이 성공과 관련이 있다고 생각했다. 오랜 시간 동안 전력을 다해 정상을 향해 올라갔다. 한 장애물을 뛰어넘으면 즉시 다음 장애물로 눈을 돌렸다. 더 이상 뛰어넘을 장애물이 없었다. 이제는 실패할 일만 남아 있었다. 이젠 더 이상 목표가 없었다. 나 자신을 더 향상시킬 에너지도 열망도 남아 있지 않았다."

어느 날 그를 우울증으로부터 탈출시켜준 일이 일어났다. 비행기를 타고 밀라노에 도착하던 날 밤, 그가 탄 비행기가 거칠게 착륙하다가 두 동강이 나버렸다. 승객들은 다행히 비행기가 화염에 싸이기 전에 탈출할 수 있었다.

파바로티 역시 무사히 빠져나와 집에 도착해 가족들에게 둘러싸였다. 그러자 그는 자신이 얼마나 행운아였는지 깨달았다. 얼마나 사랑받고 있는지 비로소 알았다. 다른 사람들을 기쁘게 해줄 수 있는 재능을 갖고 있다는 게 얼마나 대단한 은혜인지 알았다. 죽음 직전에 살았다는 기쁨에 싸여 그는 이전의 행복하고 만족스러운 상태를 다시 회복했다.

목표를 달성하고도 우울증에 빠지는 사람들이 있다. 목표가 달성되면 행복을 누리게 될 것이라고 생각하는 데서 생긴 결과다. 목표를 달성했는데 나팔소리가 들리지 않고 행복도 찾아오지 않으면 허탈감에 빠지게 된다.

분노를 억누르면 우울증이 된다

그러나 우울증의 가장 일반적인 형태는 억눌러놓은 분노에서 생기는 것이다. 우리는 어렸을 때부터 화를 내면 안 된다고 배운다. 그래서 자랄수록 분노 억제 기술이 나날이 발전한다. 이것이 분노의 감정을 단절시키는 과정이다. 분노가 생겨도 그것을 인정하지 않고 자신이 화가 나 있다는 생각을 하지 않는다. 어른이 되어도 화를 낼 줄 모른다. 그러나 화를 내지 않았다고 해서 화가 나지 않은 것은 아니다. 그것을 깊이 감춰두고 있을 뿐이다. 그런 억눌린 감정은 대개 신체적 이상으로 나타난다.

분노의 억제는 현실에 대한 부정이다. 자신을 속이는 짓이다. 그 결과 편두통, 궤양, 관절염, 기타 등등의 증상으로 나타난다. 피부에 이상이 나타나기도 한다. 화를 감추고, 인정하지 않고, 억누르면, 신체적인 증상이 나타나기도 하지만 우울증 같은 정서적 증상이 나타나기도 한다.

우울증은 감정은 아니다. 감정이 꺼져버렸을 때 느끼는 느낌이다. 감정 구조에 너무 많은 부담이 오면 그걸 감당하지 못해 스위치가 꺼져버린다. 그러면 그 사람은 무감각해져버린다.

죄책감도 우울증의 한 원인이다. 죄책감은 자기 혐오감의 한 형태다. 그걸 고백하고 용서받았다는 느낌을 받지 못하면 속에 가라앉아 있다가 우울증을 만들어낸다. 그러므로 우울증은 기능이 제대로 작동하지 않았다는, 즉 죄를 고백하지 않았다는 경고 신호다. 우리는 자신의 죄를 합리화시키면서 산다. 문제는 우리 내부의 판단 시스템은 합리화를 받아들이지 않는다는 데 있다. 시스템은 진실을 알고 조심스럽게 생각해낸 변명을 거부한다.

우울증은 소외감에서도 나온다. 사랑받지 못하고 있다거나 버려졌다는 생각이 들 때, 또는 인생과 사람들이 우리는 부당하게 다룬다는 생각이 들 때, 우리는 처음에는 분노를 느끼다가 그것을 재빨리 억누른다. 그런 다음에 우울증에 빠진다. 어떤 식으로든 마음의 상처를 받으면 우울해진다는 것을 모르는 사람은 없다.

우울증은 누구나 겪을 수 있는 병이다. 우울증은 인간만 걸리는 게 아니다. 침팬지 같은 유인원도 우울증에 시달린다. 제인 구달은 탄자니아에서 이 동물들이 상당 기간 동안 슬픔과 우울증에 빠져 있는 것을 보았다고 보고했다. 침팬지 무리에서 중요한 역할을 하던 나이 든 암컷이 죽자 그 아들 침팬지는 큰 충격을 받고 슬픔에 싸인 채 매우 위축되고 풀이 죽은 모습을 보였다. 과학자들이 해부를 하기 위해 암컷의 시신을 가져가자 아들 침팬지는 어미의 시신이 있던 자리를 맴돌면서 절망에 빠진 몸짓을 했다.

아들 침팬지는 어깨가 축 늘어진 채 걸어 다니더니 며칠 뒤 어미가 죽었던 자리 근처에서 죽은 채 발견되었다. 치명적인 우울증에 걸렸던 것으로 추정되었다. 건강한 침팬지였기 때문에 슬픔 때문에 죽은 게 확실했다.

한적한 도로에서 뱀 한 마리가 차에 치여 죽자 다른 뱀이 다가와 옆에서 똬리를 틀고 죽은 뱀의 몸을 구석구석 접촉하는 모습도 발견 되었다. 뱀도 슬픔을 느낄까. 우울한 적이 있을까. 상실감은 살아 있 는 생물들에게는 공통적인 슬픔으로 보인다.

슬픔, 우울, 절망, 자포자기 등은 서로 잘 구별되지 않는다. 표현만 다르지 인간이나 동물들에게 공통적인 한 감정의 여러 양상을 묘사 하는 다른 단어들일 뿐이다.

불공정한 세상이 우울증을 만든다

올바르게 사는 사람들이 고통을 받고 나쁜 짓 하는 사람들이 해를 입지 않는다. 이 세상이 공정한 곳이라고 생각하는 사람은 아무도 없 다. 보편적인 우주의 법칙이 존재하기는 하지만 그것은 인간에게는 무작위로 적용될 뿐이다. 인생은 공정하지 않다. 논리대로 작동하지 않는다. 힘센 놈이 전쟁에서 이기지 못한다. 현명한 놈이 빵을 얻지 못한다. 머리 좋은 놈이 돈을 벌지 못한다. 재주 좋은 놈이 남을 설득 하지 못한다. 하지만 시간과 기회는 그들 모두에게 공평하다.

지진이 일어나 도시가 붕괴될 때 환락가는 무너지고 교회는 보존 되는 일 따위는 일어나지 않는다. 태풍은 선한 사람의 지붕도 악한 사람의 지붕도 똑같이 뜯어가 버린다. 비는 정당한 놈의 머리에도 부당한 놈의 머리에도 똑같이 쏟아진다. 그 반대도 진실이다. 홍수는 기독교를 믿는 사람도 쓸어가 버리고 불교를 믿는 사람도 쓸어가 버리고 종교를 믿지 않는 사람도 쓸어가 버린다 등등. 세상이 돌아가는 것을 보면 누구나 우울해진다. 우울증을 유발하는 동기들은 우리 주변 어디에나 널려 있다.

자존감이 거의 없었던 어떤 아내가 남편에게 버림을 받았다. 남편이 사랑하는 여자와 결혼하기 위해 이혼해달라고 요구하자 이상하고 흥미로운 방식으로 반응했다. 아내는 심정이 참담해졌지만 최선의 선택을 하기로 했다. 그런데 그 방식이 아주 이례적이었다. 아내는 남편의 여자를 알아내어 방문을 했다.

도움을 주기 위해 왔다는 말로 상대를 안심시킨 다음 그녀는 그 남자와 잘 살려면 어떻게 해야 하는지 말해주었다. 뭘 하고 뭘 하지 말아야 할지를 알려주었다. 그리고 잘 살게 되도록 돕겠다고 말했다.

남편에게는 놀랍도록 이해심 많은 태도로 대했다. 남편이 아이들을 만나고 싶으면 언제든지 만나도 좋다고 했다. 새 결혼이 성공하도록 돕겠다고 말했다. 그 모든 절차를 거친 다음에 비로소 그녀는 깊은 우울증에 빠졌다.

이런 우울증은 자신의 상처와 분노를 억누른 결과다. 그녀는 기독

교인이어서 교인으로서 보여주어야 할 사랑과 이해심을 보여주었다. 그러나 자신의 진정한 감정은 거부했다. 상처받는다는 것은 인간적이고 정상적인 일이다. 분노도 그렇다. 이런 합리적인 감정을 부정하면 감정 구조에 엄청난 피해를 준다.

그녀는 어린 시절에 엄마의 사랑을 받지 못하고 자랐다. 아빠는 너무 많은 것을 요구했다. 확신도 주지 않았고 인정해주지도 않았다. 그녀는 전혀 자부심이 없는 어른으로 자랐다. 지적으로 뛰어나고 밝은 성격이었지만 자신의 존재 가치는 전혀 없었다. 자신이 누구인지 정체성을 갖지 못했다. 부모로부터 인정받지 못한 것이다. 그래서 너무 고분고분했다. 남들의 요구에는 반대를 못하고 다 받아들였다. 열등감의 대표적인 경우이다.

열등감과 우울증은 동시에 작동하는 경우가 많다. 우울증은 열등감을 증폭시킨다. 열등감을 느끼는 사람은 그 정도가 어떻든 우울하게 되어 있다. 악순환이다.

우울증은 자기 탓이 아니다

우울증에 빠져 기분이 가라앉아 있는 기간 동안에는 중요한 결정을 내리면 안 된다. 그런 마음 상태에서는 아주 잘못된 판단을 내릴 수 있기 때문이다. 그런 상황에서 내린 선택은 타당성이 부족하다.

우울증은 마음이 불편한 상태이다. 우울증은 거친 감정이 발산되지 못하고 억눌리면 갖게 되는 기분이다. 절망적인 느낌밖에 들지 않을 때 갖게 되는 기분이다.

이때에는 충고나 조언이 아무런 효과가 없다. 나쁜 결과만 가져올 뿐이다. 기도하면서 성경을 읽으라거나, 기운을 차리라거나, 얼마나 많은 축복을 받았는지 생각해보라거나, 조깅이나 명상을 하라거나, 이런 모든 충고들은 거의 모두가 우울증을 더욱 악화시킨다. 심한 우울증은 정신적인 질병이다. 쉽게 치유되지 않는다.

의기소침의 구덩이에 빠져 있을 때 어떻게 구조를 받을 수 있을까. 유일한 방법은 '혼자가 아니다'라는 생각이다. 내가 고통을 받으면 다른 사람들도 고통을 받는다. 우리는 우리의 우울증을 자신의 탓을 돌려서는 안 된다. 자신을 불쌍하게 여겨서도 안 된다. 후회하지 말라는 어리석은 충고도 받아들여서는 안 된다.

우울증은 주관적으로 느껴진다. 다른 사람이 봐서는 모른다. 그래서 본인은 절망에 빠져 있는데 다른 사람들에게 자기 연민에 빠져 있다고 비난받을 수도 있다. 친구들이나 친척들은 대개 이렇게 말한다. "밝은 면, 긍정적인 면을 보라니까. 그런 식으로 생각하지 말란 말이야. 자신을 불쌍하게 보지 마. 얼마나 많은 복을 누리고 있는지 생각해보라고. 너보다 상황이 나쁜 사람들이 얼마나 많은지 알아?"

사소한 독감에 걸려 침대에 누워 있으면 쾌유를 비는 카드와 꽃을 들고 위로 방문을 한다. 하지만 우울증에 고통 받고 있으면 경험자들 말고는 그 문제의 심각성을 이해해주는 사람은 없다.

우울증이나 절망감으로부터 회복된 사람들이 있다. 탈출구가 없는 것은 아니다. 인내와 믿음이 있으면 절망에서 빠져나올 길이 있다.

그 방법은 신(절대자)과 자신과 다른 사람에게 완벽하게 솔직해야 한다. 마음속에 담겨 있는 상처와 분노의 감정을 완전히 공유하여 억압된 정서를 배출하는 '정화법'을 사용할 수도 있다. 고백과 원상 회복 또는 화해가 필요할 수도 있다. 이것은 신을 위해서가 아니라 우리 자신을 위해서 하는 것이다. 더 이상 우울증과 육체적 증상들에 고통 받지 않기 위해서다. 심각한 경우에는 전문적인 상담 치료가 필요하다. 어리석은 조언이나 비전문적인 충고의 함정을 피하기 위해서다. 우울증은 다행히 오래 가지 않는다. 끝이 있다. 상처와 분노의 원인을 찾아내어 문제의 핵심을 배출해버리면 제거된다.

지금 변화를 결정하라

열등감에 대한 잘못된 반응을 앞에서 많이 보았다. 그런 반응들은 반사회적이고 비사교적인 것들이다. 열등감을 갖고 있는 사람들은 무슨 일을 해도 자기 자신에게 도움이 되는 일을 하지 못하고 스스로도 마음이 불편해진다. 뿐만 아니라 주변 사람들에게도 도움이 되는 일을 하지 못한다. 그리고 꼭 주변 사람들을 불쾌하게 만든다.

같이 일하는 사람을 끊임없이 비난하는 사람들이 있다. 남에게 잘 보이려고 옷에 많은 돈을 지출하는 여성들도 있다. 술 때문에 자신의 건강과 가족의 행복을 망치는 남자도 있다. 자기 자식을 가혹하게 다뤄서 아이를 불행하게 만드는 부모도 있다. 이 모든 것들은 자신의 깊은 열등감을 보충하려는 시도들이다. 이런 행위를 통해 열등감을 우월감으로 바꿔보려는 것이다. 그러나 스스로에게도 도움이 되지 못하고 남들에게도 도움이 되지 않는다. 스스로도 기분이 좋지 못하고 주변 사람들도 불편해진다.

이렇게 되면 남에게 소외당하기 전에 스스로 소외감을 느끼게 된다. 늘 나는 왜 이럴까 하는 자책감에 휩싸인다. 열등감에 대한 잘못된 대처는 자신을 더욱 소외시킬 뿐만 아니라 이전보다 더욱 열등감을 깊게 만든다.

열등감에서 벗어나려면 자신이 살아온 상황을 자신이 선택하지 않았다는 것을 잊지 말아야 한다. 그러나 지금은 그것을 어떻게 다뤄야 할지 선택해야 한다. 자신의 감정, 성격, 지금의 자기 모습이 마음에 들지 않을 수도 있다. 그러나 이 순간 즉시 변화하기로 결정을 내릴 수 있다.

자신이 열등감에 싸여 있다고 생각한다면 그것은 오히려 희망적이다. 열등감을 느끼는 사람은 자기주장이 강하지 않아 누가 이끄는 대로 쉽게 따라갈 사람이기 때문이다. 그렇다면 적절한 안내를 받는다면 쉽게 열등감을 제거할 수 있다. 열등감을 제거하면 그 공간은 곧 자신감이 들어차게 된다. 그러면 쉽게 성공과 행복에 이를 것이다.

열등감은 어떻게 나타날까

- 가장 흔한 증상은 '은둔'이며, 과도한 자의식, 민감한 반응, 접촉 중단 등도 흔하다. 공격적 열등감은 관심 끌기, 비난, 과도한 복종, 불안과 걱정 등으로 이어진다.

- 지성과 창조력으로 열등감을 보상하면 훌륭한 성취를 이루기도 한다.

- 힘이나 폭력으로 불안을 제어하려는 것도 일반적인 열등감의 표출이다.

- 과식, 과음, 수다, 일 중독은 사랑받지 못해 불안한 사람들이 애용하는 '사랑의 대용물'이다.

- 우월감에 젖어 있던 사람이 실패를 맛보고 홀연 대인기피에 빠지기도 한다. 물론 이는 문제대처능력을 떨어뜨리고 소외감을 심화시킨다.

- 인기, 권력, 아첨, 부, 명성의 추구는, 그로써 열등감을 상쇄하려는 행태이다.

- 적극적인 자랑은 열등감에서 나온 허세이며, 지적 냉담은 우월감에서 나온 이기주의이다.

- 열등감을 앓는 여성들은 자기 몸에 대해서도 무지하거나 부정적 시각을 갖고 있어 거식증, 과식증에 빠지거나 심한 다이어트, 성형수술에 매달린다.

제4장

새로운 자아로 태어나기

"우리 마음을 어지럽히는 건 사물이 아니라
사물을 보는 우리의 시각이다."

– 그리스 철학자

열등감을 버리면 자신감이 온다

잘못된 믿음이 나를 지배하고 있다

누구나 일시적으로 다른 사람에게 열등감을 느낄 수 있다. 자신의 행동이나 감정 때문에 느꼈다면, 그 열등감은 잠시 멈춰서 생각하기 위한 시간을 벌자는 작전이다. 자신의 가치를 점검해보기 위한 것이다. 열등감이 느껴지는 순간 우리는 누구나 자신의 무의식의 세계로 들어가 이런 이상한 느낌의 이유가 뭔지 잠시 따져본다.

그것은 아주 단순한 메시지다. 우리가 열등감을 느낀다는 것은 어린 시절의 나쁜 경험 때문에 생긴 잘못된 믿음이 보낸 메시지를 받은 것이다. 그것은 무의식 속에서 우리를 완벽하게 지배하고 있다.

그런 잘못된 믿음이 자신의 인생을 온통 지배하도록 놔둘 것인가? 20년이나 30년 전에 일어난 일 때문에 자신이 쓸모없다는 기분이 들어도 그대로 놔둘 것인가?

열등감을 극복하려면 우리는 자신의 과거를 파고 들어가 우리가 자라온 상황을 알아볼 필요가 있다. 그 연결 고리가 열등감을 극복할 구체적 과정으로 이어진다. 끈기를 가지고 그것을 읽어내고 스스로 해낼 수 있다고 믿어야 한다.

나는 저 사람들과는 다르잖아

'그녀'가 어떤 그룹의 사장들에게 강의를 하기 위해 회의실로 들어 갔을 때 방안에는 출세했다고 인정받을 만한 잘나가는 인사들이 가 득했다. 쓱 훑어보니 모두 번드르르한 비싼 옷에 샴페인을 마시며 이 야기를 나누고 있었다. 들어서는 순간 그녀는 자신이 그 사람들과는 '다르다'는 걸 느꼈다.

그녀보다 수준이 높은 계층이라는 느낌이 들었다. 아마 저게 사장 들이 입는 옷인가 보다 생각했다. 그녀의 복장은 소위 '기본 복장'이 었다. 그곳의 '수준'에는 미치지 못했다. 그들과 다르다는 이런 이상한 느낌은 그녀가 사장이라는 사람들이 어떤 사람들인지 어떤 옷을 입 고 어떻게 행동하는지 잘 모르기 때문에 드는 느낌이었다. 그 사람들 과 어울린다는 게 어려울 거라는 생각이 들었다. 아니면 열등감이라 는 것을 갖고 있기 때문이었거나.

그들이 자신보다 더 나은 사람들이라고 생각했다면 그녀는 열등감 을 느끼고 있는 것이다. 그녀의 열등감은 그들을 알지 못한다는 것, 또는 그들과 자신이 다르다는 것과는 상관없다. 전혀 비교할 수 없는 대상이기 때문이다. 복장이 다르고, 그들끼리는 잘 아는데 자신만 그들을 모르고, 그들보다 더 지위가 높은 직업이 아니라는 것이 그녀가 열등하다는 뜻은 아니다. 더욱이 '수준 이하'라고 느낀 상황 인식은 잘못된 것이지만, 그것이 결정적으로 그녀의 열등감을 만들었다.

열등감은 상상이 만들어낸 열등의식이나 상황 속에서 느껴지는 열등의식을 겪을 때 일어난다. 대개는 혼자만의 상상과 미묘한 상황이 뒤섞여서 일어난다. 다른 사람보다 못하다, 남보다 떨어진다는 느낌이 들게 만드는 사건이 일어나면 열등감을 느낀다. 이것은 상황적 양상이다. 다른 사람에게는 합리적으로 보이는 일을 그 이상으로 심각하게 생각하면 열등감을 느낀다. 이것은 상상적 양상이다.

상황적 양상은 그녀가 실제로 그 사장 그룹들과 다르다는 것이다. 그녀는 그들과 같은 옷을 입지도 않았다. 그들 그룹의 일원도 아니다. 상상적 양상은 그녀의 옷이 그들의 기준보다 낮다는 것이다. 그녀의 인물 됨됨이나 사회적 지위가 그들의 기준보다 낮다는 것이다. 하지만 자기들과 외모가 달라 보인다거나 그녀가 사장급 인물이 아니라고 해도 그들은 아무런 상관을 하지 않는다.

이 경우에 "당신은 지금 열등감이 가득하다. 열등하다는 생각을 당장 멈춰라. 절대로 열등하지 않다."라고 말해봤자 아무런 효과가 없다.

열등감을 몇 마디 말로 없앨 수는 없다. 그게 그렇게 간단하다면 수억의 사람들이 평생 열등감에서 헤어나지 못하고 사는 이유가 뭐겠는가.

중요한 것은 문제를 극복할 적절한 정보를 제공하는 일이다. 효과가 있는 정보여야 한다. 심리적인 치료의 성격상 대개의 정보들은 경험에서 우러나온 것들이다. 잘못하면 해로운 정보를 제공할 수 있다. '적극적으로 행동하라.' '긍정적으로 사고하라'고 강조하는 사람들이 있지만 어떻게 행동하고 사고하라는 말인가. "점점 좋아질 것이다." "더욱 적극적이어야 한다." "그리 나쁘지 않다." 같은 말은 아무짝에도 쓸모가 없다. 이런 하나마나한 조언을 참고했다가는 잘못하면 더욱 좌절하게 될지도 모른다.

적극적이고 긍정적인 사고의 의미는 성경에 있는 구절들을 통해 잘 이해할 수 있다. 성경에는 "새 옷 조각을 찢어 헌 옷을 깁는 사람은 없다. 그러면 새 옷을 못 쓰게 될 뿐만 아니라 새 옷 조각이 헌 옷에 어울리지도 않는다. 새 포도주를 헌 가죽부대에 넣는 사람도 없다. 새 포도주가 헌 가죽부대를 터뜨려 포도주는 쏟아지고 가죽부대는 버리게 된다. 새 포도주는 새 부대에 넣어야 한다."는 말이 있다.

이 옷과 가죽부대에 대한 예는 적극적인 사고들이 우리의 자아상에 어떤 영향을 주는지 잘 설명하고 있다. 헌 옷의 해진 부분에 새 천으로 대고 기우면 옷이 조금 좋아질 수 있다. 하지만 여전히 똑같은 헌 옷일 뿐이다. 새 포도주(적극적인 사고)가 헌 가죽부대(열등의식을 느끼는 초라한 자아상)에 흘러 들어가면 좋은 결과가 나올 리가 없다. 이것은 의지력과 상상력의 싸움이다.

적극적인 사고는 상황을 약간 개선시켜줄 수 있다. 하지만 의지력이 바닥이 나면 결국에는 좌절로 끝나는 것이 보통이다. 의지력과 상상력이 맞붙으면 언제나 상상력이 이긴다. 과장된 상상력은 영상과 느낌의 혼합인데, 늘 의지력을 눌러버린다.

열등하다는 기분이 들지 않는 자신의 모습이 긍정적인 자아상이다. 그렇다고 스스로에게 적극적이고 긍정적인 이야기, 좋은 이야기를 혼자 중얼거려보아도 긍정적 자아상이 만들어지지 않는다. 불행하게도 수많은 사람들이 긍정적인 자기 독백이 문제를 해결해준다고 배우고 그렇게 가르치고 있다. 물론 효과가 없는 것은 아니다. 그러나 긍정적인 자기 독백은 현실에서 열광적으로 살려는 노력일 뿐이다. 실제 현실에서 무슨 일이 일어나는지는 무시한다.

문제가 있으면 긍정적이 되어 다른 사람을 편안하게 해주는 것이 좋은 것이라고 믿는 사회에 우리는 길들여져 있다. 그것은 진실 그 이상도 그 이하도 아니다. 다른 사람의 인생의 지주가 되고 싶다면 정서적으로 의지가 되어야 하고, 그 사람의 존경을 받을 수 있어야 하고,

우정이 있어야 하고, 안정되어 있어야 하고, 평온해야 하고, 의기소침하거나 흥분하지 않고 균형이 잡혀 있어야 한다.

나의 행동이 나 자신은 아니다

열등감을 느끼거나 그런 상황을 만드는 결정적인 요인은 비판과 실패에 대한 태도이다. 과장된 상상력의 영향도 있다. 하지만 비판과 실패는 열등감을 결정짓는 가장 영향력 있는 요소이다.

비판과 실패는 성공으로 가는 문을 닫아버린다. 불행하게도 우리 모두는 두 개의 쇠사슬에 발목이 묶여 있다. 비판과 실패가 우리 재산들을 훔쳐가도록 방관하고 있다. 비판은 비판을 강화한다. 실패는 더 많은 실패를 낳도록 의욕을 꺾는다. 우리는 늘 다른 사람이 하는 것보다 더 열등한 일들만 하게 될 것이다.

자기 자신과 자기 행동을 연관시키지 않는 것이 비결이다. 내 행동은 내가 한 것이 맞지만 그것이 나의 전부는 아니다. 열등감은 행위가 바로 자기 자신이 되어버릴 때 일어난다. 자기 행동이 바로 자기 자신이라고 생각해버리면 자신이 열등한 인간이 되어버린다.

예를 들어 학교 성적이 나빠지면 자신이 멍청한 인간이라고 생각하게 된다. 그러면 실제 멍청한 사람이 되어 열등감을 느낀다. 비참한 결과를 낳은 행동 때문이다. 성적이 나빠졌어도 자신이 열등하다고 생각하지 않는 녀석은 자기 자신과 결과를 연관시키지 않은 것이다. 그는 지난 몇 주 동안 공부를 제대로 하지 않고 노력하지 않았다. 그래서 그런 결과를 얻었을 뿐이다. 그 결과가 바로 자기 가치를 결정하는 것은 아니라고 생각한다. 단지 몇 주의 게으름과 몇 과목의 부진일 뿐이지 그것이 '나'라는 인간 전체는 아니다. 다음에는 더 좋은 성적을 거둘 수도 있고, 공부가 아닌 다른 부분에서 좋은 결과를 얻을 수도 있다.

비판이나 실패를 모른 척하고 그냥 넘어갈 수는 없다. 아무도 그렇게는 하지 못한다. 그래서 열등감을 느끼게 되는 조건이나 상황은 늘 존재한다. 그러므로 열등감을 극복하기 위해서는 실패를 회피하고 비판을 막으려고만 하면 안 된다. 자기가 가지고 있는 특성들이 평균보다 더 낫다고 기대해서는 안 된다. 열등감을 만드는 상황을 극복하려면 계속 목표를 향해 나아가면서 배우고 다시 시작해야 한다. 비판과 실패로부터 배우고 다시 출발해야 한다.

비판은 사람을 흥분시키고 에너지를 자극한다. 그런 의미에서 성취의 한 동력이다. 우리가 늘 갈등 속에서 살고 있다는 것은 모두가 인정할 것이다. 그렇다면 비판의 가치도 받아들여야 한다.

비판은 진로 수정 피드백이다
만약에 평범한 사람이 아니라면 늘 비판을 받으며 산다고 볼 수 있다. 뭔가 특별한 것이나 눈에 띄는 것을 성취한 사람은 조만간에 호된 비판을 받는다. 더 이상 비판을 받고 싶지 않다면 사람들 눈에 띄지 않는 구석에 가서 몸을 숨기고 웅크리고 있으면 된다. 별 볼 일 없는 사람이 되는 것이다. 그러면 곧 비판은 잠잠해진다. 아리스토텔레스는 "비판이란 쉽게 피할 수 있는 것이다. 아무 말도 안 하고, 아무 일도 안 하고, 아무 것도 되지 않으면 된다."고 말했다.

비판을 듣고 자신이 가치 없다는 생각이 들면 열등감, 수치심이 자극받기 시작한 것이다. 비판을 한 인간 전체에 대한 평가로 받아들여 자신이 실패자라고 생각하면 안 된다. 받아들일 만한 가치가 있는 비판이라면 행동의 방향을 수정하기 위한 진로 수정의 피드백으로 이용해야 한다. 비판과 마찬가지로 열등감도 성장과 발전의 정도를 보여주는 지표로 사용해야 한다. 비판은 삶이 발전해가는 과정이라고 보아야 한다. 열등감을 느끼지 않으면 더욱 일해야겠다는 자극을 받지 않고 성장할 수도 없다.

비판을 받지 않고 사는 사람은 없다. 우리는 누구나 비판을 받는다. 그러나 어떤 사람은 비판 때문에 고통을 받는 반면, 다른 사람은 풍요롭게 될 뿐만 아니라, 자신감, 성공, 행복, 친밀한 관계를 아주 높은 수준에서 얻어낸다. 왜 그럴까?

비판하는 사람의 파워, 비판의 강도, 비판 받는 빈도가 열등감을 얼마나 더 강하게 느끼도록 만드는지 생각해보자. 자신의 어떤 기억이 현재의 열등감과 어떤 관계가 있는지 생각해보자. 몇 가지 기억이 떠오르면 이런 질문을 던져본다.

열등감을 느꼈을 때 무엇을 생각하고 있었는가?
어떤 감정을 경험했는가?
부정적인 피드백을 받고 나서 혼자 뭐라고 말했는가?
그런 기분이나 생각이 얼마나 오래 갔는가?
· 그런 기분이나 생각이 얼마나 강했는가?

질문에 대답을 한 다음, 이런 상황에서 자신에게 주어진 부정적인 피드백에 기분이 언짢게 반응했다면, 자신의 열등감이 어떤 식으로 커지고 있는지 알았을 것이다. 이런 깨달음은 대단한 일이다. 열등감을 갖고 있다면 그 원인이 눈에 보이기 시작할 것이다.

비판에 대한 반응이 중요하다

여기서 배운 교훈은 사람들의 비판이나 다른 사람들의 부정적인 피드백이 나에게 별로 영향을 미치지 못한다는 것이다. 그것은 나 자신에게 열등감을 불러일으키는 일들이 아니다. 그것은 그 사건에 대한 나의 반응일 뿐이다. 나의 열등감이 일어나거나 혹은 사라지게 만드는 일이 일어난 뒤에 내가 경험한 생각이나 감정일 뿐이다.

열등감은 부분적으로는 다른 사람의 비판을 통해 표출된다. 하지만 비판을 받으면 그 일에 대한 우리의 반응이 중요하다. 그것으로 우리가 앞으로 어떻게 될지 결정된다.

열등감의 조건이란 구체적으로 열등감을 겪은 다음에 우리가 경험한 생각과 감정이다. 그런데 비판자의 파워, 강도, 빈도에 따라 우리의 정서가 달라진다. 만약에 자신을 심하게 비판하고 자아를 심하게 억누르면, 그리고 자주 그렇게 하면 자기 비판이 열등감을 더욱 심각하게 만든다.

자기 비판을 통해서도 스스로를 열등감 느끼게 만들 수 있다. 자신이 자기 자신의 적이 되는 것이다. 나의 '자아'는 자기 생각과 독백에 의해 충격 받는다. 실패는 자기 자신의 일부가 된다. 그러면 자기 자신과 사건이나 경험을 분리할 수 없다. 사건이나 경험이 곧 자기 자신이다. 그러면 스스로가 자기 마음을 공격하게 된다.

일단 생각이 시작되면 느낌은 생각을 따라오게 되어 있다. 열등감을 느끼기 시작하는 것이다. 자신의 상상력을 불충분하게 활용하고 실패, 비참, 부끄러움, 무가치, 불신, 자신감 상실 같은 이미지를 불러온다. 거듭 받아들이게 되는 이런 부정적인 메시지들은 자기 이미지를 만든다. 그리고 열등하다는 느낌을 느끼게 만든다. 그러면 실제로 열등하다고 믿게 된다.

자신에 대해 100% 만족하는 사람은 아무도 없다. 누구나 자신이 부족하다고 느끼는 부분이 있고 이를 극복하기 위해 노력한다. 건강한 성격을 가진 사람은 삶의 현실을 있는 그대로 받아들인다. 인생에는 정말 자신이 어찌해 볼 수 없는 일들, 무력감을 안겨주는 일이 많다는 것을 받아들인다. 깊은 열등감을 던져주는 일들이 많다는 것을 수용한다. 그리고 그것을 극복하기 위해 용기 있게, 자신감을 갖고, 지나치게 두려워하거나 그렇다고 터무니없이 비현실적인 환상을 갖지 않고, 열등감을 극복하기 위한 현실적 목표를 잡아 그에 맞춰 삶을 디자인한다.

반면 건강하지 못한 성격을 가진 사람은 열등감을 극복하기 위한 노력을 포기한다. 용기를 내지 못한다. 현실 속에서 생기는 어려움을 마주하려고 하지 않는다. 문제를 회피하면서 그것을 보상하기 위해 터무니없는 자신만의 환상 세계로 빠져든다. 환상은 알고 보면 매우 방어적인 것이다. 현실에 대한 두려움과 절대 실패하지 않겠다는 비현실적인 회피 사이를 그 환상들로 메우고 있기 때문이다.

현실이 어떻다는 걸 확실하게 인식하고 용기 있게 자신의 콤플렉스와 당당하게 맞설 때, 콤플렉스는 성숙한 인격 또는 뛰어난 업적으로 나아갈 수 있는 원동력이 된다.

기본적인 삶의 동인은 성적 욕구가 아니라 열등감에 대한 보상 욕구이다. 우리 모두는 열등감을 보상하기 위한 노력을 통해 더 나은 인간, 또는 한 단계 높은 삶의 경지로 나아가는 것이다.

삶의 방식에 따라 결과가 달라진다

쉽게 사는 인생에는 성취가 없다

열등감을 갖고 있다면 때때로는 그것을 기뻐할 필요가 있다. 열등감은 성공의 원동력이 되기 때문이다.

인생이 쉽게 살 수 있는 것이라고 생각하는 사람들은 불굴의 노력으로 최선의 성과를 이루어 이름을 떨치기가 쉽지 않다. 인생에서 누릴 수 있는 행복을 최대한 누려본 사람들은 인생이 쉽다고 생각하지 않은 사람들이다. 자신의 능력이 허락하는 최대치의 일을 해본 사람들은 걱정 없이 세상을 산 사람들이 아니다.

쉽게 사는 사람들이나 걱정이 없는 사람들은 의심할 여지없이 자기 방식대로 인생을 즐길 것이다. 그러나 그들이 이룰 수 있는 것들은 쉬운 일들이다. 그들에게는 커다란 성과를 이룰 기회도 오지 않고 그것을 성취한 흥분의 즐거움도 오지 않는다.

인간의 역사를 훑어보면 위대한 업적들은 상대적으로 약한 부분들을 보충하기 위해 개선이 시도되고 발전으로 이어져 큰 성과로 이어졌다는 사실은 확실하다. 인간은 자신이 필요하다고 느낄수록 그것을 얻기 위해 더 열심히 노력했다. 필요는 발명의 어머니인 셈이고, 자신이 부족하다는 자각이 채찍이 된 것이다.

동굴에 살던 선사시대의 우리 조상들은 밤에 야생동물의 공격을 어떻게 막아냈을까. 별다른 무기가 없었던 인간은 자신보다 훨씬 큰 동물들의 공격을 막아내기에는 능력이 턱없이 모자랐을 것이다. 그때 그들은 어떻게 했을까? 일차적인 방어 수단은 불이었다. 불을 무서워하는 동물들을 막을 수도 있었고 추위를 막을 수도 있었다. 이것이 문명을 향한 첫걸음이었다.

동굴이나 흙집 또는 움집 생활에서 지금의 안락하고 안전한 집으로까지 발전해온 과정은 대단한 것이다. 짐승들의 위협에 떨고 추위에 떨며 조상들은 자신들이 정말 하찮고 힘없는 존재라고 생각했을 것이다. 살아남기 위해서는 그 부족한 것들을 벌충해야했고, 그 노력의 결과 그것이 대단한 문명의 발전으로 이어졌다는 것을 알 수 있다.

이런 과정은 모든 사람들에게 이익이 되는 목적을 달성하기 위해 함께 힘을 모아 일한 결과 만들어졌다는 사실을 잊지 말아야 한다. 이런 인간의 속성은 우리 유전자 안에 각인이 되어 우리에게까지 전달되었을 것이다. 그러므로 우리는 하찮은 존재가 아니다. 누구나 위대한 발전과 성과를 이룰 수 있는 능력이 잠재되어 있다. 열등감을 극복하려면 이런 생각을 마음속에 늘 간직하고 있어야 한다. 그러면 우리도 자기 자신뿐만 아니라 우리 모두에게 중대한 의미를 지닌 발전을 이룰 수 있다.

열등감은 운명이 우리에게 주는 선물이다

열등감은 그것을 극복하는 과정에서 더 큰 성공과 행복을 이룰 힘을 제공해줄 수 있다. 열등감을 가지고 있다면 누구나 부족하다고 생각되는 부분을 벌충하고 보완하기 위한 방법을 찾을 것이다. 그것은 연약한 몸매의 소년이 보디빌딩과 웨이트트레이닝을 통해 울퉁불퉁한 근육을 갖춘 완전한 어른 몸매를 갖고 싶어 하는 것과 같다. 말을 잘 못하는 아이가 웅변술을 배워서 위대한 정치가가 되려는 것과 같다. 이런 경우에 열등감은 결국 의식적으로 노력하려는 동력이 된다. 그는 노력을 멈출 수 없다. 끊임없이 괴롭히는 열등감 때문에 도저히 참고 견딜 수가 없다. 결과는 물론 성공이다.

세상에는 인간이 이룩한 위대한 결과물들이 많다. 그 중에는 우선 심각한 열등감 때문에 서둘렀던 결과 이뤄진 것들이 아주 많다. 그러므로 육체적으로 또는 정신적으로 또는 정서적으로 약점이 있다고 생각한다면, 그것 역시 자신이 원하기만 하면 행복의 기반이 되고 성공의 기반이 된다는 것을 잊지 말아야 한다.

자신에게 열등감이 있다는 것을 깨달으면 그 순간 그것이 성공적인 삶으로 가는 출발점이 된다. 인류의 역사는 장애물 극복의 역사다. 한 인간의 일생도 다르지 않다. 그러므로 우리는 자신이 갖고 있는 약점이 무엇이든 그것을 받아들이는 태도를 바꾸어야 한다.

열등감이란 우리가 그것을 극복해서 지워버릴 때까지는 여전히 열등감으로 작용한다. 그러나 관점의 변화라는 것이 있다. 보는 각도에 따라 사물은 정반대의 가치를 드러내기도 한다. 이제부터는 열등감을 단순한 결점이나 약점으로 보지 말아야 한다. 이것은 우리 일생을 통해 풀어가야 할 과제다. 행동을 하라는 신호다. 그 결점이나 약점의 부분에서부터 우리는 그것을 벌충하고 보완할 행동을 즉시 시작해야 한다. 아주 작은 것에서부터 시작해 커다란 목표에 이를 때까지.

열등감과 맞설 준비가 되어 있으면 이제 우리는 외롭지 않다. 물론 우리가 다른 사람들과 매우 다르다는 것은 사실이다. 우리에게 부족한 면이 있다는 것도 사실이다. 그러나 그것은 우리의 운명이다. 이미 결정되어 있다. 그러므로 어쩔 수 없다고 주저앉는 것은 운명에 대한 올바른 태도가 아니다. 그것을 극복하는 것이 우리에게 주어진 과제다. 그 과정을 통해서 우리가 무엇을 얻느냐는 우리 각자의 노력에 달려 있다. 이것이 운명이 우리에게 주는 선물이다. 약점을 극복한다는 것은 단순한 노력 이상이다. 투쟁의 한 과정이다. 인간 역사의 한 과정이자 인생의 한 과정이다.

공동의 이익을 향한 노력이 출발점이다

핵심은 딱 하나다. 열등감을 제거하기 위해서는 자기 주위의 평범한 친구들로부터 멀어지는 일은 절대하지 말라는 것. 주위의 보통 사람들과 어울리라는 것이다.

다른 사람을 멀리하고 싶다는 생각이 들더라도 참아야 한다. 그런 생각이나 감정에 굴복해 은둔해서는 안 된다. 그와는 반대로 다른 사람들보다 자신이 더 돋보이고 싶은 생각이 드는 경우도 있다. 그럴 때는 왜 그렇게 보이고 싶은지 그 이유를 찾을 때까지 자신에게 끈질기게 물어봐야 한다.

그렇다면 적극적인 해결 방법은 뭔가? 자신의 모든 노력을 열등감 극복에 집중시켜야 한다. 같은 방법으로 다른 사람들의 행복을 위해서도 똑같은 노력을 집중시켜야 한다. 이것을 달성하기 위해 우리는 다른 사람들과 함께하는 행동에 참여해야 한다. 다른 사람들과 사회적인 관계를 가질 수 있어야 하며 공동의 이익에 도움 되어야 한다. 자신이 관심을 갖고 있는 일을 찾아야 한다. 그래서 다른 사람들과 공유하면 새로운 친구들이 생길 것이다.

다른 사람과 비교하여 내 자신이 못나지 않았다고 느끼는 것이 그렇게 어렵고 대단한 일인가. 그 사람들이 어떤 일은 나보다 잘할 수도 있다. 하지만 나도 그들보다 못할 건 없다. 나보다 잘 생겼고 머리도 좋고 키도 클 것이다. 하지만 상식적으로 생각하자. 그런 것들 때문에 그 사람이 나보다 더 나은 사람이 되는 것은 아니다. 열등감은 그런 특징들이 사람을 더 낫게 만든다고 생각하게 만든다. 이것은 이치에 맞지 않다.

열등감을 이겨내면 우리는 그런 특징들에도 불구하고 자신이 더 낫다고 생각하게 될 것이다. 다른 사람보다 못하다는 생각을 멈추고 객관적으로 냉정하게 자신의 강점과 약점을 받아들이는 것이다.

수많은 약점이 위대한 인간을 만들었다

루스벨트 대통령은 태어났을 때 아주 예쁜 아기였다. 부모들은 건강했고 지성적이었다. 용모도 잘 생겼고 집안도 부자였다. 루스벨트에게는 더 없이 좋은 환경이었다.

그러나 어린 시절 그는 건강하지 못했다. 천식을 앓아 늘 감기를 달고 살았다. 감기에 걸리면 기침을 하고 열이 올랐다. 토하고 설사도 했다. 아이는 크지 않고 말랐다. 갈라진 목소리는 어른이 되어도 달라지지 않았다. 영양이 점점 나빠졌고 천식 때문에 의자에 앉은 채 잠을 자야 했다. 숨이 차서 죽을 뻔한 적도 여러 번 있었다. 아주 나대는 아이였는데, 좋게 생각하면 대단히 활발한 아이였다. 공상가 기질이 있었고 호기심이 가득해 사촌들을 끌고 생쥐, 다람쥐, 뱀, 개구리를 잡으러 다녔다. 그러나 천식 때문에 집에 갇혀 있게 되자 그의 관심은 책에 기울었다. 그리고 그는 평생 엄청나게 독서를 했다. 그는 병약했을지는 몰라도 살려는 욕망이 확실히 있었다.

유럽 여행을 갔다 온 뒤에 건강이 더 나빠졌다. 키는 커졌지만 근육은 붙지 않았다. 열두 살이 되자 아버지는 의사의 권고를 받아 그에게 웨이트 운동을 하라고 권했다. 무슨 일이든지 그랬지만 그는 웨이트 트레이닝도 열정적으로 했다. 점점 더 건강해졌고, 생전 처음 한 달 동안 한 번도 천식 발작을 일으키지 않았다.

열세 살이 되었을 때 그는 자기에게 다른 결함이 있다는 것을 알았다. 아버지가 소총을 줬는데 아무 것도 맞출 수가 없었다. 친구들이 광고판을 읽어주는데 그의 눈에는 아무 것도 보이지 않았다. 엄청난 근시였던 것이다.

그해 천식이 아주 심해지자 시골로 갔다. 그러자 자기 또래의 애들이 시비를 걸었다. 그는 자신을 방어할 수도 없었고 그 애들을 한 대도 때릴 수 없었다. 나중에 그는 아버지에게 권투를 배우고 싶다고 말했다. 하버드에 갈 즈음까지 그는 훨씬 더 건강해져 체육대회에 나가면 꼭 상을 탔다.

그 이후의 생활은 미국 역사나 마찬가지다. 뉴욕 주의원, 노스다코타의 카우보이, 뉴욕 경찰국장, 해군성 차관보, 의용 기병대의 중령, 뉴욕 주지사, 베스트셀러 작가, 이 모든 것들을 40세까지 다 이루었다. 매킨리 대통령이 죽자 그는 미국에서 가장 나이어린 대통령이 되었다.

그는 병약한 아이였다. 그런데 어떻게 아주 건강하고 활기차고 성공한 사람이 될 수 있었을까. 왜 어떤 아이들은 무럭무럭 잘 자라고 어떤 아이들은 위축이 될까? 루스벨트에게 특별한 원동력이 있었을까? 그런 게 우리 모두에게도 있을까? 이런 의문들이 비엔나의 의사 알프레드 아들러의 호기심을 자극했다. 그래서 연구를 시작해 개인 심리학이라는 걸 발전시켰다. 그것이 열등감에 대한 최초의 학문적 결과였다.

전체 속에서 부분을 보아야 한다

사람을 이해하려면 그 사람을 통합된 전체로 보고 이해해야지 부분적인 조각들의 조합으로 보고 이해하면 안 된다. 그리고 육체적이고 사회적인 환경과의 관계 속에서 이해해야 한다. 이런 접근 방법이 '전체론'이다. 철학에서 전체론은 전체를 각 부분을 결정하는 통일체로 보는 개념이다. 전체는 단순히 부분적 기능이 조합된 총화가 아니라는 것이다. 심리학에서 전체론은 사람의 마음을 하나의 통합된 단위로 연구하는 체계를 말한다. 사람 마음은 부분적인 조각들의 종합이 아니라는 것이다.

사람을 부분의 종합보다는 통합된 전체로 보는 아이디어가 반영된 것이 개인 심리학이다. '개인(in-dividual)'이라는 단어에는 '나누어질 수 없다(un-divided)'라는 문자 그대로의 뜻이 담겨 있다.

개인의 성격을 이야기할 때에는 전통적으로 따지는 것들이 있다. 내면적 특성, 구조, 역동성, 갈등 등등의 개념으로 설명하려고 하는 것이 예전의 방식이다. 아들러는 삶의 방식(라이프스타일)을 거론했다. 삶의 방식이 중요하다는 것이다. 삶의 방식은 생활 방식, 문제 다루는 방식, 사람 관계 다루는 방식 등을 말한다. 그는 "나무의 생활 방식은 나무의 개성이다. 나무가 자신을 보여주는 특정한 방식이다. 나무가 자신이 처한 환경 속에서 스스로를 만들어가는 것이 나무의 생활 방식이다."라고 말했다. 스타일 또는 방식은 기대한 것과 다른 환경 속에서 버텨나가면서 자신만의 방법으로 살아가는 형식을 말한다. 모든 나무들은 생활 패턴을 갖고 있는데, 그것은 환경에 대한 단순한 기계적 반응이 아니다. 나무 각자의 개성적 방식이다.

목적론은 기계론의 반대 개념이다. 모든 사물은 목적에 따라 규정되어 있다는 생각이다. 모든 사물이 인간의 효용과 위안을 위해 만들어져 있다고 보는 관점이다. 철저하게 '인간중심적'이다.

나무에서 볼 수 있듯이 삶의 방식은 단순한 기계적 반응이 아니다. 프로이트는 과거에 일어난 일, 즉 어린 시절의 상처 같은 것이 현재의 우리들을 만드는 데 결정적인 역할을 했다고 보았다. 아들러는 '동기'라는 것을, 과거에 의해 기계적으로 떠밀려가는 동력이 아니라, 미래를 향해 적극적으로 움직여가는 동력으로 보았다. 우리는 우리의 목적, 의도, 이상에 이끌려 더 나은 미래로 나아간다는 것이다. 이것이 아들러의 '목적론'이다.

어떤 사건이 과거에서 미래를 향해 움직여 나아간다는 것은 상당히 인상적인 효과를 준다. 미래라는 것이 아직은 여기에 오지 않았기 때문에 동기에 대한 목적론적 접근 방식은 사물이나 사건 밖에서 필요성을 찾는다. 전통적인 기계적 접근 방식은 원인이 결과를 낳는다. a, b, c가 발생하면, 그 결과로 x, y, z가 반드시 발생해야 한다. 하지만 목적을 달성할 필요가 없고, 이상에 접근할 필요가 없다면, 방식에 따라 결과는 달라질 수 있다. a, b, c가 반드시 x, y, z를 낳지 않을 수도 있다. 그렇다면 미래는 불확실한 것이 된다. 목적론은 삶이 어렵고 불확실하다는 것을 인정한다. 하지만 언제든지 변화할 여지를 갖고 있다는 점에서 역동적이다.

미래는 현재에 영향을 미친다

〈'처럼'의 철학〉이라는 책을 쓴 한스 바이힝거는, 최종적인 진리들은 늘 우리가 알 수 없는 영역에 있지만, 실용적 목적을 위해서 부분적으로 불완전한 진리들을 만들 필요가 있다고 믿었다. 그의 주된 관심사는 과학이어서 그는 불완전한 부분적 진리의 예를 과학의 관점에서 제시했다.

양자와 전자, 빛의 파장, 중력으로 왜곡된 형태의 공간 같은 것들이었다. 빛은 파장의 특징과 입자의 특징을 동시에 가지고 있는데, 빛이 파장인 동시에 입자로 존재하는 것은 불가능하다. 우리 같은 비과학적인 사람들의 짐작과는 달리, 과학은 그 존재를 보거나 증명하지 못했다. 그는 그것들을 '불완전 진리라는 가설'이라고 불렀다. 진리가 어떻게 불완전할 수 있을까. 그래서 가설이다.

우리는 이런 가설들을 날마다 일상생활에서 사용하고 있다. 예를 들면 내일 이 시간에도 세계가 지금처럼 여기에 존재할 것'처럼' 행동한다. 선과 악에 관한 모든 것들을 확실히 알고 있는 것'처럼' 행동한다. 우리가 보고 있는 것들이 보이는 모습 그대로인 것'처럼' 행동한다. 세계가 내일 이 시간에도 이 모습으로 존재할지는 아무도 모른다. 선과 악의 기준도 확실히 모른다. 우리가 보고 있는 것은 보이는 그대로의 모습이 아니다. 그러나 우리는 그렇지 않은 것처럼 행동하고 살고 있다. 이것이 '가설의 목적론 또는 목적원인론'이다. 왜 가설이 필요하지를 단적으로 설명해주는 실례다.

예를 들면 쉽게 이해할 수 있다. 수많은 사람들이 마치 자기 미래에 천국과 지옥이 올 것처럼 행동한다. 물론 천국과 지옥이 있을지도 모른다. 하지만 아무도 그것을 증명된 사실이라고 생각하지 않는다. 그런 것들이 '가설'이다. 가설은 미래의 일이다. 하지만 지금 우리들의 행동에 영향을 미치고 있다.

우리의 삶의 방식 한가운데에는 이런 가설들이 자리잡고 있다. 우리가 누구이고 어디로 가고 있는지를 말해주는 중요한 요소이다. 모든 것은 기계적으로 결정되지 않는다. 변화의 가능성은 얼마든지 있다. 모든 것이 운명은 아니라는 말이다.

사회를 무시하고 살 수는 없다

전체론을 인정한다면, '완전해지기 위해 노력하는' 사람은 누구나 자신의 사회적 환경이 열등해도 그것 때문에 주저앉지 않는다. 사회적 동물로서 우리는 다른 사람 없이 존재하지 못할뿐더러, 종의 번성은 더 어렵다. 사람 만나기를 아주 싫어하는 사람들조차도 사회적 관계 속에 있기 때문에 그런 거부감을 누르고 전체를 생각할 수 있는 것이다.

사회에 대한 관심이 태어날 때부터 있었던 것도 아니고 경험해서 배운 것도 아니고 그 둘의 결합으로 생긴 것이다. 그 기반은 타고난 성향에 있지만 살아남기 위해서는 더욱 키워야 한다. 그것이 어느 정도는 타고난 것이라는 사실은 아기들이나 어린 아이들이 가르치지도 않았는데 다른 아이들에게 공감하는 것으로 알 수 있다. 보육원에서 한 아이가 울기 시작하면 모든 아이들이 같이 울기 시작한다. 어떻게 그럴 수 있을까. 방안에 들어갔는데 사람들이 웃고 있으면 자신도 모르게 미소를 띠게 된다. 그렇게 하라고 배우지 않았는데도 공감하고 동조하기 때문에 웃음이 자연히 나오는 것이다.

아이들이 다른 사람에게 대단히 관대하다는 예는 수없이 많다. 더불어 그 아이들이 얼마나 이기적이고 잔인할 수 있는지에 대한 예도 수없이 있다. 우리는 아이들이 상처 받으면 우리도 그것에 의해 상처 받을 수 있고, 우리가 상처 입으면 아이들도 그것에 의해 상처 받을 수 있다는 것을 본능적으로 알고 있다. 하지만 우리는 또 본능적으로, 아이에게 상처 입히는 것과 우리에게 상처 입히는 것 사이에서 선택을 해야 한다면, 우리는 늘 아이에게 상처 입히는 것을 선택한다. 이 사실도 우리는 본능적으로 알고 있다. 그래서 공감의 경향은 부모와 문화에 의해 일반적으로 지지를 받고 있음에 틀림없다.

나의 욕구와 타인의 욕구 사이에 발생하는 갈등의 가능성을 무시한다고 해도 공감은 다른 사람의 고통에 대한 느낌을 포함하고 있다. 더 어려운 상황에서는 그것이 빠르게 전체를 지배할 수 있다.

외부 사회에 대한 관심은 어쨌든 어느 정도는 심리적 외향성의 또다른 버전이다. 특히 미국인들은 사회에 대한 관심을 '공개적이고 우호적으로 사람의 등을 치며 친숙하게 이름을 부르는 일'로 보는 경향이 있다. 어떤 사람들은 실제로 그들의 사회에 대한 관심을 이런 식으로 나타내기도 한다. 하지만 다른 사람들은 그런 행동을 자신의 목적을 위해서 사용할 뿐이다. 그러나 사회에 대한 관심이나 사회적 정서는, 가족, 공동체, 사회, 인류, 그리고 생명에까지도 관심을 갖고 배려하고 돌본다는 아주 넓은 개념이다. 사회에 대한 관심이란 다른 사람에게 이익이 되는 일이다.

반면에 사회에 대한 관심의 부족은 정신적으로 병든, 건강하지 못한 상태다. 신경과민자, 정신병자, 범죄자, 주정뱅이, 문제아, 자살자, 변태성욕자 등 소위 '사회적 실패자'들은 사회에 대한 관심이 부족하기 때문에 실패한 사람들이다. 그들이 성공하려는 목적은 개인적인 우월성을 이루려는 것이다. 그들의 승리는 그들 자신에게만 의미가 있을 뿐이다.

욕구에는 보상의 목적이 있다

우리가 평생을 살아나가면서 느끼게 되는 많은 동기나 욕구의 밑바닥에는 열등감을 극복하고 보상하기 위한 목적이 있다. 살아가는 내내 자신이 부족하다고 느끼는 부분을 보충하고 그것을 뛰어 넘어 완벽한 인간이 되려는 의지를 추구해 나간다. 우리는 모두 우월 욕구가 있다.

이때에는 부족한 부분이나 결점 자체가 중요한 것이 아니라 불가피한 결점들을 어떻게 받아들이고 대응해 나가느냐가 중요하다. 용기 있게 결점을 받아들이고 앞으로 나아간 사람은 부족함 때문에 더욱 큰 발전을 이루어낸다. 열등감 심리학자 아들러는 어렸을 때부터 허약한 신체 때문에 고생을 많이 했다. 어린 나이에 동생의 죽음을 겪으면서 질병이나 죽음에 대해서 강한 두려움을 갖게 되었다. 하지만 그는 죽음과 건강에 대한 두려움을 자신이 의사가 되어야겠다는 의지로 이겨내려고 했다. 이런 긍정적인 전환이 두려움을 발전의 원동력으로 만든 것이다. 우리 주변에도 이런 경우를 어렵지 않게 찾아볼 수 있다. 뛰어난 무술 유단자에게 어떻게 무술을 연마하게 되었느냐고 물으면 초등학교 때 친구들에게 맞고 다니는 것이 싫어서 시작했다는 식의 이야기를 들을 수 있다. 중풍으로 쓰러졌다가 회복하기 위해서 시작한 달리기가 나중에는 마라톤 완주 또는 철인 3종 경기 완주로 이어지게 되었다는 이야기도 종종 들을 수 있다. 긍정적으로 보상되지 못한 결점은 열등감으로 발전한다.

우월해지려는 욕구를 채우기 위해 선택한 목표가 무엇이냐, 그리고 어떤 방법으로 그것을 달성하려고 하느냐, 이것이 삶의 방식의 차이로 나타난다. 우월 목표를 달성하기 위해 취하는 여러 가지 방법들은 아주 자연스럽고 당연한 것들이다.

응석받이로 길러진 아이가 학교에서 무시당했다고 느끼는 경우, 아이는 '선생님이 나에게만 큰 관심을 갖게 만들겠다.'는 결심을 우월 목표로 세울 수 있다. 이후 아이가 택하는 방법은 그 행동만 보아서는 납득하기 힘들다. 하지만 우월 목표를 달성하기 위한 치열한 노력이었다는 사실을 생각하면 별로 이상할 것이 없다.

아이는 학생에게 금지된 일탈행위를 할 수 있다. 흡연을 하고, 음주를 하고, 가출을 할 수도 있다. 그런 모든 행위는 '나에게 전폭적으로 관심을 쏟게 만들겠다.'는 우월 목표를 위해 아이가 택했다고 생각해 보면 그럴 법한 것들이다. 그러므로 결과적 징후만을 꾸짖는 것은 문제를 해결하는 데 아무런 도움도 되지 않는다.

아이에게 필요한 조언은 목표 자체가 그릇된 것이고 현실적이지 않다는 점을 인식시키는 것이어야 한다. 현실성 없고 잘못되어 있는 목표에 맞춰 살아가는 방식을 선택한 것이므로, 우월 목표에 초점을 맞춰 이를 바로 잡아주어야 한다. 아이가 택한 방법을 공격해 봐야 달라질 것은 없다. 그 방법은 아이로서는 최선의 선택이기 때문이다.

열등감은 이처럼 현실을 극복하고 훌륭한 성취를 이뤄낼 수 있는 동기 제공자이자 미래를 향해 나아가게 만드는 미래 지향적인 동력이다.

몸은 마음을 따라갈 뿐이다

인간은 목표 지향적이다

모든 동물은 생존을 위한 여러 가지 기능을 세트로 갖출 수 있게 미리 프로그래밍이 되어 있다. 새들을 보면 간단하고도 효과적인 기능이 미리 프로그래밍 되어 있다는 사실에 놀라게 된다. 계절이 바뀌면 수 천 킬로미터를 곧장 날아서 목표 지점에 닿을 수 있다. 그런데 그곳은 이전에 전혀 가보지 않은 곳이다. 건축 강의를 들은 적이 없고 재료 공학 공부를 한 적이 없어도 이거저거 적절한 재료를 모아다가 아름다운 둥지를 척척 짓는다. 훌륭한 공학적 예술품이다.

동물들과 마찬가지로 우리들 역시 생존 기능들이 세트로 미리 프로그래밍 되어 있다. 그래서 위험이 닥쳐도 생존할 수 있고 음식을 얻을 수 있고 자손을 낳을 수 있다. 그러나 우리는 동물과 엄청나게 큰 차이가 있다. 인간은 목표 지향적이라는 것이다.

인간은 자신의 목표를 정할 선택권이 있다. 동물들에게는 이런 능력이 없다. 동물들은 미리 프로그래밍 되어 있어서 태어나면서부터 정해진 삶을 산다. 목숨을 이어나가고 새끼들을 낳는다. 인간은 다르다. 우리는 목표를 만든다. 그리고 그것을 달성하기 위해 출발한다. 그것이 우리의 창조적 상상력이다.

이것은 인간 발전에 가장 위대한 부분이다. 창조적 상상력은 대단한 것이다. 우리에게 자신이 되고 싶은 인간이 될 수 있는 능력을 개발해준다. 창조적 상상력은 자아상을 바꿀 수 있는 핵심 열쇠다. 목표 달성을 하느냐 못하느냐를 결정하는 열쇠이기도 하다. 열등감 극복 같은 목표도 마찬가지이다.

창조적 상상력이 아이디어를 떠오르게 하는 것은 놀라운 기술이

긴 하지만 그리 어려운 것은 아니다. 창조적 상상력은 목표를 꿈꿀 능력을 준다. 그것을 생생하게 떠올릴 수 있는 능력을 준다. 너무 생생해서 우리의 신경계가 그게 사실이라고 믿게 된다. 우리 스스로 우리 몸 전체를 온통 속이는 것이다. 그래서 창조적 상상력을 활용하게 되면 자신이 실제로 현실의 사건을 경험하고 있다고 생각하게 된다. 몸이 마음을 따라가는 놀라운 일이 벌어진다.

상상력이 거인을 깨운다

불행하게도 많은 사람들이 자신들의 창조적 상상력을 소모하고 있다. 그것은 현금으로 바꿀 수 없는 1백만 달러짜리 수표를 갖고 있는 것과 같다. 수표보다는 금덩어리가 낫겠다. 1백만 달러 상당의 금덩어리를 갖고 있지만 현금으로 바꿀 수 없어서 그것을 짊어지고 다니느라 인생을 제대로 살아가지 못하고 있다. 엄청난 기회가 완벽하게 탕진된다. 우리 안의 이 거인을 깨우지 못하면 거인은 동면하거나 졸거나 빈둥거리거나 하면서 평생 아무 것도 하지 못할 것이다. 엄청난 행복과 성공을 만들어낼 수 있는 것이 바로 우리 안의 이 거인이다.

창조적 상상력을 소모하는 가장 흔한 첫 번째 방식은 목표 없는 몽상과 환상이다. 이것은 창조적 상상력을 완벽하게 소모해버린다. 마음이 목적 없이 떠돌며 실현할 수 없다거나, 그걸 실제로 시도해볼 마음이 전혀 없는 환상만을 꿈꾼다.

창조적 상상력을 소모하는 두 번째 방식은 그것을 나쁜 일에 사용하는 것이다. 이것이 열등감이 시작되는 지점이다. 사람들은 자신도 모르게 자신의 창조적 상상력을 열등감 만드는 데 사용한다. 그들은 상상력을 동원하여 자신이 열등하다는 시나리오와 생각들을 만들어낸다. 거절, 실패, 비난, 수치, 증오, 결핍, 소외 등 부정적인 일들을 상상한다. 허락, 교훈, 사랑, 풍요, 연대를 상상하지 않는다. 서로 접근할 수 없는 이런 생각들의 차이에서 엄청난 현실의 차이가 생기는 것이다.

생활 속에 점점 더 나쁜 일들이 일어나게 만드는 것은 실패, 무가치, 수치심 같은 이미지들이다. 이런 이미지들을 떠올리는 것은 자신의 상상력을 소모하는 일이다. 이런 것들은 어디서 오는 것이 아니다. 스스로 만드는 것이다. 다른 사람이 나를 어떻게 생각할까 하여 공포, 불안, 걱정을 경험해본 적이 있다면, 이런 보편적인 실수를 저지르고 있는 것이다. 자신의 창조적인 상상력을 소모하고 있는 것이다.

본래 모습대로 사는 것이 정답이다

열등감을 극복하는 비결은 현재의 자신을 있는 그대로 받아들이는 것이다. 사람들은 "너 하던 식으로 해."라는 소리를 많이 한다. 자연스럽게 평소에 하던 대로 하라는 말이다. 본래의 자신을 유지하라는 말이다. 자신의 평소 상태를 계속 유지한다면 나쁜 버릇, 생각, 느낌, 결과를 모두 계속 유지하라는 말인가.

본래의 모습대로 사는 것은 자신이 세상에 하나밖에 없는 인간이라는 사실을 받아들이는 것과는 다르다. 사내아이는 어른 남자로 계속 성장해갈 수 있다. 본래의 자신을 유지할 수는 없다. 그러나 그가 뭐가 되든 상관없이 그는 지속적으로 늘 유일한 존재일 것이다.

소망스럽게도 자신이 유일한 존재라는 사실을 받아들였지만 실제로 자신은 그걸 믿는지 의심스러운 경우가 대부분이다나. 우리는 자신이 유일무이한 독특한 존재라는 것을 의식적으로 받아들인다. 하지만 여전히 자신을 잘못된 잣대로 재고 있다. 그 잘못된 잣대는 열등감을 유발한다. 이런 귀중한 가치 기준들에 거스르는 방식으로 자신을 평가하게 되면 자신의 유일한 특성을 받아들일 수 없게 된다.

비교는 가장 어리석은 일이다

열등감이 느껴지면 자신이 열등감을 느끼는 이유를 찾아보는 것이 좋다. 그렇게 하면 우리가 비교하고 있는 사람들이 우리를 잴 수 있는 진정한 잣대가 되지 못한다는 사실을 알게 될 것이다. 나는 나다. 너는 너다. 현재의 자신을 과거의 자신과 비교하는 것은 반드시 해볼 만한 필요한 일이다.

자신이 대화를 하는 데에 수줍음을 많이 타는 사람이라면, 외향적인 사람, 명랑하고 사교적인 사람, 수다쟁이, 사교계의 바람둥이들과 자신을 비교하면 안 된다. 그들은 웬만해서는 주둥이를 닥치는 법이 없는 사람들이다. 지금 자신이 갖고 있는 수줍음과 한 달 전의 수줍음을 비교해보자. 자신이 더 나은 사람이 되었다는 사실을 알고 있다 해도 거기에 만족을 느끼면 안 된다. 나에게 열등감을 불러일으켰던 것과 똑같은 상황, 사람, 사건, 생각, 느낌들을 겪은 사람은 나 말고는 아무도 없다. 그것은 나만의 경험이다. 세상만물은 늘 변한다. 변화하는 것이 엄청나게 많다. 가족, 친구, 직장 동료, 어린 시절의 양육 등등 셀 수도 없다. 그것들이 나를 독특하고 유일하게 만든다. 그러므로 자신을 다른 사람들과 비교하는 것은 어리석은 일이다.

목표를 얻기 위해서 목표를 달성할 필요는 없다. 자신이 진보하고 있으며 점점 더 자신감을 찾고 있다는 것을 알고 그 과정을 즐기면 된다. 어쨌든 진지하게 세상을 살아가면 인간은 누구나 점점 발전하게 되어 있다. 그러면 자신이 독특하고 유일한 존재라는 것을 받아들일 수 있다.

90% 정도의 사람들이 열등감을 갖고 있다. 열등감 없는 사람이 없다고 보아야 한다. 그러므로 우리가 느낌으로 알고 있는 이런 잘못된 기준으로 자신을 다른 사람과 비교한다는 것이 얼마나 어리석은 일인지 알 수 있다. 우리는 다른 누구보다도 열등하지도 않고 우월하지도 않다. 어느 누구도 나보다 열등하지도 않고 우월하지도 않다. 나는 나일 따름이다. 너는 너다. 나는 채소를 좋아하고 너는 육류를 좋아한

다. 나는 장거리를 잘 뛰지만 너는 단거리를 잘 뛴다. 그러므로 다름을 인정하고 평준화된 기준에 동의하지 말아야 한다. 세상 사람들 90%가 그 기준에 맞지 않다. 그것이 열등감을 극복하는 비결의 하나다.

자아상을 바꿔야 열등감이 극복된다

열등감을 극복하기 위해서는 자신의 자아상(자기 이미지)을 바꿀 필요가 있다. 자아상은 자신이 생각하는 자신의 모습이다. 자기 모습을 마음속에 그려놓은 정신적인 그림이다. 열등감을 들여다보면 반드시 열등의식을 느낄 필요가 없는 부분들이 보이듯이 자아상은 반드시 진실일 필요는 없다. 자아상은 자기 마음속에 품고 있는 자신의 이미지일 뿐이다.

1900년대 중반의 성형외과 의사였던 맥스웰 몰츠 박사는 용모 때문에 열등감 느끼는 사람들을 수없이 수술해줬다. 대부분의 사람들은 수술 전의 용모가 전혀 이상하지 않았다. 이상하다는 것은 그들이 보는 자신의 모습, 즉 자아상이었던 것이다. 그들의 자아상은 몸의 사소한 결점이나 차이를 부풀려놓은 모습이었다. 그들은 자신들의 창조적인 상상력을 위험스럽게도 자신의 용모를 왜곡하는 데 사용했다.

맥스웰 박사는 성형수술을 받은 다음에도 여전히 열등감을 느끼는 사람들도 많이 수술해줬다. 그들은 박사를 다시 찾아와서 유명한 사람들과 똑같은 용모로 만들기 위해 더 많은 수술을 원했다. 그는 다시 수술을 해줬다. 그러나 수술 받은 환자들은 여전히 자신들의 용모에 불만스러워했다.

그의 환자들 중에는 그렇지 않은 사람들도 있었다. 어떤 환자들의 열등감은 성형수술 뒤에 완전히 사라져버렸다. 반면에 다른 사람들은 수술을 받지 않고 자신들의 정서적인 문제들에 대해 박사와 상담 중에 해답을 얻고는 홀가분한 마음으로 돌아갔다. 이런 것을 보고 맥스웰 박사는 매우 신기하게 생각했다. 얼굴의 결함과 같은 '외부의 상처'가 치유된 사람들이 왜 열등감과 같은 '내부의 상처'를 여전히 가지고 있을까. 이게 그는 궁금했다. 이런 연구 끝에 자구적 정신요법을 탄생시킨 '자조 심리학'이 생긴 것이다. 그는 시각화, 창조적 상상력, 자기 대화, 자아상 전환의 창시자이다.

신경성 식욕 부진증 환자 같은 경우가 진정으로 왜곡된 자아상의 대표적 케이스다. 몸무게를 줄이려는 그들의 강박적 충동은 논리적으로는 이해가 안 된다. 그들은 음식을 굶는 바람에 죽음의 문턱을 넘나든다. 그러면서도 여전히 자신이 뚱뚱하다고 생각한다. 그런 상황을 직접 경험해보지 못한 사람들은 이런 일이 어떻게 가능한지 이해하지 못한다. 그런 공포스러운 상황을 직접 경험해보지 못했다면 이것은 도저히 이해할 수 없는 매우 심각한 질병이다.

식욕 부진증이 있는 십대 소녀는 바위처럼 단단한 믿음, 사고 과정, 정서적 상태를 가지고 있다. 이런 것들은 자신의 유아 시절에 기초를 두고 있다. 한 사람의 일생 동안 상처를 주는 말들, 생각들, 경험들 하나하나가 쌓이고 쌓여서 초라한 자아상을 형성한다.

내가 던진 나쁜 말 하나가 자아상을 만드는 데 건강하지 못한 역할을 한다면 얼마나 가슴 아픈가. 말하기 전에 생각해볼 일이다. 우리는 날마다 다른 사람의 자아상을 만드는 일에 가담하고 있다.

의지력은 자아상을 이기지 못한다

우리가 할 수 있는 일과 할 수 없는 일들은 정확하게 자아상에 의해 좌우된다. 만약에 자신을 다른 사람들에 비해 열등하다고 생각하면, 자아상은 자신을 열등한 존재로 인식하고 확인한다.

자아상은 거대한 힘을 가지고 있다. 그래서 우리가 할 수 있는 일과 할 수 없는 일들을 정확하게 컨트롤한다. 자신이 다른 사람에 비해 열등하다고 판단하면 자아상은 그것을 그대로 믿는다. 긍정적인 생각도, 의지도, 결정력도 그것을 고칠 수 없다.

자신이 성취할 목표가 설정되면 자아상은 자신이 원하는 미래와 일치하는 모습으로 변신한다. 자아상은 자신이 성취할 수 있는 것을 컨트롤한다. 맥스웰 몰츠 박사는 〈사이코 사이버네틱스〉라는 책에서 자아상의 힘을 이렇게 설명한다.

"자아상은 우리가 달성할 수 있는 것과 달성할 수 없는 것들을 좌우한다. 내가 하기 어려운 일과 하기 쉬운 일들을 좌우한다. 다른 사람이 나에게 반응하는 태도를 좌우한다. 그것은 설정된 온도에 맞춰 집안의 온도를 조절하는 자동 조절기와도 같다. 자아상은 바로 온도계다. 우리의 모든 행동, 감정, 능력들은 늘 자아상과 일치한다. 늘 그렇다. 간단히 말해서 우리는 우리가 되려고 생각하고 있는 사람의 모습을 늘 연기한다."

80kg이 넘는 몸무게를 70kg까지 낮출 수 있는 것은 의지력 때문이다. 결단력으로 몸무게를 줄일 수 있다. 하지만 순전한 결단력 때문이었다면 그 사람은 다시 80kg으로 돌아갈 것이다. 그것이 진짜 자기의 자아상이기 때문이다. 자신이 뚱뚱하다고 생각하지만 몸무게를 줄이기로 결심했다면 우리의 결심은 그 무게를 줄일 것이다. 하지만 자아상이 새로운 몸무게와 맞지 않으면 그 몸무게는 다시 이전의 몸무게로 돌아갈 것이 확실하다.

방안의 온도는 사람이 들어오면 어느 정도 변할 수 있다. 온도가 설정된 데에 따라 자동 조절기는 방안의 온도를 일정하게 유지한다. 자아상에 적응을 하지 못하면 몸무게가 다시 이전 상태로 돌아가는 이유와 같다. 원래의 자아상에 맞춰 돌아가는 것이다.

같은 규칙이 근육을 불리는 일에도 적용된다. 자아상이 마른 몸매라면 몸의 근육을 불리기 위해서는 아주 극단적인 운동이 필요하다. 아놀드 슈왈제네거는 열다섯 살 때 몸이 아주 말랐었다. 그의 자아상은 다른 보디빌더의 이미지와는 아주 다른 모습이었다. 그는 운동을 할 때마다 새로운 근육형 인간을 머릿속에 그렸다. 다른 선수들처럼 비키니 입은 여자를 상상하지 않았다. 결국 최고의 보디빌더가 되어 미스터 올림픽에서 최고상을 탔다.

의지력으로 몸무게를 줄이려는 사람은 먼저 앞쪽에 목표를 설정한다. '앞쪽의 목표 설정'이란 달성하려는 지점을 설정하고 그것을 향해 열심히 나아가는 것이다. 그런데 그것은 실패를 하기 위한 설정이다. 긍정적인 의지력은 부정적인 창조적 상상력을 이기지 못한다. 창조적 상상력이 의지력을 늘 이기기 때문이다.

이것을 인생의 다른 분야에 적용해보자. 열등감을 극복하기 위해서는 의지력으로 이겨내려고 하면 안 된다. 어떤 목표를 달성하는 것도 의지만으로 해내려고 하면 안 된다. 의지력으로는 장기적인 결과를 얻을 수 없다. 목표를 달성하기 위해 필요한 것은 '뒤쪽의 목표 설정'이다. 달성하려는 목표의 설정 지점이 뒤쪽이어야 한다. 그래서 이미 목표가 달성되어 있다고 생생하게 상상해야 한다(가상이지만 현실처럼). 그 상태에서 달성된 목표와 관계된 일들을 지금 시작해야 한다.

이렇게 하기 위해서는 이미 목표 지점의 환경 속에 자신이 스며들어가 새로운 상상을 해야 한다. 주요 목적은 자신이 그런 환경 속에 스며들어 있는 모습을 실제처럼 그려보기 위한 것이다. 그 그림 속에서 새로운 목표를 이미 달성한 것처럼 아주 생생하게 그려야 한다. 열등감을 극복하기 위해서도 이것을 당장에 완벽하게 실행해야 한다.

이것은 열등감을 극복하기 위해 가장 중요하게 적용해야 할 기술이다. 이 테크닉은 반복해서 사용하면 열등감이 사라질 것이다.

시각화 훈련은 사실 같아야 한다

이 테크닉을 구사하기 위해서는 강력한 시각화 훈련을 통과해야 한다. 우리 신경계는 속임수와 현실을 구별하지 못한다. 학자들이 보여준 바에 의하면, 우리가 몸의 경험을 시각화하면 그 행동을 모방하려는 육체적인 반응이 따라온다. 시각화가 진행되면 두뇌 전운동 피질에 있는 반사 신경 세포가 실제 행동을 취할 때와 똑같은 방식으로 활성화된다. 반사 신경 세포는 사회적 환경의 이해, 감정이입, 언어의 발달, 새로운 기술 습득에 중요한 역할을 하는 기능을 갖고 있다.

이 훈련은 실제 움직이는 것이 아니라 상상만 하는 것이다. 만약 싸우고 있다는 상상을 한다면, 고함 소리와 욕설이 들리고, 그 분위기가 감지된다. 피 냄새도 난다. 사람들이 주위에 모여든다. 화가 난 상대의 모습이 보인다. 그 분위기 속에 스며들면 몸이 적절하게 반응한다. 상황을 인식하고 심장 박동수가 올라가면 몸속에서 아드레날린이 치솟는다. 시각화가 뚜렷해져 현실과 비슷하게 될수록 몸은 실제 체험하고 있는 것처럼 반응한다.

시각화는 일상적으로 훈련이 되어 있어야 한다. 앞의 이야기에 등장하는 그룹 사장들의 강사의 예를 들어 시각화 훈련을 해보자. 이렇게 상상을 하는 것이다.

'먼저 숨을 천천히 내쉰다. 그러면 몸이 긴장하고 있다는 것을 알 수 있다. 그것을 풀겠다고 의식적인 결정을 한다. 그런 다음에 사장들이 가득한 방안으로 자신 있게 들어가는 모습을 그린다. 어깨를 펴고 몸을 똑바로 세우고 고개를 뒤로 젖히고 천천히 걸어들어 간다. 사람들이 쳐다보면 시선을 맞춘다. 샴페인 냄새가 난다. 잡담하는 소리가 들린다. 때로 큰 웃음소리가 난다. 벽 색깔은 회색이고 사람들의 구두는 검은 색이다.

인사를 할 때에는 입이 벌어지면서 미소가 지어지는 것이 느껴진다. 사람들과 악수를 하자 손을 꽉 잡는 힘이 느껴진다. 내가 편안하게 말을 걸자 사람들도 활기를 띤다. 나는 내가 사랑스럽게 느껴진다. 다른 사람과 비교를 할 필요가 없다. 내가 더 나은 사람으로 발전할 수 있으므로 나는 내가 자랑스럽다. 나는 특별한 사람이다. 균형이 잡혀 있어 전혀 열등감이 느껴지지 않는다.'

이것은 마음의 눈으로 느끼고 볼 수 있는 간단한 예이다. 여기서 더 깊고 정교한 세부 장면으로 들어간다. 철저한 세부 장면들은 매우 중요하다. 그러므로 아주 생생하게 상상해야 한다. 그래서 실제 일어난 장면처럼 떠올라야 한다. 오감을 모두 활용한다. 미각, 촉각, 시각, 후각, 청각을 모두 활용해야 생생해진다.

훈련으로 새로운 자아상을 만든다

열등감을 극복하기 위해서는 다른 사람들이 나를 뭐라고 생각하든 나는 전혀 걱정하지 않는다는 마음이 느껴지는 장면을 생생하게 그려야 한다. 똑같은 상황에서 자신을 상상해보야 한다. 열등감이 느껴지지 않는 공기의 냄새를 느끼고, 열등감이 느껴지지 않는 주변 사물의 감촉을 느껴야 한다.

이런 시각화 훈련을 날마다 해야 한다. 이런 훈련을 매일 꾸준히 하면 그런 장면과 연계된 새로운 자아상이 만들어진다. 창조적인 상상력은 우리의 의지력을 뛰어넘는다.

긍정적인 사고 또한 활용해야 한다. 긍정적인 사고는 창조적 상상력과 연결되어 사용하면 효과적인 도구가 된다. 이 두 개의 도구를 연결하면 열등감을 극복할 수 있다. 결국 열등감이란 이런 도구를 부정적인 방법으로 사용하기 때문에 생기는 것이다.

자기 가치는 자신에게서 찾는다

자기 가치감은 자기를 보는 시각이다

자기를 믿는 사람은 자신을 귀하게 대한다. 스스로를 무시하거나 학대하지 않는다. 자신을 사랑하고 자신을 가치 있는 인간으로 여긴다. 사람의 가치는 무한하다. 사람은 누구나 고귀한 존재다. 그러므로 무시하거나 능멸하지 말아야 한다. 그런 일이 벌어지면 당한 사람은 심한 상처를 입고 평생 그 상처 때문에 불행하게 살게 된다.

대부분의 사람들은 그 탓을 자기 자신에게 돌리는 경우가 많다. 그래서 자신을 학대하고 무시하면서 괴로워한다. 자신을 비난하고 경멸하면서 형편없는 사람으로 여긴다. 조금만 실수를 해도 자신을 보고 퍼붓는다. "이런 바보! 천치! 멍청한 짓을 했잖아!"

하지만 그런다고 문제가 해결되는 것은 아니다. 점점 더 꼬여간다. 금방 자신이 아무짝에도 쓸모없는 인간처럼 보이기 시작하는 것이다. 무능한 낙오자라는 말이 딱 어울린다고 생각한다. 일단 이렇게 비난을 받고 나면 기분이 아주 처참해져버린다. 그동안 생각도 하지 않고 있던 온갖 문제들이 그와 동시에 한꺼번에 쏟아져 나온다.

스스로에게 욕을 먹고 이런저런 단점들까지 의식이 되기 시작하면 바보라는 느낌이 강하게 자리 잡는다. 마음속에 오래 남아 그 기분에서 헤어나지를 못하다가 나중에는 쓸모없는 놈이라는 생각에 세상에서 사려져버리고 싶은 생각마저 든다. 이제는 더 이상 제대로 인생을 살 수 없을 지경이 된다. "나 같은 건 그냥 죽어버려야 해."

내 가치는 어디에서 찾을 수 있을까. 그건 간단하다. 자기 자신에게서 찾으면 된다. 스스로가 가치 있는 인간이라고 인정해주지 않으면 아무도 자신의 가치를 인정해주지 않는다. 내가 가치 없는 인간이라고? 아무도 그렇게 생각하는 사람은 없다. 단지 혼자만 그렇게 생각하고 있을 따름이다. 지금 자신을 괴롭히고 있는 사람은 바로 자기 자신이다.

자기 비하보다 자기 사랑이 낫다

자기 자신을 좋아하기는 좀 쑥스럽다. 뭐 그리 대단한 인간이라고 내가 나를 사랑한다는 말인가. 별로 자랑할 것도 없는데. 제 자랑이나 하다니 좀 모자라는 인간으로 보일 것 아닌가. 그러나 이것은 필요한 일이다. 어떤 사람이 스스로를 비하하고 싫어하고 부정한다면 그것은 별로 좋은 현상은 아니다. 늘 우울하고 가라앉은 기분으로 살게 될 것이다. 그것은 남이 보기에도 좋은 모습이 아니다.

그런데 자기 자신을 좋아한다는 것은 허영심이나 나르시시즘과는 다르다. 자신을 사랑하고 좋아하라는 것은 자기 가치를 충분히 인정하라는 말이다. 자기 가치 이상으로 과장되게 스스로를 평가하면서 남을 깔보는 행위도 좋은 것이 아니다. 자신이 세상의 중심이고 다른 사람들은 다 삼류라고 생각하는 것은 자신을 비하하는 행동 못지않게 잘못된 것이다. 이들은 이기적인 사람들이다. 사람은 누구나 평등하다. 자신을 대단한 존재로 여길 필요도 없고 형편없는 존재라고 비하할 필요도 없다.

자기 사랑은 온갖 실수와 단점과 약점이 있는 자기 자신을 한 인간으로 인정하고 받아들인다는 말이다. 그냥 단순하게 '그렇다'고 인정하는 것이 아니라 따뜻하게 받아들인다는 말이다. 다시는 자신을 모욕하거나 비웃거나 비난하지 않는다는 말이다.

가장 중요한 것은 남과 다른 나만의 특성을 인정하고 존중해주는 것이다. 그러므로 어떤 행동을 탓할 수는 있어도 인격을 손상시키지는 않는다. 즉 남을 배려를 하는 것과 같이 자기 자신에 대해서도 인간적인 배려가 필요하다. 특히 여성들의 자기 비하는 어떤 식으로든 정리해야 한다.

우리는 이기심이 나쁜 것이라고 배웠다. 그래서 자기 자신을 위한 일은 그저 나쁜 것으로만 생각한다. 자기를 낮추고 자신을 부정하는 것이 미덕이라고 배웠다. 그러나 이런 태도는 잘못된 것이다. 자신에 대한 사랑이 없으면 인생이 매우 공허해진다. 자신이 사랑받을 만한 인간이 못 된다는 사실은 매우 큰 상처로 남는다. 상대가 나를 인정해주지 않아도 나는 나 스스로 나를 사랑하고 인정해주어야 한다.

자기 사랑은 이기심이 아니다

자신을 사랑하지 않는 사람은 남도 사랑할 수 없다. 철저하게 이기적인 사람이 되어버린다. 늘 뭔가 충족되지 않는 느낌을 받기 때문에 이기적이고 자기 위주의 삶을 살고 체면을 유지하느라 전전긍긍한다. 인정과 존중을 받고 싶어서 평생을 방황하는 것이다. 이런 사람은 남과의 관계가 좋을 리가 없다. 그러나 자기 자신을 사랑하는 사람은 남의 인정을 받으려고 전전긍긍할 필요가 없다. 이때에 진정으로 남을 위해 행동할 수 있다. 자기계발 전문가인 웨인 다이어 박사는 이렇게 말한다.

"남을 사랑할 수 있는 능력이 자기 자신에 대한 사랑을 통해 생겨난다는 것을 아는 사람은 별로 없다. 자신의 내면에 자리한 사랑을 감지할 수 있는 사람만이 조건 없는 진실한 사랑을 할 능력이 있다는 사실도 마찬가지이다. 자기 자신을 사랑한다면 이 사랑을 계속 남에게 전하는 것 역시 매우 자연스럽고 당연한 일이다."

자기 자신을 좋아하지 않으면서 진정으로 남을 사랑하기는 어렵다. 자기 자신과 자기 인생에 불만이 많은 사람은 자기 만족을 위해 소망의 성취를 갈망할 뿐 다른 사람을 염두에 두지 않는다. 다른 사람에 대한 관심도 그들을 이용해 자기의 공백을 메우려는 것이다. 사막에서 목이 마른 사람은 항상 자기 갈증 해소에만 신경을 쓰는 법이다. 헌신적인 봉사에 힘쓰는 사람들이 대개는 상대를 위한 것이라기보다는 자기 인생의 의미를 찾고 싶어서 하는 경우가 대부분이다. 그들을 통해 자신이 쓸모 있는 인간이며 중요한 존재라는 느낌을 받는 것이다. 물론 이런 심리 때문에 그들의 헌신적인 봉사의 가치가 떨어지는 것은 아니다.

사람은 누구나 자신이 갖고 있는 것만을 줄 수 있다. 나에게 없는 것을 줄 수는 없다. 사랑도 마찬가지이다. 자신을 사랑하지 못하는 사람은 남도 사랑할 수 없다. 나를 사랑하는 것은 나만을 위한 것이 아니다. 나와 함께 우리 이웃을 위한 것이기도 하다. 우선 자신을 사랑하여 남을 사랑할 만한 훌륭한 사람으로 인정을 해야 한다. 그런 다음에 주변을 올바로 사랑할 수 있다. 스스로의 가치를 인정하는 것이 우선이다.

자기 약점을 인정해야 한다

약점이란 약한 지점이다. 허물어지거나 깨지기 쉬운 지점이다. 강하기를 원하는 세상은 약점을 나쁜 것으로 보고 강하게 보강하려는 생각만 한다. 그러나 세상 만물 중에 약한 부분이 없는 사물이 있을 수 있을까. 약하고 부드러운 부분 때문에 세상은 유지되고 있다. 건축 자재들이 휘지 않으면 건물은 바람에 쓰러진다. 달리 보면 약한 것은 결코 약하지 않다. 굳은 바위는 부드러운 물에 깎이고 날카로운 칼날은 부드러운 도마의 나무에 닳는다.

그러나 약점을 나쁜 것으로 보면 그 부분을 쉽게 인정하기 힘들다. 약점은 좋지 않다는 생각을 버리지 못하기 때문이다. 약점을 '다름'이나 '특성'이라고 보면 그림이 달라진다. 강한 주먹을 가진 권투선수도 있지만 유연한 움직임을 장점으로 활용하는 선수도 있다. 또 너나할 것 없이 누구나 약점을 가지고 있다면 그것은 크게 흠이 되지 않는다. 서로 다른 면을 가지고 있을 뿐이다. 또 나의 약점은 상대의 강점이 보강해주고 상대의 약점은 나의 강점이 보완해주면서 세상을 살아가게 되어 있다. 약점은 다른 지점을 강하게 하기 위해 그 곳의 강도를 포기했거나 양보한 것이다. 그 보상으로 다른 부분이 강점이 된 것이다. 뼈는 강하지만 살은 부드러워야 서로 기능을 다할 수 있다.

그러므로 약점은 꼭 필요한 것이다. 피부가 단단한 껍질이 되었다면 쉽게 상처를 입지 않았을 것이다. 그러나 인간은 지금처럼 유연하고 순환이 잘 되는 피부를 갖추지 못했을 것이다.

그러므로 약점은 인정하고 들어가야 한다. 약점을 약점이 아니라고 고집을 부리는 것은 자신감이 없기 때문이다. 우길수록 자신감은 없어진다. 자신감이 없기 때문에 더욱 우기게 된다. 자신감 있는 사람은 우기지 않는다. 자신감과 열등감은 악순환을 거듭하는 정서다.

약점을 인정해버리면 편해진다. 자기 약점을 인정할 수 있기 때문에 다른 사람을 부드럽게 대할 수 있다. 얼굴이 못 생겼다거나 키가 작다면 그 사실을 인정해버리면 된다. 그러면 더 예뻐지기 위해서 더 커지기 위해서 애를 쓸 일이 없어진다. 예수는 제자들에게 너희가 걱정한다고 해서 키를 조금이라도 키울 수가 있느냐고 물었다. 헛된 노력을 포기하라는 것이다. 그것을 인정하면 그는 세상을 보는 시야가 넓어진다.

'행복'은 부족한 점을 인정하고 살아가는 데에서 탄생한다. 사람은 약해도 사랑을 받는다. 약하면서도 강한 척하기 때문에 미움을 받는다. 진정으로 강한 사람은 자신의 잘못이나 약점을 쉽게 인정하고 고맙다거나 감사하다는 말 또는 남을 칭찬하는 말을 쉽게 한다. 그런 행동을 한다고 자신이 우습게 보이지 않기 때문이다.

방법은 간단하다. 스스로에게 '왜?'라고 질문을 던져보면 된다. 옳은 답이라고 생각되는 해답이 나올 때까지 질문을 던져봐야 한다. 자신에게 끝까지 질문을 던져보면 어떻게 해야 할지 답이 나온다.

스스로를 믿는 것이 자신감이다. 자신감이 있으면 질문도 달라진다. 안 되는 방향으로는 생각하지 않는다. 뭐든지 할 수 있다는 전제에서 질문을 한다. 그러므로 긍정의 질문이 나온다. 자신의 잠재 능력을 제한하는 질문은 하면 안 된다. 질문을 제한하는 것은 스스로를 울타리에 가두는 것이다. 자신에 대한 믿음이 있으면 긍정의 대답이 나온다.

실패를 기회로 만들어야 한다

자신감을 잃는 것은 거듭되는 실패 때문이다. 한두 번도 아니고 계속해서 실패한다면 누구나 자신감을 잃을 것이다. 이 실패의 경험을 긍정적인 요인으로 바꾸기 전까지는 다시는 자신감을 되찾을 수 없다. 이때에는 작은 목표를 설정해 작은 성공을 거듭 경험하는 것이 치유의 방법이다.

실패를 기회로 만들어야 한다. 실패의 요인을 분석해보면 무엇이 잘못됐는지 알 수 있다. 그것을 적용하여 일의 방법을 교정해 나가야 한다. 이 과정을 통해서 한 번 저지른 실수는 다시 저지르지 않게 되고 성공의 확률은 그만큼 높아진다. 개인이나 집단이나 위기와 고난을 통해서 발전해왔다. 실패의 극복이 성공보다 아름답다. 성공보다 더 많은 교훈과 힘이 된다.

권투선수들은 처음부터 강한 상대와 시합하지 않는다. 약한 상대부터 시작해 서서히 강도를 높여간다. 그러는 사이에 자신감이 붙고 더 강한 상대도 이길 수 있다. 성공 체험은 중요하다. 작은 일이나 낮은 단계의 일을 소홀히 하면 안 된다. 실패를 소홀히 해서도 안된다.

열등감이 있는 사람은 실패나 약점에 솔직하지 못하다. 솔직하게 자신을 보여주지 못하는 것이다. 자신이 약점이 있다는 걸 강하게 의식하고 있기 때문에 그것을 드러나지 않게 하려는 것이다. 약점을 보여주기 싫어서 실패를 선택하는 사람도 없지 않다. 그러나 솔직하게 인정하면 모든 것이 끝난다.

열등감이 있으면 허세를 부린다. 약점을 감추기 위한 제스처이다. 재주가 없다는 사람도 한 가지 일을 열심히 하다보면 최고의 전문가가 된다. 햄버거 만드는 재주밖에 없는 사람이라고 열등감에 기죽을 필요 없다. 한 10년 자기 나름대로 햄버거를 만들다보면 최고의 경지에 오를 것이다. 그 경지는 아무도 도달할 수 없는 곳이다.

열등감을 극복하기 위해서는 굳이 돈이나 지위나 명예가 필요 없다. 자기 자신만 있으면 된다. 그리고 자신을 믿으면 그것이 바로 자신감이다.

상대에게 맞추다 자신을 잃는다

남에게 잘 보이고 싶다는 생각은 아주 막연한 경우가 많다. 그러나 세상에는 남에게 좋은 소리만 듣고 싶어 하는 사람들이 많다. 욕먹거나 비난 받을 수도 있다는 생각을 하지 않으려고 한다. 다른 사람에게 나쁜 소리는 한 마디도 듣지 않으려고 한다. 결국 상대에게 맞춰주는 수밖에 없다. 그러다 보면 자기 자신을 잃어버린다.

이들은 비난을 받을까봐 실패나 실수를 특히 두려워한다. 열등감이 강한 사람은 비난이 두려워 엄청난 스트레스를 받고 어떤 일이든 쉽게 시도를 하지 못한다. 자신이 원해서 하는 것이 아니라 다른 사람의 비난이나 비웃음을 피하기 위해서 하는 일이란 결과가 좋을 리 없다.

자기를 미워한다는 것은 가치관이 비뚤어졌다는 것이다. '이 사람이 저 사람보다 가치가 있다'거나 '이 물건이 저 물건보다 가치가 있다'고 생각하는 것이다. 사람이나 물건이나 모두 고유의 가치를 지니고 있다. 쓰임새가 다를 뿐 우열이 없다. 그러나 그런 가치관을 갖게 되면 남보다 우수해야 한다는 염려가 너무 커진다. 실제의 자신과 다른 자신이 되려는 것은 무척 피곤한 일이다.

문제 해결의 핵심은 자기 문제는 자기 스스로 해결해야 하고 그럴 수 있다고 믿는 것이다. 세상에서 '나'는 유일무이한 독특한 존재이므로 가장 귀한 사람이라고 믿는 것이다. 실패를 했을 때는 실패를 인정해야 한다. 그런 다음 그 실패를 수정해 다시 도전해야 한다. 실패를 인정하지 않으면 그 실패에서 도저히 헤어나지 못한다.

실패를 두려워하지 않는 이유는 자기 인생을 살기 때문이다. 자기가 아닌 다른 사람을 흉내내려다가는 실패의 두려움을 느낀다. 그러므로 자기와 다른 사람으로 살려고 하지 말고 본래의 자기 모습대로 사는 것이 자신 있게 사는 길이다. 스스로가 못났다는 것 또는 지금 그대로의 나를 인정하는 것이 열등감을 극복하는 길이다. 실패를 두려워하는 것은 자신감이 없기 때문이다.

거북이는 아무리 노력해도 토끼에게 이길 수 없다. 하지만 거북이는 바다에서 사는 동물이므로 토끼에게 열등감을 가질 필요가 없다. 굳이 산에 가서 토끼와 경쟁할 필요도 없다. 산에서 어웨이 경기를 벌였다면 바다에서도 홈 경기를 한 번 벌여야 공평한 게임이 된다. 바다에서라면 물속을 토끼보다 훨씬 빠른 속도로 얼마든지 헤엄칠 수 있다.

열등감이 강해지면 자신을 인정하지 않는다. 자신의 잠재력이나 가치를 인정하지 않는다. 하지만 자신감을 되찾고 성공하기 위해서는 자신을 아는 게 필요하다. 그리고 제가 잘하는 것을 하면 된다. 자기가 놀던 익숙한 물을 떠나거나 자기가 가장 잘하는 것을 버리고 다른 곳에서 잘 하지도 못하는 것을 해서는 남보다 뛰어난 솜씨를 발휘하기 힘들다.

늘 자신에 대해 질문을 던진다

누구나 열등감 때문에 상처를 받는다. 그 상처를 치유하고 싶어서 자기 과시를 한다. 그러나 허세나 자기 자랑 따위로는 열등감의 상처가 치유되지 않는다. 현실이 전혀 바뀌지 않았기 때문에 열등감이 더욱 깊어질 뿐이다.

열등감에서 벗어나기 위해서는 일단 과거의 좌절과 실패로부터 탈출해야 한다. 과거를 생각하지 말라는 말이 아니라 과거는 과거로 받아들인다. 그리고 그 과거의 잘못들을 모두 앞으로 고쳐나가야 할 정보들로 담담히 받아들인다. 그러면 다음에는 실패할 확률이 줄어들고 성공의 기쁨 또는 완성의 보람을 느낄 수 있다. 이 과정을 통해서 열등감은 서서히 치유된다.

이때에 중요한 것은 자기 자신과 나누는 대화, 친구나 주위사람과 나누는 대화가 중요하다. 자신에게는 늘 '왜 이 일을 해야 하는가?'와 '왜 이 일을 하지 말아야 하는가?'를 묻는다. 동시에 '이 일을 더 잘 할 수 있는 방법은 무엇인가?'와 '실패한 이유는 무엇인가?'를 묻는다. 이 질문을 계속하면 무엇을 어떻게 해야 할지에 대한 대답을 스스로 얻을 수 있다.

친구나 주위사람과 대화를 할 때에는 존경받으려는 태도를 버려야 한다. '나의 장점은 무엇인가?' '나의 방법은 뭐가 잘못되었는가?' '더 잘 할 수 있는 방법은 없는가?' 물어야 한다. 이때에는 당연히 나의 실수와 단점을 듣지 않을 수 없다. 이것을 편안한 마음으로 받아들일 수 있어야 한다.

목표를 하나씩 달성해나갈 때 자기실현의 기쁨을 맛볼 수 있다. 그걸 알게 되면 자기 가치를 깨닫게 되고 열등감에서 벗어날 수 있다. 이때 다른 사람을 의식할 필요는 없다. 세상에는 나보다 뛰어난 사람들이 엄청나게 많다. 그들은 그들이고 나는 나다. 내 인생을 살아가는 사람은 아무도 아닌 바로 나다. 그러므로 부모형제나 사랑하는 사람이나 자식이나 친구나 누구도 중요하지 않다.

대단한 사람과 연애를 한다고 해서 내가 대단해지는 것은 아니다. 대단한 직장에 들어간다고 해서 내가 대단해지는 것은 아니다. 내가 사는 인생이 바로 나다. 바로 내가 가장 중요한 세상의 중심이고 내가 스스로 살아가야 한다. 그때에 비로소 나는 스스로에게 존중을 받는 훌륭한 인간으로 다시 태어난다. 스스로 자기 가치를 실현해 보여준 가치 있는 인간이 되는 것이다.

다른 사람을 배려해야 한다

열등감이 심하면 자기 방어가 중요하기 때문에 남에 대한 배려를 전혀 하지 못한다. 남을 무시하거나 폭력을 행사하는 사람들은 사실 겁쟁이이자 심한 열등감에 사로잡힌 사람들이다. 자기 가치를 증명하기 위한 필사적인 노력이 남을 깔아뭉개서 자신이 올라서려는 태도로 나타난다.

세상은 갈수록 변화가 빨라져 우리들의 외로움은 깊어지고 대화는 겉돌기만 한다. 적절한 교육을 받으며 성장하지 못한 까닭에 심리적으로 성숙하지 못하고 아이 때부터 노인에 이르기까지 늘 허상에 매여서 살아간다. 그래서 수많은 사람들이 극장으로 몰려가거나 많은 시간을 텔레비전 앞에서 보낸다. 자신을 보지 못하고 사는 사람들이 대부분이다. 우리는 정직하게 살지 못하고 늘 가면 속에서 살아간다.

교육은 우리에게 개성의 중요성을 가르치지 않는다. 뭘 하든지 남을 이겨야 한다고 가르친다. 우리는 누구나 가장 강하고 가장 크고 가장 대단한 사람이 되려고 한다. '자신'이 되려는 성숙한 노력은 하지 않고 어린아이들 같은 유아기적 생각만 가득 품고 있다. 그러나 아무나 강하고 크고 대단해질 수는 없고 그럴 필요도 없다. 우리 주위에는 정서적으로 미숙한 사람들만 가득하다. 칭찬하면 금방 좋아하고 비판하면 금방 싫어한다.

뭔가를 숨긴 채 전전긍긍하는 사람만 늘고 있다. 허상으로 자신을 숨기고 허상만을 좇는 사람들이 늘고 있다. 다른 사람의 입장에서 자신을 이해하지 못하면 자신을 진정으로 이해할 수 없다.

마음이 열려 있으면 열등감이 사라진다

자기 눈으로 보는 것이 자신감이다

다양한 일들에 관심을 갖고 늘 마음에 품고 사는 사람은 열등감에 걸리지 않는다. 걸레질 하나만으로도 자기 자신에게 집중되어 있는 의식을 외부로 분출할 수 있다고 한다. 실제로 단순한 육체 노동을 해보면 굳어졌던 마음이 풀리는 걸 느낀다. 운동은 좋은 치유 방법이다. 자신의 몸의 움직임을 느끼면서 차츰 시야가 넓어지는 느낌을 받는다.

기록을 유지하는 것은 좋은 방법이다. 수첩을 가지고 다니면서 늘 마음에 떠오르는 생각들을 메모하고 글로 정리해보면 시야가 넓어지고 자신의 생각들이 얼마나 다양한지 알 수 있다. 옹졸한 생각들이 풀리면 굳이 열등감을 느낄 이유가 없다. 세상과 일대일의 대화 관계가 되기 때문이다. 일기를 쓰는 것은 아주 좋은 방법이다.

마음이 열려 있으면 상대의 모든 면이 자연스럽게 눈에 보인다. 대신 열등감이 강한 사람은 상대가 자기를 보는 시각에만 관심이 있다. 자신은 상대에게 관심이 없다. 모든 에너지를 마음의 갈등에만 빼앗긴다. 다양한 일에 관심을 가지면 마음이 안정되고 점점 풍요로워진다. 이때 사람에 대한 애정과 흥미를 느낄 수 있다. 반면에 열등감은 단순한 자기 집착이다.

열등감이 있는 사람은 남의 말을 잘 듣는다. 그러나 귀로만 듣고 따라간다. 자신감이 있는 사람은 마음으로 듣는다. 그리고 진심을 알아챈다. 열등감이 있는 사람은 상대를 눈으로 겉모습만 본다. 자신감 있는 사람은 상대의 행동을 보고 마음을 헤아린다. 상대의 진심을 알고 마음을 여는 것이 열등감을 벗어날 수 있는 방법이다.

열등감이 심하면 주변에 변화가 생겨도 볼 줄 모른다. 낯선 장소에 가도 새로운 것들이 눈에 띄지 않는다. 심리적으로 자기중심적이다. 반대로 주변의 사물에 관심을 갖기 시작하면 자기중심적 사고의 틀이 서서히 무너진다. 주변 환경에 관심을 갖는 것은 좋은 치료법의 하나이다.

긍정의 마음을 가지면 마음이 충족된다

우리에게는 긍정과 부정의 측면이 고루 갖춰져 있다. 밝은 성격, 환한 표정, 명석한 머리, 정확한 계산력, 건강한 육체, 사랑하는 가족 등 우리에게는 남다른 장점이 너무나 많다. 그러나 얼굴이 그리 잘생기지 않았다거나, 게으르다거나, 성미가 급하다거나, 가족이 없다거나 하는 여러 가지 다른 단점들이 있을 수 있다. 장점에 초점을 맞추고 그것을 활용하면서 감사하는 마음으로 살 것인지 단점에 초점을 맞추고 거기에 매달려 비관하며 살 것인지는 각자가 결정하기 나름이다. 긍정의 힘은 엄청나게 크다. 긍정의 삶은 활기차고 즐겁고 발전적이다.

사람의 능력은 무한하다. 감사해야 할 신의 선물이 너무나 많다. 그러나 우리는 그것을 인정하지도 않고 찾아보려고 하지도 않는다. 그리고 그런 능력을 활용해가면서 살아가라는 것이 나를 만든 조물주 또는 우주 또는 세상의 이치이며 섭리일 것이다. 그 반대의 경우는 합리적이지 않다.

긍정의 태도와 부정의 태도의 차이

자신과 타인에 대한 태도는 어린 시절의 경험이 크게 작용한다고 한다.

1. 자기 부정 - 타인 긍정형

다른 사람을 대할 때 자신이 무능하다고 생각하는 형이다. 사람을 만나면 우선 움츠러들고 자신의 주장을 내세우기보다는 남의 요구에 맞추려는 경향이 강하다.

2. 자기 부정 - 타인 부정형

모든 인간 관계를 부정적으로 본다. 삶에 별로 흥미를 느끼지도 못하고 희망적인 생각도 없다. 이런 형에게는 인생이 전혀 희망 없는 것으로 보인다.

3. 자기 긍정 - 타인 부정형

이런 형은 매우 자기중심적인 사람들이다. 세상은 자기를 중심으로 돌아가고 있기 때문에 문제가 생기면 모두 남 탓이요 잘되면 모두 자기 덕분이다. 다른 사람에게 거리를 허용하지 않으며 몹시 거만하게 군다.

4. 자기 긍정 – 타인 긍정형

모든 인간관계를 긍정적으로 생각한다. 자신감 있고 생동감 넘치며 자기 신념에 따라 행동한다. 인간을 존중하고 존중 받으면서 행복하게 성취감 느끼며 삶을 살아간다.

처음 세 가지 유형은 모두 열등감의 다른 모습들이다. 이런 자기 모습을 빨리 발견해서 고치려는 노력이 필요하다.

과정 자체를 즐기면 자신감이 생긴다

실패에만 매달려 있으면 자신감을 잃는다. 그러나 실패를 성공할 수 있는 새로운 정보 습득 또는 새로운 방법의 1차 실습쯤으로 본다면 그리 슬퍼할 일도 아니다. 힘들어도 세상은 살만하다는 생각이 이런 순간에 드는 것이다. 그때 결과는 오히려 중요하지 않다. 과정이 훨씬 큰 의미를 선물하기 때문이다. 여자에게 말을 걸지 않는다면 거절당할 일도 없지만 기회도 없다.

과정을 중요하게 여기는 것은 과정 자체가 즐겁기 때문이다. 결과에 신경 쓰는 것은 남의 눈이 의식되기 때문이다. 이것이 자신감 있는 사람과 열등감에 싸인 사람의 차이이다. 과거의 경우도 마찬가지이다. 과거의 결과가 실패로 나왔다고 해도 반성할 필요는 있지만 후회할 필요는 없다. 과정이 훌륭하면 실패가 아니라는 생각을 하지 못하는 사람은 열등감이 강하다. 자신에게 집착이 강하기 때문에 결과가 나쁘면 과정도 인정하지 못하는 것이다.

자신감을 가지려면 자기 인생을 자기 스스로의 힘으로 살아가겠다는 각오를 해야 한다. 실패를 하더라도 자신의 책임이며 스스로의 힘으로 극복해나가야 한다고 각오를 해야 한다. 인생을 자기 자신만의 힘으로 살아가겠다는 생각이 없으면 평생을 살아도 성취감이나 기쁨을 맛볼 수 없다. 웬만한 위험은 감수를 해야 한다. 그것은 '자기다운 삶'이다.

자기 인생을 자기 힘으로 살겠다면 명확한 삶의 가치가 설정되어 있어야 하고 그 가치를 달성하기 위한 명확한 목표가 있어야 한다. '삶의 가치'는 너무 거창한 제목이 아닌가? 절대 아니다. 그것이 없이는 인생의 목표를 달성하는 의미가 없어진다. 몇 가지 일에서 성공을 거두더라도 결국에는 좌절하고 만다.

자신의 인생 가치는 어떻게 찾을 수 있을까? 스스로에게 질문을 계속하면 찾을 수 있다. 우선 자기가 이루고 싶은 목표를 정해두고 더 이상의 목표가 없는지 끊임없이 찾아본다. 그런 다음 나는 무엇 때문에 그 목표를 달성하려고 하는지 계속 질문한다. 그러면 시간이 좀 걸리더라도 바로 이것이야! 하는 느낌의 해답이 결국에는 나온다. 자기 인생에 대해 깊이 생각하면서 큰 목표들을 세워본 사람이라면 그것은 대개 이타적 행위 같은 큰 가치들이라는 걸 알게 된다.

비만인 사람이 자기 몸에 열등감을 가지고 있다면 살이 빠져도 열등감이 없어지지는 않을 것이다. 현실의 조건이 중요한 것이 아니라 인간적인 성장이 중요하다. 나라는 인간이 성장하면 비만은 아무런 문제가 되지 않거나 살을 빼는 일도 쉽게 해결된다. 그러므로 일이 끝난 다음의 결과가 열등감을 없애주지는 않는다. 과정이 중요한 것은 그 일을 해나가는 시간 동안 우리 자신이 성장하고 성숙해지기 때문이다.

열등감을 해결하기 위해서는 자기실현의 행동을 해야 한다. 일단 행동을 하면서 원했던 목표가 하나씩 이뤄진다면 상황은 정반대로 바뀔 것이다.

인간은 어려서부터 늘 자기보다 큰 사람을 보고 자랐기 때문에 어른이 될 때까지 자신이 열등한 존재라고 생각한다. 그러므로 열등감은 굳어져 인간은 평생 열등감에서 벗어날 수 없다.

그러나 이 열등감 때문에 남보다 좀 더 나아져야 한다는 생각을 하게 된다. 이 '우월성의 추구'야말로 인간의 본질이라고 할 수 있다. 인간의 이런 정서는 늘 인간이 좀 더 나은 인간이 되도록 좀 더 높은 목표를 설정해 추구하도록 만드는 것이다. 그래서 인간은 늘 변화 발전하고 성숙해가는 성스러운 존재이다.

열등한 존재는 내가 내 안에 키운다

열등감 때문에 더 나아지려는 경향이 너무 강해지면 강박증 환자가 된다. 또 목표 추구가 실패하면 더 심한 열등감에 빠지기도 한다. 그러나 열등감이란 없다. 느낌일 따름이지 실제로 열등한 존재란 없기 때문이다. 특정 부분을 비교해서 그렇게 생각하는 것이지 다른 사람보다 더 못한 존재는 아니다. 내 친구는 키도 크고 공부도 잘하는데 나는 키도 작고 공부도 못한다면 내가 열등한 존재일까? 그러나 농구는 내가 훨씬 더 잘한다면 그것은 열등한 것이 아니다. 결국 열등감은 허상이라는 이야기다. 이런 기만적인 사회의 가치관을 꿰뚫어볼 수 있는 눈만 있다면 아무도 열등감을 느끼지 않을 것이다. 그것이 바로 마음의 눈이다. 열등한 존재는 내가 내 안에서 키우고 있을 뿐이다.

불교에서는 인간의 정서와 감정은 생각으로부터 나오기 때문에 정서나 감정을 조절하기 위해서는 사고를 조절해야 한다고 생각했다. 심지어 생각 하나에서 인간의 모든 괴로움이 나온다고까지 말했다. 스토아학파 같은 그리스 학자들은 인간의 감정이 외부 사물 때문에 혼란스러워지는 것이 아니라 사물을 보는 관점 때문이라고 생각했다.

생각을 바꾸면 혼란스러운 감정이 정리된다는 말이다. 내가 행복하고 불행한 것은 나의 생각이나 관점의 문제이지 다른 사람이나 주위 환경 때문이 아니다. 생각이나 관점이 긍정적이면 긍정적 기분이 생기는 것이다. 생각이나 관점이 객관적이면 객관적인 감정이 생기는 것이다.

관점의 변화에 대한 재미있는 이야기가 있다. 한 어부가 있었다. 그는 매일 몇 마리의 물고기를 천천히 낚시로 낚았다. 친구가 그것을 보고 충고를 했다. "언제까지 이딴 식으로 낚시질만 할 건가?" "이거면 됐지, 뭘?" "그물을 써봐, 이 사람아." "뭐하게?" "더 많이 잡을 수 있다니까." "그러면?" "더 많이 버는 거지." "그래서?" "하고 싶은 일 하면서 여유롭게 사는 거지." "난 지금 그렇게 살고 있네, 이 사람아."

두 사람의 '관점'은 대단히 흥미로운 문제를 제기한다. 친구는 관점의 획기적 변화로 큰 돈 벌 수 있는 방법을 가르쳐주고 있다. 어부의 관점은 다르다. 그는 떼돈 버는 게 행복이라는 관점을 180도 틀어서 진정한 행복을 누리고 있다. 보는 시점이 달라지면 모든 게 변한다. 열등감도 마찬가지다.

성공의 후원자는 열등감이다

자연은 늘 초연하다. 바다를 느리게 흘러가는 해파리는 하늘을 빠르게 오르내리는 종달새에게 열등감을 느끼지 않는다. 누에 번데기는 굴속의 두더지에게 열등감을 느끼지 않는다. 인간은 자연 속에서 가장 초연하지 못한 존재이다. 그러면서도 자신이 만물 중에서 가장 영험한 존재이라고 생각한다.

자존심의 질량과 열등감의 부피는 비례한다. 자존심이 강할수록 열등감도 강하다. 자존심은 타인에 의해 쉽게 상처를 받는다. 자존심이 상처를 받을 때 열등감은 증대된다. 열등감은 현시욕과 무력감 사이에서 태어난 정신적 미숙아다. 그러나 행복한 인생을 살고 싶다면 열등감이라는 미숙아를 천시하면 안 된다. 열등감이야말로 발전의 원동력이다. 치타처럼 빠르게 달리지 못한다는 열등감이 자동차를 만들게 했다. 제비처럼 빠르게 날지 못한다는 열등감이 비행기를 만들었다. 인간들은 동물들의 강한 무기들을 보고 그것들에 대한 열등감으로 자신을 보호할 무기들을 만들었다. 인간을 자연에 비견하면 수치심과 열등감만 높아질 뿐이다.

성공한 사람의 배후에는 언제나 열등감이라는 후원자가 있다. 그러므로 열등감이 강한 인간은 성공할 가능성도 강한 인간이다. 지독한 열등감을 가지고 있다는 사실은 타인의 우월성을 인정하고 있다는 증거다. 더불어 자만심을 멀리하는 미덕도 가지고 있다는 증거다. 그러므로 성공의 가장 기본적인 요소들은 충분히 갖춘 셈이다.

진실로 세상을 아름답게 만들었던 존재들은 끝없는 열등감에 시달렸던 존재들이다. 자신의 열등감을 분발의 원천으로 삼았던 존재들이다. 시대를 바꾼 인물들은 모두 열등감 덩어리였다. 열등감에 시달린다면 박수를 받을 만하다. 축복받은 자이며 선택받은 자이기 때문이다. 오로지 성공을 위해 분골쇄신하면 된다.

아무리 지독한 열등감에 시달리는 사람이라도 한 가지 장점은 가지고 있다. 그 장점을 최대한 살리는 방법을 찾으면 성공할 수 있다. 만 가지 열등감을 없애기 위해 싸움을 벌이면 백전백패할 가능성이 높다. 한 가지 열등감을 없애기 위해 싸움을 벌이면 백전백승할 가능성이 높다.

한 가지 열등감이 우월감으로 바뀌는 순간 놀랍게도 지금까지 간직하고 있던 만 가지 열등감이 모조리 사라져버린다.

무엇이든 자신이 믿는 대로 된다

여러 가지 실수와 약점을 가지고 있지만 자신에게 긍정적인 시선을 갖고 있는 사람은 훨씬 행복하고 만족스럽게 살면서 성공을 거둘 수 있다. 그런 사람이 훨씬 더 큰 신뢰감을 얻을 수 있다. 남을 사귀는 데에 어려움이 없고 남을 위해 무엇이든지 할 수 있다. 자신을 믿고 받아들일 때 자기 안에 있는 능력을 마음껏 발휘할 수 있다. 아이들을 키우는 모습을 보면 이것이 명확해진다. 구박을 받고 자라는 아이와 존재를 인정받고 자라는 아이 둘 중 누가 더 자기 능력을 발휘할 수 있을까.

"자기가 무엇을 할 수 있다고 믿든 무엇을 할 수 없다고 믿든 어느 쪽도 다 사실이다."

이것은 많은 업적을 이룬 카네기의 말이다. 그러므로 자기 가치감은 자신이 자신을 평가하는 데에 따라 다르다. 열등감을 느끼는 사람은 스스로를 열등한 존재라고 생각하고 있는 것이다. 자신을 사랑한다거나 자신을 좋아한다는 것은 허영심이 아니라 자신을 친구 대하듯 친절하고 공정하게 자신을 대하는 것이다. 자기 사랑은 이웃사랑의 기본이다.

자기를 좋아하지 않는 사람은 열등감을 느낀다. 항상 자기 가치를 인정해줄 사람을 찾는다. 그런 인정을 얻을 수 있다면 자기 희생이나 자포자기도 마다하지 않는다. 이 두 가지야말로 삶을 불행하게 만드는 지름길이자 확실한 보장책이다.

자신감은 노력하면 높아진다. 태어날 때부터 자신감이 부족했던 사람은 없다. 커가면서 점점 자신이 한심하다는 생각이 주입되면서 자신감이 떨어지는 것이다. 타고난 것이 아니라 습득된 생각이다. 배워서 입력된 것은 지울 수 있다. 이것은 나쁜 습관이다. 좋은 습관으로 바꿔야 한다.

인간은 반복 연습을 하지 않으면 뭐든지 쉽게 잊어버린다. 자신에 대한 부정적인 자화상도 반복해서 되씹기 때문에 잊히지 않는다. 생각하지 않으면 차츰 지워지게 되어 있다. 하지만 쉽지는 않다. 평생을 자신을 구박하고 무시하면서 살아왔는데 갑자기 그 행동을 그만두기는 어렵다.

자기 가치를 긍정적으로 받아들이는 것은 인생에서 가장 중요한 문제이다. 다른 성공을 아무리 많이 대단하게 한다고 해도 자기 가치를 스스로 인정하지 않으면 아무런 소용이 없다. 아니, 아예 성공할 수 없다. 남들의 인정을 받아도 스스로 인정하지 못한다면 그것은 진정한 인정이 아니다. 그런 사람은 행복한 인생이나 보람된 인생을 살 수가 없다. 그러니 모든 것이 다 헛된 것이다.

자기 능력은 스스로 증명된다

자기 능력을 증명하기 위해 모든 걸 희생하고 그걸 달성하려고 기를 쓰는 사람도 있다. 엄청난 노력을 하면서도 늘 자기 일에 만족을 하지 못한다. 자신이 늘 남들보다 못하다는 생각으로 가득하다. 자신의 무능 때문에 늘 열등감을 느낀다. 실수라도 하게 되면 엄청 괴로워한다. 일이 늦기라도 하면 견딜 수 없다. 늘 뭐 하나 제대로 하는 게 없는 것 같은 불안한 마음으로 산다.

지식 때문에 몹시 열등감을 느끼는 사람도 많다. 학력이 낮다거나 공부에 취미가 없는 사람도 있을 수 있지만 그걸 용납하려 하지 않는다. 그래서 남들 앞에서는 뭔가 하나라도 더 많이 아는 척하려고 한다. 그러나 늘 불안하다. 자신의 무지가 탄로날까 두려운 것이다. 그래서 늘 불안하고 우울하고 행복하지 않다.

스스로에게 만족하지 못하는 사람들은 열등감을 많이 느낀다. 한 가지 목표를 달성하면 다음 목표를 향해 달려든다. 숨 쉴 틈도 없이 늘 허겁지겁하면서 산다. 이런 사람은 단순히 자기 발전을 위해 뛰는 것이 아니라 강박증 또는 열등감 때문에 그러는 것이다. 주위 사람들은 그 사람 때문에 스트레스 받는다.

남을 의식하면 자신감을 잃는다

남들에게 좀 더 잘 보이기를 원하는 사람들 중에는 자신과 남을 늘 비교하여 자신이 낫다는 확인을 해야 마음이 놓이는 사람들이 있다. 그런데 자신이 낫다는 생각이 들면 다행이지만 그렇지 않은 경우에는 우울해지고 만다. 스스로가 쓸모 없는 존재처럼 생각하는 것이다.

'귀가 얇은' 사람들도 우울한 분위기에 휩싸이는 경우가 많다. 남의 말 한두 마디에 금방 마음이 흔들려 의기소침해진다. 사소한 말에도 휘둘려 스스로를 괴롭히는 것이다. 스스로에게 자신이 없으니 남의 말애도 많은 영향을 받고 대개는 늘 우울하게 된다.

자신감이 없는 사람들 중에는 남의 호의마저도 오해를 하는 경우가 많다. 자신의 가치를 충분히 인식하지 못하는 것이다. 남이 자신을 초대해줘도 자신은 남의 자투리 시간이나 메워주는 존재 정도로 생각하는 것이다.

자신의 가치를 인정하지 않는 사람들은 정상적인 인간관계를 맺기 어렵다. 늘 비뚤어진 시선으로 바라보기 때문에 괴로울 수밖에 없다. 그래서 혼자 있으면 혼자 있는 대로 괴롭고, 다른 사람과 마주하게 되면 그 사람 때문에 괴롭다. 몹시 민감하여 말 한 마디 행동 하나에도 상처를 받고 괴로워한다. 그래서 늘 우울하다.

남들을 상대하면서 생기는 문제들은 대부분 열등감과 관계있다. 남과 자신을 비교하면서 자신을 낮게 평가하기 때문에 생기는 문제들이다. 동시에 자기 뜻대로 되지 않으면 그걸 자연스럽게 받아들이지 못한다. 상대나 자기 자신을 공격하거나 자책하는 것이다. 남들이 나를 어떻게 생각할까 불안한 나머지 제대로 대화를 하지 못하는 사람도 있다. 하지만 너무 잘난 척하기 때문에 왕따 당하는 사람도 드물지 않다.

남의 눈치를 너무 보는 사람은 가게나 음식점에 가서 불만이 있어도 말을 제대로 하지 못한다. 가게에 가서 물건을 만져보고 그냥 나오기가 미안해서 필요도 없는 물건들을 산다. 그런가 하면 실수를 할까봐 남 앞에서는 자연스럽게 행동을 못하는 사람도 있다. 남에게 최고라는 말을 듣지 못하면 불안해하는 사람도 있다. 그런 사람들은 남의 시선을 끌기 위해 늘 안절부절 못한다. 반대로 남들이 자기 흉만 본다고 생각해서 안절부절 못하는 사람도 있다.

자신이나 남들에 대한 분노, 명예욕이나 질투심 같은 욕망과 집착, 고독감, 우울증, 두려움 같은 부정적인 정서들은 우리 주위에 무수하다. 이런 것들은 무엇보다도 스스로 자기 자신에 대한 가치를 인정하지 못하기 때문에 생기는 감정들이다.

사랑받지 못한 아이는 사랑하지 못한다

우리가 자신을 사랑하지 못하는 이유는 모두 후천적인 것들이다. 특히 부정적인 교육의 탓이 크다. 우리는 크면서 늘 자신을 비판하고 반성하라고 배웠다. 물론 배워나가는 과정에서는 비판적인 태도들이 필요하다. 하지만 이런 태도를 가지면 근본적으로 자신의 가치를 인정하지 못하는 느낌을 수시로 받게 된다. 커가면서 이런 감정을 극복해야 하지만 끝내 극복하지 못하는 경우가 많다. 어렸을 때 교육 받던 시절의 자신을 끝까지 버리지 못하는 것이다. 우리는 태어나면서부터 자기 자신을 부정하고 거부하는 쪽으로 길들여진다.

우리는 우리 안에 또 다른 '나'를 가지고 있다. 그 '나'는 나에 대하 몹시 부정적이다. 늘 나를 공격하고 나의 약점을 지적한다. 장점이나 좋은 실적은 별로 점수를 쳐주지 않는다. 늘 해야 할 일들, 의무 사항들, 문제점들을 알려주는 데 바쁜 존재다. 자신을 비난해야 마치 자신이 착한 존재로 인정받는 것처럼 기를 쓰고 나를 깎아내린다. 하지만 그런 비판은 대부분 정당하지 않다. 적은 밖에 있는 것이 아니라 내 안에 있다.

우리는 태어난 이후 말귀를 알아듣기 시작하면서부터 어른들로부터 끊임없이 잔소리를 듣는다. 어른들은 끊임없이 우리의 약점과 실수들을 지적한다. 그것만 고치면 우리가 아주 훌륭한 인간이 될 것처럼 생각하고 그러는 것이다. 하지만 어린 우리는 어른들의 기대를 충족시킬 수 없다. 어른들은 그것을 지적하면서 자신은 마치 완벽한 인간이나 되는 것처럼 위세를 부린다. 우리 안에는 스스로를 문제적 인간으로 여기는 정서가 자연스럽게 자리잡는다.

조건부 사랑, 비교 우위 사랑, 인간의 가치를 행동으로 판단하는 사랑, 야단치는 사랑, 자부심을 억누르는 사랑, 자녀를 믿지 않는 노파심의 사랑이 흔히 부모들이 사랑이라는 이름으로 아이들에게 주는 억압 기제이다. 조건부 사랑에 길들여진 아이는 커서도 조건부 사랑을 하게 된다. 남과 늘 비교 대상이 되었던 아이는 커서도 늘 사람을 비교해서 더 나은 사람을 사랑하게 된다. 인간의 가치를 행동으로 판단받은 아이는 커서도 사람에 대한 사랑보다는 그 행동의 결과로 사람을 사랑하게 된다. 야단만 맞고 자란 아이는 야단치는 것이 좋은 일로 생각하고 늘 야단으로 애정을 표시한다. 자부심이 억눌려온 아이는 늘 자신을 하찮게 생각한다. 이런 순간에도 부모들은 자신이 아이를 사랑하고 있다고 생각한다. 여기서 벗어나는 길이 열등감에서 벗어나는 길이다.

그러므로 이제 스스로의 정서를 재정리해야 할 때다. 나쁜 것들은 버리고 좋은 것들로 우리 자신의 정서를 재정립해야 한다. 모든 정서들을 긍정적인 것으로 바꿔놓지 않으면 열등감의 늪에서 평생 빠져나올 수 없다. 그러기 위해서는 책임감을 가져야 한다. 책임을 진다는 것은 자신의 일을 자신이 결정하고 자기 의지대로 행동하는 것을 말한다. 그 결과에 대해서도 누구의 탓을 하지 않고 자기 탓으로 돌려야 한다. 이것이 진정으로 자기 인생에 대해 책임지는 태도다. 그러기 위해서는 부모들이 심어준 자신에 대한 부정적인 생각들을 버리고 긍정적인 생각들로 채워야 한다.

선택의 자유는 나에게 있다. 일단 자신의 부정적인 모습들을 글로 모두 적어본다. 그런 다음에 그것을 긍정적인 문장으로 다시 적어본다. "남들 앞에 서면 실수를 할까봐 말을 제대로 못 한다"는 부정적인 모습을 가지고 있다면 "실수는 누구나 흔히 하는 것이니까 앞으로는 크게 신경 쓰지 않겠다."거나 "내가 실수라고 생각하는 것들은 남들이 실수라고 생각하지도 않는 하찮은 것들이 대부분이니까 앞으로는 당연하게 생각하고 말하겠다."고 적는다. 그리고 그 장면을 머릿속으로 그려본다. 이런 생각을 하기 전에 우선은 자신을 긍정적으로 생각하는 스위치를 가동해야 한다. 자부심과 자신감으로 채워놓아야 한다. 자신에게 사랑과 용기와 평화와 활력이 한없이 밀려들어오고 있다고 생각해야 한다. 생각하면 그렇게 되는 것이 사실이다. 그것이 앞에서 말한 창조적 상상력이다.

자신감을 배울 모델이 필요하다

강박증과 불안과 열등감은 억눌려 있던 정서적 사건들 때문에 생긴다. 일단 증상이 나타나면 전혀 상관없는 일에서도 그런 불안을 느낀다. 억눌려 있던 기억을 되살려 그 원인을 깨달을 수 있게 되면 불안이 사라진다. 불안의 이유를 알면 정서적 압박이 사라지게 된다. 이런 정서적인 자극이 없는 지적인 계발만으로는 효과가 없다. 그러므로 어린 시절을 회상하고 그때의 장면, 느낌, 인물들을 받아들여 화해하는 것은 상당한 효과가 있다.

마음속의 불안과 강박증과 열등감이 사라지면 그 자리에 자신감과 자부심이 자리를 잡게 되어 있다. 이것은 빈 곳을 새로운 내용물이 채우는 아주 자연스러운 과정이다. 그러나 자신감과 자부심은 그냥 오는 것이 아니다. 모범이 될 만한 인물로부터 배우든지 스스로 만들어가야 한다.

대부분의 아이들은 자부심을 부모나 다른 권위 있는 인물로부터 얻는다. 그들은 어린 시절의 큰 부분을 차지하고 있는 사람들이다. 적절한 사랑과 믿음을 받지 못한 사람들은 자기 스스로의 노력으로 적절한 자부심을 갖출 수밖에 없다. 우리의 잘못된 모습은 우리 자신의 탓이 아니다. 하지만 지금부터는 자기 자신의 성장은 자기 책임이지 누구 탓을 할 수도 없고 누구에게 기댈 수도 없다. 이것을 이루기 위해서는 문제의 본질과 심각성을 제대로 진단하는 것이 중요하다.

반복 훈련으로 자신감을 높일 수 있다

자부심을 해치는 성향을 줄인다

자부심의 정도는 개인에 따라 다르다. 다음의 체크 리스트에 표시를 해보면 자신이 어떤 부분을 더 노력해야 하는지 알 수 있다. 체크 리스트에 있는 성향들은 부정적인 것들이므로 (없음)이 좋다. (약간)은 그런 대로 괜찮지만 (강함)과 (심각)의 정도면 문제가 된다. 자신에게 그런 성향이 있다면 수첩에 적어두거나 책상 앞에 붙여두고 늘 의식을 하면서 차츰 줄여나가야 한다. 강하거나 심각할 때는 상당한 경각심을 가지고 노력해야 한다. 성장이 있어야 살아가는 의미가 있다.

1. 소심하다 : (없음) (약간) (강함) (심각)

2. 혼자 있기를 좋아한다 : (없음) (약간) (강함) (심각)

3. 사회에 불만이 많다 : (없음) (약간) (강함) (심각)

4. 비판적 성향이다 : (없음) (약간) (강함) (심각)

5. 남과 소통이 어렵다 : (없음) (약간) (강함) (심각)

6. 칭찬을 쉽게 받아들이지 못한다 : (없음) (약간) (강함) (심각)

7. 의존적이다 : (없음) (약간) (강함) (심각)

8. 알코올 중독이다 : (없음) (약간) (강함) (심각)

9. 남에게 적대적이다 : (없음) (약간) (강함) (심각)

10. 열등감이 있다 : (없음) (약간) (강함) (심각)

11. 수동적이다 : (없음) (약간) (강함) (심각)

12. 과민하다 : (없음) (약간) (강함) (심각)

13. 사랑받지 못하는 느낌이다 : (없음) (약간) (강함) (심각)

14. 공포증이 있다 : (없음) (약간) (강함) (심각)

15. 강박적이다 : (없음) (약간) (강함) (심각)

16. 죄책감이 강하다 : (없음) (약간) (강함) (심각)

17. 불안하다 : (없음) (약간) (강함) (심각)

18. 불면증이 있다 : (없음) (약간) (강함) (심각)

19. 자주 화를 낸다 : (없음) (약간) (강함) (심각)

20. 질투심이 강하다 : (없음) (약간) (강함) (심각)

여러 사람과 어울리는 게 효과 있다

자신감은 노력한다고 해서 단번에 얻어지는 것이 아니다. 차츰차츰 채워진다. 점진적인 과정을 거쳐 갖추어진다.

다른 사람과 어울리면서 자신감을 쌓아나갈 수 있는 좋은 방법은 관심 있는 취미 모임이나 사회 활동을 하는 단체에 가입하는 것이다. 그러면 자신과 비슷한 관심을 갖고 있는 동질의 사람들을 자주 많이 만날 수 있다. 그런 모임이나 단체의 구성원들은 모두 동등한 자격과 조건을 가진 인간으로 인정을 받은 것이기 때문에 사람들과 어울리기에 가장 좋은 환경이라고 할 수 있다.

사진에 관심이 있다면 아마추어 사진 동호회에 들어가는 것이다. 그래서 자신이 특별한 지식을 갖고 있는 분야나 주제에 관심을 갖고 있는 사람과 대화하는 것이다. 열정적인 독서가라면 독서 클럽에 가입하는 것이다. 그러면 함께 책에 대해 이야기해볼 수 있다. 점차 다른 사람과 어울리는 방법을 더욱 더 많이 알게 된다. 시골길 걷기를 좋아하는 사람이나 자전거 타기를 좋아하는 사람은 그런 클럽이나 동호회에 들어가면 된다. 평생교육을 하는 문화원에 가서 강의를 들어도 된다. 그러면 관심사가 같은 사람을 자연스럽게 만날 수 있다. 아마 구성원들은 성격도 취향도 비슷할 것이다. 서로에게 열등감 느낄 일이 거의 없다. 쉽게 섞일 수 있다. 너무 소심해서 더 사교적인 사람이 되어야겠다고 생각한 사람은 그런 그룹에 가입을 하면 어렵지 않게 친구를 사귈 수 있을 것이다.

중요한 것은 영화나 연극을 보든지 혹은 책을 읽든지, 비판적으로 보고 읽어야 한다. 자기만의 시각으로 판단하는 것을 두려워하지 말아야 한다. 그리고 그걸 말하고 토론하는 걸 두려워하지 말아야 한다. 분명 의견들을 말하고 들을 가치가 있는 새로운 주제들이 많을 것이다.

자신의 관심사가 무엇이든 상관없다. 그것을 사람 사귀기 위한 초석으로 활용할 방법은 반드시 있다.

이런 새로운 활동을 시도하면서 조용히 어울리면 자신감 얻는 방법을 알게 될 것이다. 굳이 다른 사람에게 돋보이려고 노력할 필요는 없다. 눈에 띄는 대단한 일을 할 필요도 없다. 평범한 회원이 하는 수준의 활동만 하면 된다. 사람들과 점차 익숙해지는 게 중요하다. 일단 회원들과 익숙해지면 그때 전체 모임에 이익이 되는 일들을 하나하나 해나간다. 그러면 자연히 자신감이 생길 것이다.

사람들이 나를 좋아하게 만든다

열등감을 극복하려고 하면 '일상의 활력소'가 큰 도움이 된다는 사실을 알게 되는 때가 반드시 온다.

우리는 자신을 괜찮아 보이게 만드는 방법이나 생각들을 얼마쯤은 가지고 있다. 소녀들은 머리를 감고 다시 정리하면 웬만한 데에는 얼굴을 내밀만큼 자신이 좀 나아 보인다는 것을 알고 있다. 그래서 우울하다고 느끼면 미장원에 가는 것이다.

젊은이들은 새 넥타이 같은 작은 물건들이 생활의 분위기를 바꿔준다는 것을 알고 있다. 어떤 사람들은 옷을 완전히 다른 것으로 갈

아입으면 완전히 다른 사람이 된 것 같은 느낌을 받는다.

자신감을 얻을 수 있는 방법을 되도록 많이 개발해 활발하게 활용하는 것이 좋다.

1. 일을 벌일 때마다 진심으로 환영해주는 친구에게 전화한다.
2. 아는 사람에게 같이 차를 마시거나 영화를 보자고 청한다. 이런 식으로 접촉해보면 친구가 될 수 있는지 알 수 있다.
3. 내가 상당한 지식을 갖고 있는 주제들을 모두 적어본다. 그것에 대해서라면 나는 아주 재미있는 방식으로 자신 있게 말할 수 있다. 그래서 사람들은 만나면 이런 부분들을 적극적으로 활용한다.
4. 아는 사람들 중에서 열등감으로 고통 받고 있다고 생각되는 사람이 있으면 용기를 심어준다. 본인이 눈치 채지 못하게 친절하게 대해준다. 말을 시킨다. 다른 사람이 나에게 해준 것과 같이 격려해준다. 그 사람을 자기 중심으로 끌고 가다보면 나 스스로에게도 자신감이 생긴다. 동시에 이웃도 도울 수 있다.

열등감을 보충하는 일이 어렵게 느껴진다면 이런 간단한 심리적 활력소들을 일상에서 사용해보는 것도 좋다.

나의 자신감 점수를 알고 싶다

다음 부분에서 자기 스스로에게 느끼는 자신감의 정도를 점수로 환산하여 적어보자. 각 항목의 점수는 10점 만점이다. 자신감이 부족하다면 노력해야 하므로 자신의 자신감 정도가 어느 정도인지 알고 있는 것도 쓸모 있는 일이다.

1. 육체적인 건강이 좋다. _____

2. 이성과 관계가 원만하다. _____

3. 아버지와 관계가 좋다. _____

4. 직업과 일의 내용에 만족한다. _____

5. 동료들과 관계가 좋다. _____

6. 어머니와 관계가 좋다. _____

7. 나 자신에 대해 관대한 편이다. _____

8. 과도하게 불안을 느끼지 않는다. _____

9. 재정 상태가 대체적으로 좋은 편이다. _____

10. 신이 나를 용서해준다는 느낌을 받는다. _____

11. 남을 사랑할 수 있다. _____

12. 당황하지 않고 수월하게 비판을 받아들인다. _____

13. 열등감을 느끼지 않는다. _____

14. 웬만한 일은 용서를 해주는 편이다. _____

15. 섹스에 대해 죄책감을 느끼지 않는다. _____

16. 신을 경외하고 숭배한다. _____

17. 화를 내고도 죄의식을 느끼지 않는다. _____

18. 기분이 쉽게 우울해지지 않는다. _____

19. 시민으로서 보여줘야 할 덕성을 잘 지킨다. _____

20. 자기 훈련을 성실히 하는 편이다. _____

총점 _____

평점(2로 나눈다) _____

나의 자신감 점수 _____

물론 이런 항목들만으로 자신감을 측정할 수 없지만 대강의 판단은 가능하다. 60~70점 이하라면 자신감 부족이라고 할 수 있다. 따라서 위의 20개 항목만이라도 향상시키기 위해 노력하는 것이 좋다.

사랑이 자신감을 불어넣어준다

비판을 많이 받고 칭찬을 적게 받은 아이들은 부족하고 무가치하고 열등하다는 생각을 하게 된다. 자기 인생에서 가장 중요한 인간들이었던 부모로부터 자신감이나 자부심을 받지 못했기 때문이다. 함께 껴안고 충분한 사랑과 확신을 나누지 못하면 자신감이 없는 어른으로 자라게 된다.

아이들이 강한 감정 상태에 빠져 있으면 다른 사람의 말을 듣지 못한다. 다른 사람의 충고나 건설적인 비판을 받아들이지 못한다. 자기를 이해해 주기만을 바랄 뿐이다. 자기 마음속에서 특정 순간에 어떤 일이 벌어지고 있는지 이해해 주기만을 바랄 뿐이다. 더구나 자기가 겪은 일을 완전히 밝히지도 않은 상태에서 이해해주기만을 바라는 것이다. 자기가 느낀 것은 조금만 밝혀야 하고 나머지는 우리가 짐작해야 한다.

아이가 "선생님한테 야단맞았어."라고 하면 더 이상 자세히 물어서는 안 된다. "무슨 야단맞을 짓을 한 거냐? 선생님이 야단을 쳤으면 네가 무슨 짓을 저지른 게 틀림없지. 무슨 짓을 했냐?" 이렇게 물어볼 필요도 없다. "아이고, 불쌍한 것."이라고 말해서도 안 된다. 아이의 고통과 혼란과 복수심을 이해한다는 것을 보여줄 필요가 있다.

아이의 감정을 어떻게 알 수 있을까? 아이의 눈을 바라보면서 이야기를 들어주면 된다. 그때 자신의 감정을 드러내면 된다. 아이가 친구들 앞에서 창피를 느꼈다면 마음이 어떤 상태일지는 알 수 있다. 어떤 일이 아이에게 벌어지고 있는지 이해한다는 것을 아이가 알게 몇 마디만 해주면 된다. "어쩔 줄 몰랐겠구나." "화가 났겠구나." "그때 선생님이 미웠겠구나." "기분이 많이 나빴겠구나." "오늘은 기분 나쁜 날이구나."

"그렇게 기분 나빠해서는 안 된다."고 하거나 "그렇게 기분 나빠할 이유가 없다."고 설득을 해도 아이의 기분은 사라지지 않는다. 강렬한 기분은 듣는 사람이 그 이야기에 공감하면서 받아들여줄 때 누그러지기 시작한다. 아이들은 "그렇게 화를 내면 안 된다"라는 말을 들으면 자기 감정을 눌러버린다.

어떤 청년은 어릴 때 아버지에게 "바보 같다."는 말을 했다가 어머니에게 그랬다가는 지옥에 떨어질 거라고 야단을 맞았다. 아이는 그것 때문에 지옥에 떨어질 거라는 두려움에 한동안 시달렸다. 어머니는 단순히 아이의 버릇을 고쳐주려는 것이었는데 아이는 불행하게도 그걸 크게 받아들인 것이다. 아이들은 당황하게 되면 위협이나 비판을 아주 빨리 받아들인다. 그리고 오랫동안 상처로 남는다.

지속적으로 비판을 받는 아이들은 자신이 사랑받지 못할 거라고 믿게 된다. 자신이 받아들일 수 있는 방식으로 사랑을 받지 못하면 "난 쓸모 있는 인간이 되어야 해. 그래야 사랑 받고 보호 받고 안길 수 있을 거야."라고 생각한다. 포옹은 보호의 육체적 표현이다. 신체적 접촉이 적은 아이는 자신이 거부를 당하고 가치 없다고 생각한다. "가치 없는 인간이라면 성공할 가치도 없어." 매 맞는 아이들은 자신이 정말 가치 없거나 희미한 인간이라고 생각하면서 자란다. 수치나 죄의식에 싸여 살아간다.

사랑 받고 자라는 아이들은 자신감이 넘친다. 그들은 실패, 수치,

거부, 부족함, 죄책감, 무가치함, 열등감 같은 단어들을 겪지 않는다. "사랑은 세상을 치유하는 약이다."

성공 비결은 자신감이 전부다

자신은 인간이고 불완전하다는 생각을 늘 해야 한다. 그렇다고 자신의 가치를 올리기 위해 완벽해질 필요 없다. 가지고 있는 능력만 최대한 발휘하면 된다. 내 안에는 언제든 꺼내서 쓸 수 있는 잠재력이 있다는 사실을 잊어서는 안 된다.

성공의 비결은 자신감이다. 인생에서 성공하기를 바란다면 반드시 해야 할 일 중의 하나가 바로 자신의 열등감을 성공적으로 다루는 일이다.

자신감이 없다는 것은 자신을 좋아하지 않는다는 말이다. 자신감이 없는 사람들은 자신을 저평가한다. 자신이 주변 사람들에 비해 그리 중요한 인물이 아니라거나, 그리 예쁘지 않다거나, 머리가 썩 좋지 않다고 생각한다. 그래서 자신이 싫다. 그래서 자신감이 없다.

1. 자신감을 찾는 데 도움이 될 만한 첫 번째 방법은 우선 자신을 좋아하는 일이다. 지금보다 더 좋아해야 한다. 자신의 강점, 긍정적인 재능을 알고, 부정적인 면이나 약점만 바라보지 않는다면 상황은 훨씬 좋아질 것이다.

2. 자기 스스로 힘으로 일어설 수 있는 방법을 가르치는 책을 읽거나 강좌를 듣고 두렵다고 생각되던 일들을 과감하게 시도해본다. 이전에 해보지 못했던 일들을 해보면 단 한 번만으로도 두려움이 거의 극복된다. 일단 두려움을 극복하면 자신감을 찾고 더 큰 일을 할 수 있는 기회가 된다.

3. 역할 모델을 찾으면 자신감 회복에 큰 도움이 된다. 역할 모델은 친구가 될 수도 있고 형제자매나 동료가 될 수도 있다. 적절한 사람을 골라서 자기 인생의 장애물을 돌파할 방법을 물어본다. 역할 모델 자신이 직접 경험한 일이라면 상당한 도움이 된다. 하지만 역할 모델 선정에 신중해야 한다. 적절한 모델을 고를 수만 있다면 자신을 계발할 수 있다.

4. 열등감이란 '자기 혐오'다. 그런 마음을 가지고 있으면 다른 사람들 눈에는 보이는 자기 장점이 자기 눈에는 전혀 보이지 않는다. 보여도 믿지 않는다. 그러면 자신이 원하는 것을 할 수 없다. 자기 혐오를 중지하는 방법은 생산적인 사람들과 어울리는 일이다. 일을 잘 하는 사람들과 어울리는 것이 좋다. 다른 사람들에게 긍정적인 영향을 주는 사람들이어야 한다. 이런 사람들은 단지 느낌이나 영감만을 주지는 않는다. 그들은 우리가 특별히 잘 할 수 있는 일을 발견하는 데 도움이 된다.

어떤 사람들은 열등감을 중독이라고 말한다. 자신이 아무 것도 할 줄 모르는 인간이라고 생각해야 기분이 좋아진다. 두말할 것도 없이 이건 본인에게 매우 해로운 것이다. 열등감은 자신의 생각에도 영향을 주지만 다른 사람의 생각에도 영향을 준다. 그래서 열등감을 갖고 있는 사람은 다른 사람에게서 불이익을 당할 수도 있다. 열등감을 당연하게 여기면 안 된다. 자신에게 아주 해로운 것이라는 것을 깨달아야 한다. 도움이 될 만한 것은 눈곱만큼도 없다. 자신이 가치 있는 인간이라고 생각하게 되면 인생이 훨씬 나아진다.

강력한 결정력을 발휘하는 것이 우선이다. 과감하게 결정한다. 자기 주도적인 정신이 필요하다. 과감하게 금지 사항들을 포기한다. 누구도 두려워할 필요가 없다는 사실을 끊임없이 다짐한다. 자신의 견해를 적극적으로 표현한다. 특히 싫은 게 있으면 적극적으로 말해야 한다. 자기만의 개성과 독립적인 의견을 가질 필요가 있다.

열등감의 빈자리에 자신감이 온다

다른 사람에게서 거부를 당할 것 같은 생각이 드는가? 다른 사람이 한 일보다 자신이 한 일이 좋지 않다고 평가 절하를 하는가? 뛰어나다고 생각되는 사람들에게 두려움을 느끼는가?

이런 문제가 있다면 자신감을 회복해야 한다. 자신감 부족, 모자라다는 느낌, 열등하다는 느낌을 극복해야 한다.

1. 열등감이 주위 사람들 때문에 생긴다면 그런 사람들과는 만나지 말아야 한다. 자신의 일이나 위치에 대해 하찮다는 기분이 들게 만드는 사람, 부족한 인간이라는 느낌이 들게 만드는 사람, 불안하게 만드는 사람은 만나지 않는 게 좋다.

2. 열등감이 일 때문에 생기는 것이라면 그 일을 멈추는 것이 좋다. 자신의 한계와 능력의 정도를 알아야 한다. 성공적으로 해낼 수 없는 일에는 관여하지 않는 것이 좋다. 착각에 빠질 염려가 있기 때문이다.

3. 어떤 사람의 명성이나 지위 때문에 자신이 시시하게 느껴지고 남의 이목이 꺼려지고 자신이 중요하지 않다고 생각되면, 그 사람을 가까이 접촉하지 말아야 한다. 그들에게 반주를 넣어줄 필요는 없다. 자신의 수준과 비슷한 사람들과 어울리고 자신을 편안하게 해주는 사람들과 어울려야 한다.

4. 자신을 가치 있다고 생각해야 한다. 자신의 지식, 능력, 존엄성, 자존감 등을 귀중하게 여겨야 한다. 다른 사람들의 카펫 노릇을 하면 안 된다. 기분 나쁘면 말로 표현해야 한다. 좋고 싫음을 분명하게 표현한다. 이것을 반복하면 말로 감정과 생각을 표현하는 데에 두려움이 없어진다. 그러면 열등감이 사라진다.

5. 앞으로 나아가겠다는 마음의 준비가 되었을 때에만 높은 수준의 목표를 추구하는 것이 좋다. 쉽게 도전했다가 자존심과 자신감을 잃으면 안 된다.

6. 열등감을 제거하고 싶다면 자신을 과대포장하지 말고 자신의 현실적 한계 안에 머물러야 한다. 자신이 가장 잘 할 수 있는 일이 무엇인지 찾아야 한다. 남보다 훌륭하게 해낼 수 있을 때까지 열심히 그 일을 해야 한다. 그것을 자산으로 삼아 기회를 만들어야 한다.

7. 자신을 좋은 사람, 능력 있는 사람, 어떤 면에서는 남보다 나은 중요한 사람, 자신이 사귀고 싶은 사람으로 스스로 인정해주어야 한다.

8. 열등감이 너무 민감하다거나 남의 이목을 의식하는 데서 오는 것이라면 그것은 스스로를 너무 심각하게 생각하기 때문이다. 다른 사람들이 당신을 생각하면서 이러쿵저러쿵 계속 화제로 삼지는 않는다. 자기네들끼리 시시껄렁한 이야기나 하겠지, 하고 무시하면 그만이다. 그런 생각을 버리면 남의 눈을 의식하는 일이 점차 사라진다.

9. 사람들이 모여 있는 곳에 갔을 때 그 사람들이 나를 좋아하지 않거나 별로 환영하지 않는다는 생각이 들면 그것은 자신의 기대감이 너무 크기 때문이다. 아마 자기 나름대로는 솔직하게 행

동하고 그 사람들을 좋아했는데 그것을 알아주지 않자 상처를 입은 것이다. 좋은 사람들이라면 언젠가는 알아줄 것이다. 조용히 기다리는 것이 안달하는 것보다 낫다.

10. 자기가 하고 있는 일이 정말 싫지만 어쩔 수 없이 계속하는 경우도 있다. 변화가 두려워서 마음 내키지 않아도 계속 그 일을 하면 다른 사람에게도 자신에게도 올바르지 못한 일을 하고 있는 것이다. 반드시 변화를 주어야 한다. 변화는 일정 시간이 지나면 어쩔 수 없이 받아들여야 하는 인생의 진리다. 끊임없이 변화하고 적극적으로 도전한다.

11. 최선을 다하지 않고 늘 차선을 받아들인다면, 언제나 자기 형편을 변명하고 기회와 가능성을 축소한다면, 다른 사람들의 평가가 점점 떨어지게 된다. 나만이 발전시킬 수 있고 재산으로 삼을 수 있는 절대적인 능력들이 누구에게나 있다. 이것을 살리려는 노력을 최선을 다해서 해야 한다.

하고 싶은 생각이 있었지만 한 번도 시도해보지 못한 일들이 있다면 시도해보는 것이 좋다. 지금 당장. 그래서 열심히 노력해보는 것이 좋다. 쉽지는 않을 것이다. 하지만 변함없는 자세로 계속 해보면 길이 보인다. 시도하고 또 시도하고, 거듭해서 시도하면, 능력이 모자라다는 느낌이 사라지고 동시에 열등감도 사라진다. 노력 자체에 상당한 의미가 있기 때문이다.

자아 개념, 자아상, 즉 자기 자신의 모습에 대한 자신의 생각들은 주변 사람들의 영향을 받는다. 다른 사람과의 관계를 통해서 자신이 자신을 보는 방법에 영향을 받는다. 다른 사람과 비교하여 열등감이 느껴지면 위의 방법들을 사용해 자신의 자아상에 변화를 주어야 한다. 자기 가치가 크게 느껴지도록 자신감을 높이는 것이다. 다른 사람들과의 관계를 통해 자신감을 얻어야 한다. 혼자서 극복하기는 힘들다.

자신감이 없는 사람은 늘 자신에 대해 부정적으로 생각하는 경향이 있다. 다른 사람과 비교해 자신이 늘 열등하다는 느낌을 받는다. "나는 뭔가 모자라." 이것을 입에 달고 다닌다. 긍정적인 일을 해놓고도 늘 그것을 비판하면서 '더 잘 했어야 했는데....'라고 자책한다. 어떤 일의 결과로 기분이 좋아져도 일시적이고 금방 잊어버린다. 그래서 긍정적인 느낌을 받기 위해 자신에 대한 부정적인 느낌을 깨부수기를 갈망한다.

강하고 건강한 자신감을 갖고 있는 사람들은 더 정확하게 자기 자신을 평가한다. 그들은 자신의 능력을 아주 잘 알고 있다. 그래서 자신의 재능뿐만 아니라 자신의 결점까지도 받아들일 수 있다. 건강한 자신감을 가지고 있는 사람은 자기 능력과 능력의 한계를 잘 알고 있다. 하지만 자신의 모든 특성을 인정하고 받아들여 자기를 키울 영양

분으로 삼는다. 그들은 그것을 조건 없이 받아들인다. 그리고 아주 현실적으로 받아들인다.

힘을 얻으면 환경을 지배할 수 있다

어린 아이들은 자기 느낌을 논리적으로 설명할 수 없다. 그런데 엄마에게 거부당하면 설득을 할 수 없어서 불안을 느끼게 된다. 아이는 엄마에게 전적으로 의지해야 생존할 수 있기 때문에 아이와 엄마의 관계는 매우 중요하다.

육체적으로 필요한 것을 엄마에게 얻을 뿐만 아니라 안전도 보장을 받는다. 그래서 엄마의 미소에 적극적으로 반응한다. 표정을 찡그리면 긴장하고 불안해한다. 아이에게는 엄마가 전부다. 만족감을 얻고 정서적인 안정감을 얻는다. 자부심은 여기서 생겨난다.

정상적인 자신감을 발달시켜야 할 아이가 신경증을 보이는 것은 열등감과 실망의 표현이다. 모든 신체적 정신적 태도는 힘에 대한 갈망에서 나온다. 그 울타리 안에서 완벽함과 무오류라는 이상적 상태를 실행하려고 한다.

이런 이상의 실행이 좌절되면 그는 다른 형태의 만족을 구한다. 열등감을 극복하기 위해 자신의 환경을 지배하고 조절하려고 한다. 이것은 그의 가족이 될 수도 있다. 자신이 속한 조직이 될 수도 있다. 과외활동, 모임, 사회가 될 수도 있다.

역사상의 위대한 사람들은 육체적인 핸디캡을 가지고 있는 경우가 많다. 공격적이지 않은 사람들은 그것 때문에 정신적으로 위축된다. 이 신체적 열등감은 신체 기형이나 불구뿐만이 아니라 언어 능력의 결함, 정상 크기에 비해 왜소한 신체, 건강하지 못한 몸의 상태 등을 모두 포함한다.

그런 사람이라면 금방 떠오른다. 나폴레옹, 루스벨트, 빌헬름 황제 등이다. 그들은 모두 건강이 나빴다. 그들은 모두 '힘에 대한 의지'로 열등감을 보충했다. 이것이 사람을 열등감과 연약함에서 구해내는 수단이다. 그렇게 되면 자신이 환경을 지배하고 있다는 생각을 가질 수 있게 된다. 그러므로 그들은 더 이상 무력하거나 약하거나 열등하지 않다.

태어날 때 팔이 하나인 여성이 있다. 어머니는 어렸을 때부터 부드럽지만 확고하게 말했다. 누구에게도 절대로 열등감 느끼지 말라고. 다른 사람이 할 수 있는 건 뭐든지 할 수 있다고. 어머니는 그 아이에게 특별대우를 하지 않았다. 아이는 자기가 해야 할 일은 자기 손으로 하면서 자랐다. 아이는 누가 자신을 특별대우 해주기를 바라지 않게 되었다. 자신을 불쌍하게 여기는 짓은 하면 안 되었다. 한 번도 그런 생각을 가져보지도 않았다. 육체적으로 정상이 아니라는 것은 안다. 하지만 어떤 의미에서도 자신이 부족하다고는 생각하지 않는다. 아이는 완벽하게 정상적인 생활을 할 수 있게 되었다.

그녀는 신체적 경함에도 불구하고 환경을 지배할 수 있게 되었다. 하지만 이런 경우에 바보 취급을 당하는 아이들이 많다. 주변에서 다른 사람과 비교하면서 자신이 모자란 사람이라는 것을 끊임없이 확인해준다. "성적을 보면 동생보다 머리가 나쁘다는 걸 알지? 그러니까 뭔가를 이루려면 성격이 더 좋아야 해." "미인대회에 나갈 수 없다는 걸 알지? 그러니까 성공하려면 인간성이 더 좋아야 해." "성질이 그래서야 누가 너를 좋아하겠니? 그러니까 공손하게 굴어야 해." 이런 식으로 '너는 부족한 사람이야.'라는 말을 수천 가지 다양한 표현으로 알려준다. 이런 아이들은 어머니나 교사들이 자신을 인정해주기를 바란다. 그런데 열등감은 바로 이런 사람들이 심어 준다. 아이는 조건의 울타리에 갇혀 끝내 환경을 지배하지 못한다.

공격적인 사람들은 부족함(결함)에 대한 보상을 찾는다. 잘 되면 그들은 뛰어난 성과를 이룬다. 그러나 힘을 얻으려는 시도가 좌절되면 적대적으로 변한다. 냉소적인 성격에서 가학적인 성격까지 변신의 스펙트럼은 다양하다. 공격성이 잠재되면 피학성이 된다. 무의식 중에 자신을 벌하는데 이때 몸이 아프거나 쇠약해진다. 하지만 무의식 중에 일어나기 때문에 본인도 신체 변화의 원인을 의식하지 못한다. 우리 결정과 선택의 85~90%는 무의식 중에 이뤄지기 때문에 우리는 자신의 신경증이 어디서 오는 것인지 모른다.

1. 자신감을 갖기 위해서는 어릴 때 사랑받고 확신을 얻어야 한다. 부모들이 아이를 사랑해줘야 한다. 부모들은 자기 자신은 물론 상대방을 서로 사랑해야 한다. 아이는 이런 부모로부터 사랑을 받아야 한다. 그래야 자신감을 가질 수 있다.

2. 자신감은 모르는 사이에 조금씩 부모로부터 아이에게 스며들어야 한다. 아이들은 부모를 보고 모방하면서 조금씩 자신감이 몸에 배게 된다. 아이들은 따뜻하고 정이 있는 부모로부터 자신감을 얻는다.

3. 혼자의 힘으로 어떤 일을 이루면 그 과정을 통해 자신감을 얻게 된다. 자신을 인정하지 않는 사람은 혼자 힘으로 가치 있는 목표를 달성하게 되면 긍정적인 자기 이미지가 생긴다.

그런데 목표 달성에 성공하는 일은 그리 쉽지 않다. 그것은 끝이 없는 과제이기 때문이다. 수십 개의 자격증을 따서 사무실 벽에 걸어두면 그것으로 어느 정도 자신의 수준을 증명할 수 있을 것이다. 하지만 그게 좋다는 생각이 들면 앞으로 더욱 많은 자격증을 따려고 덤비게 될 것이다. 그런데 시간은 유한하고 자격증의 종류에는 한계가 없다.

그런 증명이 필요한 것은 어렸을 때에 사랑받지 못하고 확신 받지 못했기 때문일 수 있다. 그렇게 되면 다음과 같은 결과가 나온다.

1. 사람들을 피하고 성격이 소극적으로 위축된다.

2. 사람들에게 적대적이 되거나 속이게 된다.

3. 인생을 긍정적으로 받아들여 사람들에게 사랑과 우정을 주게 된다.

맨 나중의 경우가 가장 바람직하고 가치 있는 선택이라는 것을 알 수 있다. 공격적인 성격에 말이 거칠고 음담패설을 잘 하는 사람들은 속에서 분노가 들끓고 있는 사람들이다. 인생이 순탄치 않아서 늘 분노하고 있는 사람들이다.

여기서는 우선순위가 중요하다. 내 인생에서 지금 가장 절실하게 먼저 해야 할 일이 무엇인가. 여러 가지가 있을 수 있다. 그러나 한 번에 한 가지씩 해야 한다. 하나에 초점을 집중해야 한다. 한 번에 문제 하나씩 해결해 나가야 한다. 우선순위가 뭔가. 이것이 중요하다. 제일 먼저 해야 할 일을 찾아 그것의 해결에 집중해야 한다. 빨리 해결책이 생각나지 않으면 그 문제를 염두에 두고 더 쉽게 해결할 수 있는 다른 문제를 꺼내서 생각해볼 수 있다. 그때는 편의상 우선순위를 잠깐 바꾸는 것이다.

한 걸음씩 전진하면 자신감이 쌓인다

성공한 사람들을 보면 인생이 어렵지 않다는 느낌을 받게 된다. 물어보면 각자의 이야기는 다 다르다. 어떤 사람은 특별히 타고난 재주가 있었지만 대부분의 사람들은 목표를 달성하기 위해 엄청난 고생을 해야 한다.

그러나 재주가 있어도 알지 못해 처음부터 엄청나게 고생한 사람들도 많다. 누구나 처음에는 소외감, 열등감에 고통을 받는다. 아주 어려운 상황을 견뎌내야 한다. 자신감이 있더라도 누구나 일정 부분 자기 불신에 시달린다.

한 번에 한 걸음씩만 전진해야 한다. 하나의 목표를 설정해야 한다. 이런 식으로 전진하면 하나씩 성공할 때마다 용기와 자신감을 얻게 된다. 하나를 달성하고 나서 다시 또 하나를 선택한다.

누구나 재주와 재능은 가지고 있다. 최소한의 성공을 이룰 아주 작은 재주라도 갖고 있다. 꽃시장에 아름다운 꽃을 키워 내놓는다든지, 빵을 맛있게 만든다든지, 동전이나 그릇 등의 작은 물건 모으기에 소질이 있다든지 등등 각자 재주는 없을 수가 없다. 이런 것들은 하나하나 나름대로의 의미가 크다. 계속하면 성공한다. 성공은 성공을 부르고 자신감을 부른다.

뽐내거나 허풍떨지 말고 침착하게 대응해야 한다. 자기 능력을 감출 필요는 없지만 너무 내세워도 안 된다. 최선을 다할 수 없다면 최소한 진지하게 시도해야 한다.

주위에 아픈 사람이 있으면 정기적으로 방문한다. 작은 선물을 마련한다. 그리고 그들의 이야기를 듣고 질문한다. 그들이 관심 갖고 있는 일들을 이야기해달라고 요청한다. 진정한 관심을 갖고 그 이야기들을 들어주면 그들에게 의미 있는 인간이 되고 많은 것을 얻게 된다. '받는 것보다 주는 것이 더 행복하다.'라는 예수의 말과 같다. 받는 사람보다 주는 사람이 더 큰 것을 얻는다.

피를 줄 수도 있다. 어떤 식으로든 주면 더 많은 것을 받을 수 있다. 한두 달에 한 번 정도 가족들이 순서를 정해 한 사람씩 헌혈하는 것이 좋다. 누군가를 위해 아주 좋은 일을 하는 것이다.

신뢰를 얻기 위한 일을 할 수도 있다. 사회단체의 자원 봉사 같은 일들이다. 대단한 일을 할 필요는 없다. 자신이 할 수 있는 가장 단순하고 간단한 일을 하는 것이다. 그래도 주는 마음은 기쁘다. 기분이 좋다. 기회가 있을 때마다 참여한다. 자신도 누군가에게 줄 수 있다는 것은 자신감 회복에 엄청난 효과가 있다.

자신의 장점을 자주 확인한다

자신감이 없고 열등감이 느껴지면 이런 연습을 해보는 것이 좋다. 자신의 장점을 모두 적어본다. 육체적, 정신적, 사회적, 영적 등등 장점이라면 뭐든지 좋다. 그런데 장점을 생각하려고 하면 먼저 약점부터 떠오를 것이다. 그러나 장점만 적어야 한다.

붙임성 있다, 꿈이 크다, 호감을 준다, 능력 있다, 긍정적이다. 감사할 줄 안다, 열정적이다, 조심성이 많다, 등등 매일 리스트에 생각나는 대로 추가한다.

나중에 시간이 지난 다음 그걸 들여다보면 놀랄 것이다. 나에게 이렇게 좋은 점들이 많이 있다니. 그런 리스트 작성만으로도 자신감을 찾는 좋은 계기가 되므로 꼭 해볼 필요가 있다.

때때로 들여다보면 약점이나 결점을 생각하는 것보다 훨씬 더 많은 힘을 얻게 된다. 자기 자신에 대해 많은 것을 알게 된다. 늘 실수와 잘못만 저지르는 자신을 책망하다가 진정한 자신을 보고 박수를 치고 신께 감사하게 된다.

다른 제안도 있다. 자신감이 낮다면 이렇게 생각해보자.

"나는 사소한 인간이 아니다. 단순한 점이 아니다. 우주의 구석에 있는 작은 행성 지구에 살고 있는 70억 인간 중의 한 명이다. 나는 신의 일부분이다. 그러므로 나는 바로 신이다. 나는 대단한 존재다. 내 안에는 신이 만드신 영혼이 담겨 있다. 나는 신의 자녀. 신에게는 누구보다도 가치 있는 존재다. 나는 여기서 살아갈 권리가 있다."

이 말을 반복해서 소리 내어 읽어보자. 그러면 세상 어떤 권세가나 왕보다 자신이 훨씬 가치 있는 인간이라는 것이 느껴질 것이다. 세상의 성공한 사람들은 일시적인 성공을 누리겠지만 나의 가치는 영원한 것이다. 소리 내어 읽어보면 그것을 확신할 수 있다. 마음속에 이것을 늘 간직하고 살아야 한다. 창조적 상상력 발동도 함께.

자기 계발이 자신감을 키운다

늘 새로운 지식과 정보를 깨우치며 사는 사람이 되어야 한다. 누구나 깨우칠 수 있다. 뭐든지 새로운 정보가 있으면 받아들여 알고 있어야 한다. 도서관이야말로 보물창고다. 지식을 넓히고 싶은 사람에게는 이곳만큼 좋은 곳이 없다. 지식은 얼마든지 과식해도 문제가 없다. 수많은 정보들을 공식적으로 훔쳐올 수 있는 곳이다. 어떤 문제에 대해서도 많은 정보들을 얻을 수 있는 곳이다.

자신에게 관심 가는 주제를 골라서 접근하는 것이 좋다. 고대 이집트 파라오의 생활, 중국 제자백가의 사상, 힌두교의 신들, 중동의 고고학 발굴 성과, 로마 역사, 르네상스 시대의 건축물 등등 잊어버렸던 기억을 다시 살릴 수 있다. 자동차에 대한 전문가가 될 수도 있다. 19세기 의상, 초기 미국 사회의 요리, 개와 고양이 기르기, 뭐든지 가능하다. 관심 있는 주제를 골라 공부하면 전문가가 될 수 있다.

이런 주제들은 대화를 할 때에 매우 유용하게 사용된다. 그러나 뭐좀 안다고 너무 설쳐서 사람들의 기가 질리게 만들면 안 된다. 친구가자기 개에 대해 말하면 이집트 공부를 한 당신은 이집트의 개와 고양이에 대해 말할 수 있다. 도서관은 아주 유용하다. 우리를 해방시켜주는 '감옥'이다.

지식이 많다는 것도 열등감에서 자연스럽게 탈출할 수 있는 좋은 방법이다. 그러나 꾸준히 노력해야 한다. 사람들이 갖고 있는 주제는 매우 다양하기 때문이다. 한 주제에 대해 방대한 정보를 얻으면 관련된 일에 대해 정보의 저수지를 갖게 될 것이다.

힘들어도 노력해볼 일이다. 사회생활에 도움이 되지 않더라도 자기계발에 힘써야 한다. 다른 사람이 당신을 의미 있는 대상으로 생각하도록 만들어야 한다.

질문을 거듭하면 자신감이 생긴다

우리가 개발해야 할 또 다른 능력은 질문하는 능력이다. 단순한 질문만으로도 우리는 대화를 아주 잘하는 사람이 될 수 있다. 따지는 질문을 할 필요는 없다. 그러나 "제주도에서 자랐군요. 그곳은 어떤 곳이에요? 이야기 좀 해주세요. 저는 전혀 모르거든요." 이런 정도의 질문이면 충분하다. 그리고 듣기만 하면 된다.

눈길을 다른 데 주면 안 된다. 진심이 아니라는 의심을 받게 된다. 지루할 수도 있지만 관심 있는 이야기가 나올 때까지 참아야 한다. 속이는 것은 아니다. 조명을 내가 받는 게 아니라 상대가 받도록 만들려는 것이다. 그리고 자신을 덜 의식하려는 것이다. 대화를 잘하는 사람은 질문을 잘하는 사람이다. 대화를 잘하는 사람은 말하기보다는 듣기를 잘하는 사람이다. 그때에는 열등감이란 없다. 그저 상대의 가치를 적절하게 평가해주는 시간일 따름이다.

다른 사람을 중요한 사람이라고 느끼게 만드는 것은 교활한 행위가 아니다. 접촉의 방식일 따름이다. 사람들과 적극적으로 관계를 맺는 효과적인 장치일 뿐이다. 연습하면 잘 할 수 있다. 그러면 대화 자리에서도 편해진다. 질문만 적절하게 던지면 되니까. 잘 들어주기만 하면 되니까. 내가 할 일은 별로 없다. 언제 질문할지 타이밍을 맞추는 일만 남았다.

사람들이 나에게 관심을 보여주면 좋겠다고 바랄 수도 있다. 관심을 받으면 기분이 좋아질 것 같다. 하지만 그런 생각은 하지 않는 게 낫다. 다른 사람이 스스로를 가치 있다고 깨닫게 만드는 것이 우리의 목표다. 그러면 인간관계에서 성공하는 것이다.

그런데 꼭 하지 말아야 할 질문들이 있다. 이런 질문들은 최악의 질문이다. 차라리 하지 않는 게 낫다.

1. 부탁 좀 하려는데 거절하지 마세요?
2. 그거 증명할 만한 통계가 있어요?
3. 그 말을 나더러 믿으리라는 거요?
4. 정말 유머 감각 꽝이시네요?
5. 저를 기억 못하시네요, 그렇죠?

6. 잠깐, 잠깐, 좀 기다려주시겠어요?

7. 지금 뭐가 문제라는 거예요?

8. 졸려 보이는데 괜찮으세요?

9. 그래서 어쨌다는 건데요?

10. 그거 유치하지 않아요?

질문 내용을 보면 모두 상대를 무시하는 것들이다.

자신감 있는 사람은 겸손하다

자신에 대한 이야기에는 뭐든지 냉소적인 태도로 반응하는 사람이 있다. 대개는 자신이 그런 식으로 대응한다는 걸 느끼지 못하고 있다.

새로운 아이디어가 나오면 늘 의심의 눈초리로 바라보는 사람들이 있다. 불안한 사람들은 늘 새로운 아이디어에 대해서는 "진행하기 전에 전문가와 상의해보는 게 좋을 거야."라는 식으로 말한다. 현명한 사람은 상대가 내보내는 무의식적인 메시지를 집어낼 수 있다.

불행하게도 우리는 정직한 비판에 구제받기보다는 정직하지 않은 칭찬에 망하는 수가 많다. 비판은 받아들이기 힘들어도 칭찬은 얼마든지 좋아한다. 믿을 만한 친구가 있다면 자신이 어떤 일에 반응할 때 어떤 느낌을 받는지 물어보는 게 좋다. 좋은 이야기를 듣자는 게 아니라 명확하게 자기 자신에 대해 물어봐야 한다. 무의식 중에 자신이 어떤 식으로 표현하고 있는지 알고 있어야 한다.

고집이 세거나 따지기 좋아하는 사람보다 더 예절에 어긋나는 사람은 없다. 겸손은 인간관계에 필요한 덕성이다. 위축되거나 자기를 내세우지 않는 태도가 아니라 허세부리지 않는 태도이다.

자신감 있는 사람은 겸손하다. 겸손한 사람 중에는 열등감 있는 사람이 없다. 그런 면에서 자신감은 허세와는 전혀 다르다.

미국의 정치가 벤저민 프랭클린은 위트와 경구를 재미있게 구사했던 사람으로 유명하지만, 당시의 사람들에게는 독립전쟁 동안에 프랑스의 지지를 얻어낸 외교관 역할로 잘 알려져 있었다.

그는 프랑스 대사였는데 늘 말을 아끼면서 겸손한 태도를 유지해 누구에게나 대단한 호감을 샀다. 토론을 할 때에도 자기 주장을 이렇게 말하는 편이었다. "내가 틀렸을 수도 있다. 하지만 내가 보기에는 이것이 이 문제에 대한 가능한 해결책인 것 같다."

그는 결코 자신만만한 태도를 보이지 않았다. 똑똑한 척도 하지 않았다. 온화한 태도 밑에 자신감을 숨겼다. 평생 이런 대화법을 통해 그는 적을 만들지도 않았고 어려운 일들을 쉽게 이룰 수 있었다. 사실 속으로는 결과를 예상하고 늘 자신만만했었다.

관점을 바꾸면 모든 것이 바뀐다

어쩔 수 없다면 편하게 받아들인다

인간 사회에서는 남과 다르면 따돌림을 당하게 되어 있다. 적자생존의 법칙인지도 모른다. 그러나 전혀 흠이라고 생각할 수 없는 개인적인 특성들도 따돌림의 대상이 된다. 남과 다르다는 것은 집단생활을 하는 사회에서는 그것만으로도 흠이 된다.

평균보다 키가 크거나 작으면 누구나 그걸 심각하게 걱정한다. 그리고 그걸 해결할 방법을 찾는다. 여자들은 키가 너무 크면 걱정이 된다. 남자보다 큰 여자는 여성적이지 않아서 별로 매력적으로 보이지 않을 거라고 생각한다. 반대로 남자들은 키가 작으면 고민을 한다. 그들은 평균치보다 큰 키를 원한다. 키가 커야 남성적으로 보일 거라고 생각한다.

하지만 매력적인 여성들은 평균치보다는 키가 크다. 대부분의 남성적인 남자들은 평균치보다는 키가 작다. 일반적인 생각과 현실은 다르다. 키가 큰 여성들 중에도 매력적인 여성이 있고 키가 작은 여성들 중에도 매력적인 여성들이 있다.

키가 작은 남자들 중에도 남성적인 남자들이 있고 키가 큰 남자들 중에도 남성적인 남자들이 있다. 그것 자체로는 남성성/여성성의 판단 기준이 될 수 없다. 어쨌든 키라는 것은 일단 다 자란 다음에는 어떻게 해볼 도리가 없다. 우리가 할 수 있는 일은 크면 큰 대로 작으면 작은 대로 그것을 인정하고 받아들이는 것뿐이다.

열등감에 반응하는 모습은 여러 가지이다. 물론 그 중에는 옳은 것도 있지만 그른 게 많다. 그것은 키에 대해 우리가 보이는 반응과 유사하다. 키가 평균치보다 더 커도 열등감을 느끼고 더 작아도 열등감을 느낀다. 몸매가 평균치보다 더 뚱뚱해도 열등감을 느끼고 더 말랐어도 열등감을 느낀다.

하지만 극단적인 경우가 아니라면 이런 걸 걱정하는 것은 어리석은 일이다. 다이어트가 어떤 때는 열등감 해소에 확실히 효과가 있다. 하지만 다이어트와 상관없이 자기 몸에 대한 올바른 마음 자세가 필요하다. 정확히 평균 몸매를 유지하며 평생을 살기는 무척 어렵다. 어른이 되고 나이를 먹으면서 몸은 끊임없이 변한다. 그리고 평균치의 몸매라는 것이 모든 사람의 신체 비율에 맞는 것은 아니다.

요즘에는 왼손잡이에 크게 신경 쓰지 않는다. 그러나 한 세대 전만해도 아이가 왼손잡이이면 부모들은 그걸 고쳐주기 위해서 무척 노력을 했다. 왼손잡이는 뭔가 정상이 아닌 '다른 사람'이라는 느낌을 주기 때문이다. 오른손잡이 중심으로 디자인된 세상에서 왼손잡이로 사는 것은 일종의 결함이라고 본 것이다.

필요한 것이 마음 자세이며 정신적인 적응이다. 주위를 둘러보면 의

외로 왼손잡이들이 적지 않지만 그들은 오히려 왼손잡이라는 걸 독특한 특징으로 여기고 자랑스럽게 생각한다. 왼손을 오른손처럼 자유자재로 쓸 수 있다니 얼마나 편리한가. 이런 자세라면 열등감이 비집고 들어올 틈이 없다. 이것이 열등감을 이기는 방법이다.

이런 식의 관점의 전환은 어디에나 적용될 수 있다. 우리 주변에는 아주 작은 결함 때문에 엄청난 열등감을 느끼는 사람들이 많다. 눈이 작다, 코가 크다, 턱이 나왔다, 다리가 휘었다, 주근깨가 있다, 머리가 곱슬하다, 등등의 사소한 것에도 열등감을 느끼고 주눅이 든다. 어떤 특징들은 결점일 수도 있지만 달리 보면 매력일 수도 있다. 개성이라고 생각하면 그만이다.

신체적 결함은 얼마든지 이겨낼 수 있다

열등감을 가장 자주 일으키는 원인은 딱 한 단어로 표현할 수 있다. '못생겼음.' 키가 작든, 턱이 나왔든, 다리가 휘었든, 몸이 뚱뚱하든, 모두가 전통적 기준에 비춰보아 잘 생겼다고 할 수 있는 기준에서 벗어났기 때문에 수많은 남녀들이 열등감을 느낀다. 그들은 그것을 벌충하기 위해 극단적인 상태로까지 나아간다.

어떤 육체적 결함들은 의사가 고칠 수 있다. 피부 색깔이 안 좋다, 머리칼이 푸석하다, 눈이 나쁘다, 땀을 많이 흘린다, 등등의 증상은 의사들이 고칠 수 있는 것들이다. 고칠 수 있는 결함들은 치료 방법을 찾아봐야 한다. 교정이 되면 열등감을 느끼지 않을 수 있기 때문이다. 지금은 의학 기술이 엄청 발달했다. 이전에는 고칠 수 없었던 신체의 결함들도 이제는 웬만하면 해결할 수 있다. 치료한 뒤에는 열등감이 완전히 사라지는 놀라운 결과를 보이기도 한다.

성형 수술의 경우에는 거의 기적적인 결과를 보이기도 한다. 화상 환자의 경우가 특히 그렇다. 죽고 싶다던 환자들이 낙관적으로 변해 열정적으로 살아갈 희망을 갖게 된다. 오늘날에는 단순히 예쁘게 보이고 싶은 미용 목적의 성형 수술이 사람들의 삶에 놀라운 영향을 주기도 한다. 미용 성형 수술은 의료용이 아니라 열등감을 제거하는 심리 치료용 수술이라고 할 수 있다. 외모를 약간 바꿔놓는 것으로 상당한 효과를 거둔다.

미용 성형 수술에 대해서 페미니스트들은 강력하게 반대한다. 여성의 몸을 상품화하는 측면이 있기 때문이다. 그러나 긍정적으로 생각하면 반대 결론을 얻을 수 있다. 간단한 수술 하나만으로 마음의 상처가 치유되어 열등감을 이겨내고 자신 있게 생활할 수 있다면 눈이건 코건 성형 수술을 받는 것이 낫다. 단지 허영심 때문에 하는 불필요한 수술이 많아지는 행태는 비판받아 마땅하다.

열등감의 원인이 무엇이든지 성공과 행복을 달성하려는 노력을 멈춰서는 안 된다. 신체적 결함도 얼마든지 이겨낼 수 있다. 하지만 실제로 본인들은 그것을 쉽게 믿지 않는다. 대개는 '난 그렇게 태어난 인간이야.' 하면서 포기하고 산다. 그들에게는 모범이 될 만한 이야기가 있다.

모리스 굿맨은 미국의 사업가다. '기적의 사나이'로 알려져 있다. 그는 비행기 사고를 당해 목이 두 군데나 부러졌다. 사고가 나서 병원으로 옮겨졌을 때 의사는 며칠밖에 살 수 없다고 말했다. 겨우 살아났지만 기계의 도움이 없이는 숨을 쉴 수도 없었다. 먹을 수도 없었고 걷거나 말을 할 수도 없었다. 회복이 불가능하다고 했다. 그러나 그는 의사의 부정적인 말을 거부했다. 회복되지 않는다는 말을 믿지 않았다. 전문가의 도움을 받으며 몇 달을 버텨냈다. 굳은 의지 때문인지 그는 서서히 회복되었다. 그러면서 횡격막을 사용하지 않고 숨을 쉴 수 있는 방법을 스스로 터득했다. 신경이 손상을 당해 횡격막을 움직일 수 없어 기계의 도움 없이는 숨을 쉴 수 없는 상태였다. 그 다음에는 혼자 걷는 법과 말하는 법을 배웠다. 회복 불능 상태라는 사실을 받아들이라는 의사의 말은 무시했다. 그는 헨리 포드가 한 말을 잊지 않았다. "할 수 있다고 생각하면 그게 맞는 거고, 할 수 없다고 생각하면 그게 맞는 거라네!"

허먼은 팔이 없는 소년이다. 발가락을 이용해 글 쓰는 법을 배웠다.

바이올린을 비롯한 몇 개의 악기까지 연주할 수 있게 되었다. 혼자 옷을 입을 수 있었고 수영은 대단히 잘 했다. 혼자 전 세계를 여행했다.

아인슈타인은 세 살이 되도록 말을 못 했다. 어른이 되어서도 단어가 생각나지 않아 말 하는 게 무척 힘들었다. 학교 공부는 몹시 어려웠다. 글로 자기 생각을 표현하는 것도 제대로 할 수 없었다. 다들 알다시피 나중에 그는 위대한 과학자가 되었다.

조지 워싱턴은 학교에 다녀본 적이 없다. 아버지와 형에게 간간히 배운 정도였다. 어른이 되어서도 글을 쓸 줄 몰랐고 문법은 거의 몰랐다. 그의 형은 그를 쓸모없는 놈이라고 생각했다. 나중에 그는 위대한 미국인이 되었고 국가를 위해 대단한 업적을 이루었다. 미국의 기초를 이루었다고 해서 그를 건국의 아버지라고 불렀다.

존 밀턴은 43세에 눈이 멀었다. 정치적인 문제로 잠시 투옥되기까지 했다. 그러나 하던 일을 멈추지 않았다. 딸들의 도움을 받아 자신이 읊는 시를 기록하게 했다. 그렇게 태어난 것이 유명한 작품 '실낙원'이다.

이런 사람들이 했던 일들을 보며 우리는 감동한다. 신체적 결함이 없다는 것만으로도 조건이 엄청나게 좋다는 것을 알 수 있다. 결함이 결코 장애가 될 수 없다는 사실을 이런 이야기들에서 확인할 수 있다.

우월감으로는 열등감을 치유할 수 없다

우월감은 내가 다른 사람보다 낫다는 느낌이다. 열등감을 극복하기 위한 가장 일반적인 기술은 스스로를 우월하다고 느끼게 만드는 것이다. 이것은 열등감을 극복하는 해결책인 것처럼 보인다. 그러나 그것으로는 열등감을 완전하게 극복할 수 없다. 우월감보다는 긍정적인 자기 이미지를 발전시켜야 한다. 부정적인 자아상이 마음속으로 들어오지 못하게 막을 필요가 있다. 다른 방법으로는 불가능하다.

우월감으로 열등감을 극복하려는 시도는 늘 실패한다. 많은 사람들이 이런 해결책은 커다란 상처를 일시적으로 덮어주는 반창고일 뿐이라는 걸 이해하지 못한다. 자신들이 여전히 열등감을 느끼고 있다는 것을 알려면 중대한 우월감을 경험해보아야 한다. 단숨에 백만 달러를 버는 일이나 굉장한 이성에게 인기를 얻는 일과 같이 압도적인 감정을 몰아오는 것이 중대한 우월감이다.

열등감을 해결하기 위한 일시적 반창고는 일시적으로 우월한 느낌을 준다. 그러면 똑같은 함정에 빠지게 된다. 열등감을 극복하기 위해서 우월해지려고 하면 결국 더 심한 좌절과 열등감을 맛볼 뿐이다. 열등할 때 자신을 판단한 잣대는 잘못된 기준이다. 우월감을 느끼고 있다면 여전히 잘못된 잣대로 자신을 재고 있는 것이다.

자신이 우월하다고 생각하면, 그것을 증명하기 위해 끊임없이 다른 사람들로부터 확인을 받으려고 한다. 관심을 끌어 모으는 사람이 되게 마련이다. 무시당하고 자리에서 밀려나게 되면 우월감의 연단 위로 다시 올라가려고 한다. 그 방법은 다른 사람을 끌어내리고 자신을 끌어올리는 행위다. 그러나 그런 연단은 존재하지 않는다.

우월감이라는 것이 실제로 존재하는 것일까? 존재하기는 하겠지만 우월감을 설명할 수 있는 것은 열등감밖에 없다.

'세상에서 가장 아름다운 여자'는 늘 더 매력적인 사람이 나타나지 않을까 하는 두려움을 안고 산다. '백설공주'에 나오는 계모 왕비처럼 자주 거울에게 물어야 한다. "거울아, 거울아, 세상에서 누가 제일 예쁘니?" 이런 여성은 극도로 불안한 상태다. 한편으로는 잘났다고 생각하지만 한편으로는 보잘 것 없다고 생각한다. 우월감과 열등감을 동시에 갖고 있는 복잡한 정서다.

우월감과 열등감은 동전의 양면이다. 자신이 세상에서 가장 잘났다고 생각하는 여성도, 열등감에 시달리는 여성도, 결국 자존감과 관련된 장애를 앓고 있는 것이다. 우월감에 빠진 여성은 언제든지 열등감으로 추락할 수 있다.

이들은 자신을 올바르게 평가하지 못한다. 자기가 못나고 약하고 보잘것없고 매력 없다고 생각하지만 그걸 인정하기는 죽기보다 싫다. 그런 열등감에 대한 반발 심리가 극단적 우월감으로 돌변한다. 외모에 신경 쓰고, 일에 성공하기 위해 노력하고, 얌전하고 유순한 척하면서 사람들을 속인다.

우월감을 지니려면 끊임없이 사람들의 칭찬을 들어야 한다. 그러나 사람들의 칭찬은 외모, 능력, 지성, 재능을 칭찬하는 것이지 그 사람 자체를 말하는 것은 아니다. 칭찬이 줄어들면 자존심은 무너지고 우울증이 고개를 든다. 극단적인 열등감과 절망감에 빠진다. 그래서 모든 것을 가지려고 끊임없이 발버둥을 친다.

자기를 만족시켜주는 칭찬과 인정이 없으면 극심한 절망감에 빠진다. 병에 걸려도, 나이가 들어도, 자녀가 독립해도, 실연이나 이혼을 해도, 직장에서 실패해도, 남들이 비판을 해도, 사소한 거절만 당해도, 극심한 절망에 빠진다.

이런 여성들에게는 사회적 성공이 중요하다. 필사적으로 노력한다. 주목 받기 위한 것이다. 보통 수준이 아니라 탁월한 수준이 되어야 한다. 특별한 존재가 되어야 사랑을 받을 수 있다. 외모도 중요하다. 몸무게 몇 백 그램 때문에 하루 종일 우울해하기도 한다.

한 인간의 자존감은 자기애와 관련 있다. 건강한 자기애는 자신을 올바르게 평가한다. 자기 장점을 알고 자기 한계도 인정한다. 그러나 자기 밖에 모르는 자기중심적 자기애는 불안하다. 약간의 상처만 받아도 무너진다. 자존감이 외부 요인에 조종되기 때문이다.

우월감은 열등감의 다른 모습일 수 있다

일을 할 때에나 평소에나 호통과 고함을 치는 사람들이 있다. 그것은 우월감의 표시가 아 아니라 자기 자신을 설득하는 행동이다. 스스로 느끼고 있는 것보다는 열등하지 않다고 자신을 설득하고 그것을 남들에게 표현하고 싶은 것이다. 우월하다는 표현이지만 실제로는 심각한 열등감의 표현이다.

훌륭한 일을 해낸 사람들의 노력을 비난하기 좋아하는 사람들이 있다. 그것 역시 자신이 가치 없다는 생각에서 벗어나기 위해 그들의 가치를 비웃는 것이다. 남의 기준을 낮춰서 자신의 평가를 높이려는 시도일 뿐이다. 그들은 자신이 올라가는 대신에 다른 사람들을 자신의 높이까지 끌어내린다. 자신은 우월감을 느낄지 몰라도 변하는 것은 없다. 그것으로 열등감이 사라지지 않는다.

자기 자신을 향상시키지 않고 다른 사람을 끌어내리는 것은 열등감을 악화시키는 지름길이다. 자신의 열등감을 감추기 위해 이런 방법을 쓰는 사람들이 적지 않다. 노력하지 않고 쉽게 우월감을 얻어 열등감을 덮으려는 행위이다. 문제는 그것이 근거가 전혀 없는 허황된 느낌이라는 점이다. 그가 우월하다고 느껴야 할 사실적인 요소들이 전혀 없다. 깎아내려야 할 상대가 있을 뿐이다.

자기 팀의 최고 선수를 깎아내려서 자기가 그보다 더 낫다는 느낌을 얻을 수는 있다. 이건 아주 쉬운 방법이다. 그러나 그렇게 비판한다고 해서 자신이 더 뛰어난 선수가 되는 것은 아니다. 오히려 다른 사람들이 비판하는 사람의 실력을 다시 생각해보는 계기가 된다.

우월감을 얻을 수 있는 정당한 방법은 없다. 우월감을 얻기 위한 작전들은 모두 다른 사람에게 해를 입히는 것들뿐이다. 다른 사람들을 언짢고 불쾌하게 만든다.

우월감을 느끼고 싶어서 열등감 가진 사람들이 쓰는 방법이 또 있다. 좀 극단적인 경우인데, 자신이 슈퍼맨이나 된 것처럼 보이려고 안달한다. 이건 아직 어린 청소년들이 많이 쓰는 방법이다. 청소년들이 담배를 피우고 술을 먹는 등의 행위는 자신이 어른이 다 됐다는 걸 보여주기 위한 것이다. 여자 아이들은 겉치장에 신경을 쓰는 것들도 같은 이유에서다. 자신이 여자가 다 됐다는 것을 보여주기 위한 것이다.

이런 행동들이 지나치지만 않다면 크게 문제될 것은 없다. 너무 지나치게 빠져들면 해로운 행동이 된다. 스스로를 정직하게 보지 못한다. 그리고 우월감의 울타리가 무너지는 순간 급격하게 열등감에 빠져 허우적대기 시작한다.

열등감을 지나친 우월감으로 가장하여 보완하려는 경우도 있다. 자신을 과시하는 행동으로 '오버 액션'을 취한다. 부족한 자존감을 채우는 것이다.

실의와 낙담에 빠지게 되면 부정적 감정을 끊임없이 양산해낸다. 그리고 부정적 감정에 집착한다. 스스로를 극도로 경멸한다. 이들은 지나친 적응-순응을 통해 인정받으려고 한다. 그래서 아부하고 충성한다. 또는 사회적 성공이나 외모로 보충하려고 한다.

불균형한 인생은 결국 실패한다

우월감을 보여주려고 하는 사람들이 일상에서 가장 일반적으로 사용하는 요소들은 돈, 섹스, 술, 권력 같은 것들이다. 사람들에게 가장 쉽게 영향을 미칠 수 있는 것들이고 가장 쉽게 눈에 띄는 것들이다. 적당하게 쓴다면 전혀 문제되지 않는다. 사람들은 누구나 이런 것들과 접촉을 많이 하면서 살아가기 때문에 생활의 일부분이라고 할 만큼 자연스러운 것들이다. 하지만 어떤 사람들은 그렇게 생각하지 않는다. 개인의 이익을 위해서 남에게 해가 되더라도 상관하지 않고 지나치게 사용한다. 그런 사람들이 추구하는 목적은 사악하다.

부자가 돈 자랑하는 식의 우월감으로 열등감을 해결하려는 것은 문제가 있다. 이 역시 자기 속임수이다. 그 부자는 열등감에 고통 받지 않기 위해 죽을 때까지 계속해서 더 많은 돈을 모아야 한다. 그는 과도한 열등감에 중독되어 몰리고 있을 뿐 그것을 극복한 것이 아니다.

섹스는 또 다른 방식의 자기 속임수다. 이성에게 매력적으로 보이기 위해 자신이 다른 사람들보다 뛰어나다는 것을 증명하려고 엄청 노력하는 사람들이 있다. 이런 사람들은 상대를 정복하는 데에만 관심이 있다. 한 사람에서 다른 사람으로 금방 상대를 바꾼다. 사랑을 한 것이 아니다. 우월감을 느끼기 위해서 상대를 정복했을 뿐이다. 이 정복의 행렬은 끝이 있을 수 없다. 정복하지 않으면 열등감이 해소되지 않으니까 계속 정복해나갈 뿐이다.

또 다른 자기 속임수는 술이다. 이 역시 열등감으로 가는 지름길이다. 알코올이나 마약을 과용하면 우월감이 느껴지기도 한다. 우선 술을 마시면 허세가 생긴다. 용기는 아니다. 다른 하나는 다른 사람들보다 더 많이 마시면 스스로 자신이 강하다는 느낌을 받는다. 하지만 술 마시고 생기는 우월감은 일시적인 것이다. 술이 깨면 마시기 전보다 더 심각한 열등감에 빠진다. 우월감을 되찾기 위해서는 다시 술을 마시고 취하는 것이 가장 빠른 방법이다. 그러므로 영원히 술에서 헤어나지 못하게 된다.

이런 악순환 때문에 과음은 극복하기 힘든 습관이 된다. 특히 열등감에 빠져 허덕이는 사람이 과도하게 술을 마시면 쉽게 이런 지경에 이른다.

술 이외에 동료들을 억누르려고 한다든지 너무 일에 파묻히는 사람들이 있는데 이것도 비슷한 경우이다. 늪에 빠지듯 과도한 상황에 계속 빠져드는 것이다. 그렇지 않으면 열등감을 견딜 수 없기 때문이다.

위에 든 경우는 심각한 열등감을 갖고 있는 사람들이 흔히 쓰는 잘못된 방법이다. 이런 방법으로는 열등감이 치유되지 않을뿐더러 성공과 행복을 얻을 수 없다. 그들은 한 가지 행동애만 집착하고 나머지는 모두 무시해버리기 때문이다.

우리가 성공도 하고 행복도 얻으려면 우리의 모든 특질들이 정상적인 방법으로 모두 잘 발휘되어야 한다. 일, 섹스, 돈, 기타 등등의 한 가지 요소에 집중하고 다른 것들을 다 버리면 노력해봐야 소용이 없다. 균형을 갖추지 못하면 정상적인 생활이 불가능하기 때문에 인생 자체가 내용이 없는 빈껍데기가 되어버린다.

한 가지 일에 집중하는 사람에게는 어떤 일이 벌어질까. 거의 대부분 집중하지 않은 부분에서는 결핍과 불완전이 드러나 아무 것도 하지 못한다. 결국 자신이 선택한 표적도 제대로 맞히지 못할 정도로 정상적인 효과를 보지 못한다.

그래서 이런 사람들은 인생에 흥미를 잃게 된다. 그렇다고 편한 것도 아니다. 그는 정상적으로 사는 사람들보다 훨씬 더 많은 일을 죽어라 해야 한다. 돈에만 집중하는 사람들을 보면 더 많은 돈을 벌기 위해 다른 사람보다 훨씬 많은 일을 죽어라고 해댄다. 그들은 다른 일을 할 시간이 전혀 없다. 결국 그것으로 끝이다.

이런 사람들이 행복할 까닭이 없다. 돈을 아무리 많이 모아도, 또는 다른 것을 아무리 빠르게 열심히 이루어도, 그 어느 것으로도 열등감을 극복할 수는 없다.

열등감을 느끼는 사람은 늘 그렇게 행동한다. 자신의 결점 때문에 보통 사람들보다 덜 매력적이고 효율이 떨어지고 그들과 섞일 수 없게 되었다고 본인이 생각하기 때문이다. 그의 열등감은 소외감이나 외로움에서 나오는 것이다.

어떤 식으로든 그가 우월감을 느끼게 된다면 그 이유 역시 그가 보통 사람과는 다르기 때문일 것이다. 그래서 그가 노력하면 할수록 그는 더 외로워진다.

이런 것들이 부자들의 비극이다. 이런 사람들은 정상적인 사람들이 일상에서 원하는 것이나 필요로 하는 것들을 생각하지 못하기 때문에 삶에 대해 옳은 판단을 내릴 수 없다. 사람은 친구도 있어야 하고 취미도 있어야 하고 봉사나 기부도 해야 하고 아내와 아이들도 있어야 한다. 그러나 그런 사람들은 그런 것들을 모두 잊어버린다. 하지만 그런 것들이야말로 정상적인 성공과 행복의 일부분이다.

사랑을 이해하면 회복이 가능하다

열등감 때문에 사람들과 어울리지 않고 보이지 않는 곳에 숨어 있으려는 사람들은 우월하게 보이려는 사람들과 다를 바가 없다. 말하자면 한 쪽은 약한 버전이고 다른 쪽은 강한 버전일 뿐이다.

자기 코가 밉다고 생각해서 열등감에 빠져 있는 여자는 코에 대한 생각을 늘 지나치게 하게 된다. 그래서 사람들을 만나지 않는 게 더 편하다고 생각한다. 여러 가지 방법으로 사람들 앞에 나서지 않고 숨어 지내려는 시도를 한다. 책이나 읽다가 결국에는 외로운 노처녀가 되는 불행한 결말을 맞는다. 친구도 없이 작은 방에서 홀로 살아간다.

이런 여자들이 극단적으로 반대 방향을 취할 수 있다. 그러면 똑같은 사람이 갑자기 용기가 백배한다. 외모에 대한 열등감을 극복하기 위해 힘을 키우기로 했다면 그녀는 비즈니스에서 대단한 성공을 이루거나 어느 분야의 뛰어난 책임자가 되는 성공을 이룬다.

매니저가 되었다면 더욱 적극적으로 힘을 발휘해야 한다. 남보다 우월해져서 결점을 벌충하고 열등감을 이겨내려고 하면 그녀는 다른 사람을 무시하듯 행동해야 한다.

열등감을 다루는 이런 방법들은 모두 같은 상황으로 끝난다. 그러면 이전보다 더 외로움을 느끼고 더욱 열등감을 느끼게 된다. 일시적으로는 안도감을 준다. 하지만 그런 방식은 사태를 이전보다 더욱 악화시킨다.

우리는 다른 방법, 더 나은 방법으로 우리 자신을 치유할 수 있다. 열등감이 만들어내는 문제들에 대해 총체적으로 대응하는 것이다. 그 방법은 완전히 새로운 태도로 대하는 것이다.

누구나 어렸을 때는 열등감을 갖지만 자라면서 겪게 되는 성공과 실패들은 열등감을 적절히 컨트롤해서 삶에 적응하는 능력에 달려 있다. 정서적으로 균형을 갖추기 위해서는 한계와 능력을 알아야 정상적으로 성장할 수 있다. 열등감에 사로잡혀 있으면 실패만 하고 적응을 못한다. 열등감을 잘 부리면 인생에서 목표를 달성하고 성공할 수 있다. 열등감이 없으면 성공할 수 없다. 그러나 거의 모든 사람들이 열등감 때문에 실패한다.

열등감의 기본적인 심리 치유는 두 가지를 동시에 시행해야 한다. 자신의 감정을 세밀하게 분석해 억눌려 있는 감정의 정체가 무엇 때문인지 깨달아야 한다. 그것을 확실하게 의식하게 되면 "자신을 알아라!" "자신을 안아라!" "자기 생각대로 살아라!"라는 세 가지 표어를 큰소리로 외치면서 스스로에게 자신을 강하게 각인시켜야 한다.

그런 다음에는 자신을 분석해 무능한 점을 깨닫고 인정한다. 가능하면 자신의 무능한 점을 극복해나간다. 만약에 그 결점을 극복할 수 없으면 결점을 잊어버리고 결점이 없는 것처럼 행동한다. 그 대신에 자신의 강점을 최대한 발전시킨다.

심리학에서는 열등감의 기원이 어딘지, 왜 지속되는지를 이해하고, 다른 능력을 개발하여 열등한 부분을 보상해주면 제거하거나 줄일 수 있다고 생각한다.

아이들에 대한 치유는 사랑으로 미리 방지하는 것이 좋다. 어른들에 대한 치유는 사랑에 대한 이해 속에서 발견하는 것이다.

감정은 내 생각대로 조절할 수 있다

인간은 누구나 자신의 감정에 휘둘린다. 감정을 제대로 조절하거나 통제할 수 있는 사람은 드물다. 그래서 나쁜 감정, 불쾌한 감정, 분노 등에 휩싸이면 어쩔 줄 모르게 된다. 그냥 그 감정에 자신을 맡겨버리는 것이다. 그런 감정이 생겨나는 것은 아주 자연스러운 일이고 그것은 어쩔 수 없다고 생각하기 때문이다.

하지만 감정이야말로 자신의 것이다. 내 생각에서 비롯된 것이 나의 감정이다. 어떻게 느끼고 어떻게 반응하는가는 모두 나에게 달려 있다. 내가 결정하는 문제다. 내 느낌과 행동은 100% 내 영역이자 내 책임이다.

화를 내는 것도 '나'고 화를 누르는 것도 '나'다. 생각을 바꾸거나 조절하면 부정적인 감정도 조절할 수 있다. 누군가가 아무리 나를 화나게 하려고 해도 내가 화를 내지 않으면 전혀 화가 나지 않는다. 외부 환경이 아무리 화가 날만한 상황이어도 내가 화를 내지 않으면 화가 날 리 없다.

내 감정은 내 것이고 내가 조종하는 것이다. 이것을 증명할 수 있는 방법은 똑같은 말을 들어도 어떤 사람은 화를 내기도 하고 어떤 사람은 화를 내지 않기도 하는 것을 보면 알 수 있다. 각자에 따라 다르다. 그것은 각자의 생각이 다르기 때문이다. 그러므로 외부의 어떤 요인이 나를 화나게 만든다는 것은 틀린 말이다. 화를 내는 것은 바로 나 자신이다.

어떤 일도 어떤 사람도 나를 화나게 하거나 우울하게 만들 수 없다. 그것은 오로지 나 자신이 그렇게 생각했기 때문에 그렇게 된 것이다. 날씨가 흐려서 기분이 우울하다면 그것은 내가 만든 감정이다. 날씨 때문에 우울해하지 않는 사람도 많지 않은가. 그렇다면 날씨가 사람 을 어쩌지는 못했다는 말이다.

그러면 왜 그렇게 차이가 날까. 그것은 사람마다 각각 경험이 다르 기 때문이다. 사람은 대개 자신의 경험을 바탕으로 현재 상황을 해석 하게 되어 있다. 그것이 바로 각자의 시각이라고 할 수 있다.

사물을 평가하는 방식은 주변의 교육과 자신의 체험에 의해 거의 결정된다. 원래 있던 것은 없다. 잠재의식은 옳고 그른 것이 아니고 그 저 프로그램과 비슷한 것이다. 입력된 정보를 짜놓은 방식에 따라 처 리할 뿐이다.

이걸 인식하는 것은 중요하다. 왜냐 하면 감정이 나빠져서 행동에 문제가 생길 수도 있는 경우에는 이 사태를 개선하기 위해 뭔가를 스 스로 해볼 수 있다는 말이기 때문이다. 생각을 바꾸면 된다. 생각을 바꾸면 감정이 달라진다. 이때 가장 중요한 것은 긍정적인 관점이다. 자기 안에 자리 잡고 있는 잠재의식의 프로그램을 긍정적인 것으로 바꾸면 된다. 부정적인 생각에 사로잡혀 있으면 부정적인 생각만 하게 되고 기분 나쁜 감정만 생기게 된다.

이 사실을 인정하고 스스로 감정을 조절할 수 있게 되면 자신감이 매우 높아진다. 스스로의 가치를 깨닫게 되는 것이다. 그 순간 우리는 열등감이라는 덫에서 풀려난다. 자기 존재에 대해 새롭게 판단하게 되는 것이다. 이것이 인생을 변하게 만드는 힘이다.

화가 날수록 논리적으로 행동한다

부정적인 관점을 긍정적으로 바꾸려면 우선 감정의 원천이 어딘지 알아야 한다. 이때는 소크라테스식의 질문법이 유효하다. 화가 났을 경우 화를 그대로 터뜨리는 것은 어리석은 짓이다. '왜 화가 난 거지?' 라고 스스로에게 물어보아야 한다.

'저 녀석에게 무시당했기 때문이야.'라는 대답이 나올 수 있다. 그러면 '저 친구가 뭘 무시한 거지?' 다시 묻는다. '내 일에 문제가 있다고 흠을 잡았어.' '내 일에 문제가 없었나?' '아니, 조금은 있었지.' '그러면 흠잡은 게 당연한 것 아닌가?' '그래도 그까짓 것에 흠잡을 것까지는 없잖아.' '아무튼 맞는 말이긴 하지만 좀 심했다 이거지?' '그래.' '대수롭지 않게 받아들일 수는 없었나?' '있긴 했지만 그러면 내 체면이 뭐가 되냐고?' '그럼 화를 냈을 때 상대의 체면은 어떻게 되지?' '구겨지겠지.' '그렇다면 마찬가지 입장 아닌가?' '좀 대범하게 받아들일 수도 있었지만 본때를 보여줘야지.' '꼭 그래야 되나?'

이 정도까지 질문과 대답이 진행되면 화를 내게 된 생각의 근원이 어딘지 알게 되고 화를 내지 않아도 되는 일이었다는 걸 깨닫게 된다. 혼자 질문을 해나가도 되고 종이에 조용히 적어봐도 된다.

내 안에 있는 '나의 적'을 먼저 친다

사람은 누구나 자신의 가치를 제대로 인정하기가 몹시 어렵다. 그것은 어려서부터 끊임없이 교육이라는 이름으로 지도를 받아온 탓이다. '지도'라고는 하지만 대부분 꾸중과 핀잔과 규제 속에서 사는 것이 어린 시절의 생활이다. 그것 때문에 우리는 자신이 늘 교정을 받아야 할 문제 있는 아이, 또는 계속 주의를 받아 마땅한 부족한 인간이라고 생각하게 된다.

그런 자기 모습을 고치기는 무척 어렵다. 누구나 자기 자신은 자기가 가장 잘 안다고 생각하기 때문이다. 그래서 자기 생각이 잘못되었을 수도 있다는 생각은 눈곱만큼도 하지 않는다. 그래서 자기는 나쁜 사람 또는 부족한 사람이라는 믿음은 일생동안 변함없이 지속된다.

칭찬은 고래도 춤추게 한다는데 우리는 춤을 추면서 자란 경험이 별로 없다. 그러면서도 자기 자식에게는 또 똑같은 방식으로 자기 비하의 생각들을 주입시켜준다. 불행한 일이 아닐 수 없다. 그런 탓에 이제는 누가 칭찬을 해도 그저 입에 발린 말이라고 생각하게 된다. 자기 자신을 제대로 보지 못하는 것이다.

자기 자신이 별 볼 일 없는 인간이라는 생각은 일생을 두고 끊임없이 스스로에게 암시를 주어서 고질병이 되고 만다. 이 병을 고칠 방법이 있을까. 진지하게 시간을 들여(몇 날 며칠이라도 좋다) 내가 왜 별 볼일 없는 인간인지 그 증거를 적어 내려가보면 된다. 아마 대부분의 우리들은 그 리스트에서 별로 확실한 증거를 발견하지 못할 것이다. 대개는 느낌이나 생각일 뿐 실제 사건이나 어떤 현상은 그리 많지 않다. 있다고 해도 자기 생각에 끼워 맞추기를 했을 뿐 과장된 것이 많다. 또 남과 비교해보면 크게 다르지 않다.

인간이란 비슷비슷하다. 그리고 그것이 정상적인 인간이다. 그럴 듯한 직장이 아니라거나 너무 뚱뚱하다거나 좋은 학교를 나오지 못했다거나 덜렁대는 바람에 실수는 많이 한다는 것 등이 열등한 인간이라는 증거는 되지 못한다. 모두 있을 법한 일들이다. 그래서는 안 될만한 것은 없다. '그럴 수 있어.'라고 생각하면 그만이다. '나는 그래도 가치 있는 인간이야.' 이 한 마디로 모든 것은 가볍게 정리된다.

그래서 "우리 마음을 어지럽히는 건 사물이 아니라 사물을 보는 우리의 시각이다."라고 그리스 스토아학파 철학자들은 말했다. "인생의 모든 번뇌는 우리 마음에서 생겨난다."고 불가에서는 말했다. 그러므로 어떤 사실이나 사건이 열등감을 만들어내는 것은 아니다.

열등감은 어떤 사실이나 사건에 대한 오해나 잘못된 판단 때문에 생긴다. 그래서 열등감의 근원은 대개는 비합리적인 생각들이다. 그리고 그것들은 과거의 좋지 않은 기억과 맞닿아 있다. 좋은 기억은 빨리 사라지지만 불쾌한 기억은 훨씬 오래 남는다. 그래서 원치 않아도 수시로 떠오르게 된다. 이것이 우리 기억의 약점이다. 아마 생존 본능 때문에 나쁜 기억을 훨씬 더 오래 깊이 기억하는지도 모른다.

잘못된 사고에는 여러 가지 유형이 있다. 가장 흔한 것은 흑백논리다. 검은색과 흰색, 즉 100점과 0점 밖에 없다고 생각하는 사고방식이다. 중간치나 평균치 같은 것은 존재하지 않는다. 예쁘거나 밉거나, 남자답거나 겁쟁이거나, 최신식이거나 구식이거나, 두 가지 가치밖에 존재하지 않는다고 생각하는 사고방식이다.

이런 사고방식으로는 일등 빼놓고는 모두 꼴찌다. 성공하지 못한 자들은 모두 실패자들이다. 하지만 인간이 아무리 완벽하다고 해도 실패나 실수는 있을 수 있다. 또 세상에는 100점짜리만 존재하는 것도 아니다. 모든 화가들이 고흐나 피카소처럼 대단한 그림을 그리는 것은 아니다.

실패와 실수 앞에서 멈추지 않는다

인간은 성장해가는 존재이지 완벽하게 태어나 완벽하게 살아가는 존재가 아니다. 성공보다는 실패와 실수를 통해서 살아가는 방법을 알아가고 새로운 방법을 배우고 점점 더 성공하는 횟수가 늘어가는 것이다. 그러므로 단 한 번의 기회로 모든 것은 판단해버리는 것은 인간의 본질을 모르는 무자비한 방식이다.

이런 경우에는 실패나 실수에 대해 매우 가혹하다. 그래서 잘한 것은 놔두고 잘못한 것만 늘 보게 된다. 잘한 것은 당연한 것이거나 별것 아닌 것이고 잘못한 것은 한 치도 용납할 수 없다. 이렇게 인생을 살아가기란 몹시 힘들다. 그래서 늘 열등감에 싸여 살지 않을 수 없다.

실수를 과장하거나 확대할 필요는 없다. 모든 사물에는 양면성이 있고 동전의 앞뒤처럼 뒤집어서 생각하면 어두운 면이 밝은 면이 될 수도 있다는 융통성 있는 생각을 하지 못하는 것이다. 인생이란 커다란 바위를 조각해 사람의 모습을 만드는 것처럼 조금씩 만들어가는 것이지 어느 날 갑자기 다 익은 감이 나무 위에서 떨어지는 식은 아니다.

잘못된 생각의 유형 중에는 스스로를 너무 자책하고 자학하는 스타일이 있다. 자책과 자학은 나쁜 것이 아니지만 심해지면 문제가 된다. 그걸로 죄의식을 면해보려는 심리도 없지 않다. 책임감은 인생을 살아가는 데 아주 중요한 것이지만 너무 자신에게 큰 짐을 지우면 일어설 수 없다.

특히 사람들과 마주하고 있을 때 자책이나 자학을 하기 시작하면 점점 더 그 감정이 깊어져서 헤어나지 못한다. 나중에는 모든 사람들이 자신을 채찍질이나 하는 듯이 느껴질 정도다. 그런 나를 보고 이상하다고 생각할 게 틀림없는데, 그렇게 되면 더욱 자신을 자책하게 된다.

그런데 이런 경우에 자세히 살펴보면 자기 자신에게만 가혹한 잣대를 들이대는 경우가 대부분이다. 남들에게는 너그러운 기준을 적용하면서 자신에게는 엄격한 잣대를 들이댄다.

이혼을 하거나 실직을 하면 실패자라는 생각에서 벗어나기 힘들다. 일정 정도 이상의 경제 수준을 유지하지 못해도 그런 느낌을 강하게 받는다. 이때에 우리가 쉽게 피하지 못하는 나쁜 버릇이 남과 비교하는 것이다. 이래서는 자신만의 인생을 살 수가 없다. 이런 것은 세상을 너무 획일적으로 생각하는 데서 생기는 잘못된 사고방식이다.

세상에는 반드시 어떠해야 된다는 절대적 가치란 없다. 인간 사회란 너무도 복잡하고 다양하기 때문이다. 사람은 각자의 생각이 있고 누구나 자기 생각대로 살 권리가 있다. 또 이런 것들은 우리의 인간적 가치와는 아무런 관계가 없다.

이런 경우에 조심해야 할 부분은 인간과 행동을 분리하는 일이다. 물론 행동을 일으키는 주체는 인간이다. 그러나 특정 행동 때문에 그 인간 전체를 부정하는 태도는 옳지 못하다. 완벽하게 100% 사악한 인간이 있다면 그의 행동이 비난받는 동시에 그의 인간성도 비난을 받아야 할 것이다. 그러나 그런 경우란 있을 수 없다.

행동을 비난하더라도 인간을 비난하면 안 된다. 발전할 가능성이 무한한 미래를 가진 것이 인간이기 때문이다.

단계별로 열등감을 제거해 나간다

열등감 극복을 위해서 가장 중요한 것은 긍정적인 시선을 갖추는 것이다. 그것은 지금까지의 관점을 정반대로 돌리는 일이다. 그런 다음에는 전진을 계속하면 된다.

열등감의 제거는 평소의 꾸준한 노력에 의해서만 가능하다. 자신이 늘 열등감을 의식하고 있어야 한다. 그러기 위해서는 몇 가지 일들을 임무처럼 수행해야 한다. 여기에 제시된 단계별 행동들은 이미 여러 번 제시된 방법들을 모아놓은 것이다.

1. 부정적인 내 모습 인정하기 : 자신에 대한 재고 조사를 철저히 한다

자신을 바라보고 살펴보고 자신의 강점과 약점을 파악한다. 자신을 분석하는 시간을 갖게 되면 다른 사람의 비판을 받아들이는 게 더 쉬워진다.

종이를 꺼내들고 자신의 부정적인 면, 즉 마음에 들지 않는 모습, 나쁘다고 생각되는 모습, 창피하다고 생각하고 있는 모습들을 생각나는 대로 다 적는다. 이것은 부정적인 면을 일단 인정하는 작업이다. 열등감의 원인을 알아내는 단계이다. 자기 생각의 근원을 알아내는 것이다.

이 작업이 없으면 적절하게 그 생각이나 감정을 해소할 수 없다. 그런 다음에 긍정적인 면으로 대치할 수 있기 때문이다. 자신의 강점이나 약점을 모르면 친구나 가족에게 물어보는 게 좋다.

2. 열등감 리스트 만들기 : 약점을 확실히 알아둔다

부정적인 면 중에서 열등감 느껴지는 일들을 생각나는 대로 종이에 적어본다. 아마 엄청나게 많을 것이다. 그 중에서 스스로 그리 심각하게 느껴지지 않는 것들은 지운다. 심각한 것들은 원인을 알고 교정할 필요가 있다. 열등감의 원인이 뭔지 알아보기 위해서는 뿌리가 드러날 때까지 질문을 계속 던진다. 더 이상 대답이 나오지 않을 때까지 질문을 던지면 그 마지막 대답이 원인이다.

자신의 약점을 파악하면, 어느 부분을 강화해야 할지 위치 파악이 된다. 그리고 그 부분을 강화할 방법을 훨씬 쉽게 찾을 수 있게 된다. 약점과 강점을 확실하게 분리해놓으면 약점에 대한 생각들이 강점의 긍정정인 면들을 억누르지 않는다. 인간은 긍정적인 면은 당연하게 생각하고 잊어버리는 반면, 부정적인 면에는 더 많이 신경을 쓴다. 결국 부정적인 면에만 집착하게 되어 빈대 잡으려다가 초가삼간 태우는 어리석은 행동을 저지르곤 한다. 우리의 본질이나 우리의 가치가 약점 때문에 좌우되지는 않는다는 사실을 잊으면 안 된다.

3. 긍정적으로 표현하기 : 약점을 보강하고 강화한다

열등감의 원인들을 모두 긍정적인 표현으로 바꿔본다. 그러면 같은 현상에 대해 이렇게도 볼 수 있고 저렇게도 볼 수 있다는 생각이 비로소 들 것이다. 그것은 동전의 양면과 같아서 보는 방향에 따라 달라지는 특성을 지녔다. 부정적으로 보면 부정적이 면이 되는 것이고 긍정적으로 보면 긍정적인 면이 되는 것이다. 그것은 바로 우리 자신에게 달려 있다.

매일 그것을 읽으면서 스스로에게 그 열등감의 원인들은 긍정적인 장점이라고 입력을 시킨다. 그리고 실제로 그것들을 긍정적인 면으로 발전시킨다. 성미가 급한 사람은 행동이나 결단을 내릴 때 그 성미를 활용하면 장점이 된다. 잠재의식에 긍정의 메시지가 입력되면 점점 주눅 들지 않게 된다. 오히려 세상을 더욱 활기차게 살아갈 수 있다.

게으르다. / 성품이 느긋하고 여유롭다.

자제력이 없다. / 성질이 화끈해서 일을 즉시 해치운다.

외모가 단정치 못하다. / 스타일이 자유분방하다.

아이들에게 신경쓰지 않는다. / 아이들을 자유롭게 키우고 있다.

뚱뚱하다. / 전체적으로 건강하니까 근육만 더 늘리면 된다.

모든 것을 이런 식으로 긍정적으로 표현하거나 긍정적인 면에 활용하면 전혀 열등감을 느낄 필요도 없고 발전적으로 생활할 수 있다. '이번에 실패하면 앞으로 기회가 없을 거야.' 이렇게 절망적으로 생각하면 안 된다. 최선을 다 하되 안 되면 '좋은 교훈이라도 하나 얻으면 되지.' 생각한다. 여자에게 딱지를 맞았다면 '난 여자한테는 안 돼.'라고 생각하지 말고 '이런 방식은 통하지 않는구나, 다음에는 달리 해 보자.' 하고 휘파람을 불면서 지나간다. '내가 하는 게 다 이렇다니까.' 라고 절망하지 말고 '다음에는 실수 안 하고 더 잘 할 수 있어.'라고 스스로를 격려한다.

약점을 강점으로 만들고 싶은가? 몸무게가 많이 나간다면 올바른 음식이나 즐길 수 있는 운동을 소개해주는 자료를 찾아보자. 원하는 몸무게로 줄일 때까지 좋은 옷을 입고 스스로의 몸을 즐기는 것이 좋다. 지금의 모습을 다시는 보고 싶지 않을 수도 있다. 그러나 메이크업과 헤어스타일을 바꾸는 등 스스로를 가꾸고 즐기면서 생활하면 이런 간단한 행동만으로도 긍정적인 분위기를 만들 수 있다.

4. 자신의 존재 확인하기 : 잠재의식에 확실히 입력시킨다

부정적인 생각들을 긍정인 표현으로 바꾸었다고 해서 모든 것이 금방 해결되지는 않는다. 꾸준히 부정적인 생각들을 몰아낼 수 있게 긍정적인 생각들을 지속적으로 입력을 시켜야 한다. 가장 좋은 방법은 종이에 적어두고 늘 보는 것이다. 매일 아침에 일어나면 그것을 한

번 큰 소리로 읽으면서 스스로에게 확인시켜주는 것이다. 밤에 잠들기 전에도 한 번 더 하는 것이 좋다. 일터에서는 책상머리에 붙여놓고 수시로 읽는 것도 좋다. 그래서 잠재의식에 입력되면 그것이 습관으로 굳어져 열등감을 느끼는 부정적인 생각에서 탈출할 수 있다.

문제는 되는 대로 살겠다는 생각을 버리고 이런 생각들을 고치겠다고 최선을 다해서 노력하는 것이다. 최선을 다하는 사람은 누구도 비난을 할 수 없다. 그것이 인간에게는 최고의 경지이기 때문이다. 물고기를 한 마리도 못 잡은 늙은 어부가 내일도 고기 잡으러 나가겠다는데 누가 비웃겠는가. 그건 숭고한 것이다.

5. 단점과 실수 인정하기 : 최선을 다해 수정과 교정을 한다

또 다른 문제는 한두 가지 단점이나 실수 때문에 자기 가치 전체를 부정한다든지 자신이라는 인간 전체를 평가절하하는 것을 멈춰야 한다. 얼굴에 주름이 생기면 이제 맛이 갔다고 절망한다. 그러나 주름이 자리를 잡으면 그런대로 중후한 멋을 풍기기도 하는 것이다. 자식한테 제대로 못해줘서 죄책감이 드는 경우도 있겠지만 부모는 자식에게 엄청나게 많은 노력을 쏟아 부어 키우고 있는 것이다.

한두 가지 소홀한 점 때문에 스스로의 가치를 부정해서는 안 된다. 중요한 것은 그 '한두 가지'를 고치면 그만이라는 것이다. 인간은 완벽한 존재가 아니기 때문에 하나 둘 잘못된 점이나 부족한 점을 고치고 채워가면서 살아가는 존재다. 설사 몸이 불구가 되었다고 해도 부끄러워하거나 절망할 필요가 없다. 그것을 인정하고 받아들인다.

6. 긍정적인 시선 기르기 : 관점을 정반대 방향으로 돌린다

누구에게나 긍정적인 면이 있다. 긍정적인 사람은 다른 사람의 긍정적인 면도 잘 찾아낸다. 아니, 주로 긍정적인 면만 본다. 그러므로 다른 사람의 긍정적인 면을 찾아보는 것은 자신을 긍정적으로 보는 눈을 길러주기도 한다.

자신의 강점을 알았으면 초점을 옮겨야 한다. 열등하다고 느껴지는 지점에서 강점이 있는 지점으로 시선을 옮긴다. 자신감이나 자존심이 흔들린다고 느껴질 때는 언제나 초점을 옮겨야 한다. 부정적인 생각에서 긍정적인 생각으로 초점을 옮기기 위해서는 자기확신이 중요하다. 자신에게 이렇게 말한다. "저것은 잘 할 수 없을지도 몰라. 그러나 이것은 아주 잘 할 수 있잖아." 초점을 그곳에 맞춰야 한다. 정서적 레벨을 부정에서 긍정의 수준까지 끌어올린다.

특히 칭찬은 이 과정에서 꼭 필요하다. 칭찬이야말로 긍정의 대화법이다. 긍정적인 면을 살려주고 격려해 사람을 더욱 발전하게 만드는 동기 유발의 최고 방법이다. 그러므로 다른 사람을 많이 칭찬해주는 것은 스스로를 긍정적으로 만드는 방법이기도 하다.

7. 칭찬하고 칭찬 받기 : 언제 어디서나 칭찬을 남발한다

구체적인 칭찬이 좋지만 평소에도 가볍게 할 수 있는 칭찬을 많이 활용하는 것도 효과가 있다. "야, 좋다!"라든지 "정말 최고야!" 또는 "대단한데!" 같은 말들은 사람을 격려하고 칭찬하는 좋은 말들이다 평소에도 자주 쓰는 것이 좋다.

자신이 그런 말을 들었을 때에도 충분히 감사하는 마음으로 기쁘게 받아들인다. 뭐, 별 거 아닌데, 하는 식으로 무덤덤하게 넘어가서는 안 된다. 다른 사람의 칭찬을 진심으로 받아들이는 것도 중요한 일이다.

8. 장점 리스트 만들기 : 늘 읽으면서 실행 방법을 생각한다

종이를 꺼내들고 자신의 장점을 생각나는 대로 적어본다. 작은 것이라도 장점은 살려나가는 것이 좋다. 사소한 장점도 앞으로 어떻게 활용될지 모르므로 다 적어본다.

이것을 매일 읽는다. 스스로에게 확인시켜 자신의 장점이라는 것을 잠재의식 속에 심어 놓는 것이다. 그러면 자신의 장점들을 남 앞에서도 전혀 어색하거나 오만하지 않게 드러내고 인정하고 실행할 수 있게 된다.

그것들을 활용할 방법을 늘 적극적으로 생각한다. 책상머리에 붙여 놓고 눈에 뜨일 때마다 읽으면서 늘 그것을 살려나갈 실행 방법을 생각한다. 실행 방법을 생각할 때에는 맥스웰 몰츠의 창조적 상상력을 가동시켜 정말 실제인 것처럼 생생하게 장면을 떠올려 본다.

9. 잠재력 확인하기 : 늘 '나는 할 수 있다'고 외친다

이것은 자신감을 찾는 방법이다. 인간의 잠재력을 충분히 자각하고 인정하게 되면 자기 자신의 가치도 인정하지 않을 수 없다. 이때부터는 '나는 할 수 있다.'를 어느 경우에나 적용해서 늘 외우도록 한다. 할 수 있다는 생각이 마음속에 자리 잡으면 자신감이 늘고 어떤 일이든지 자신 있게 해나갈 수 있다. 이때에는 쑥스럽다거나 불안하고 초조하다거나 하는 느낌이 완전히 사라진다.

"나는 특별한 사람이다. 모든 사람들의 존경을 받고 있다. 모든 일에서 최고의 능력을 발휘해 감탄의 대상이 되고 있다. 내 잠재력은 무한하다. 모든 세포에서 사랑과 평화와 활력이 넘치고 있다. 무엇이든지 이룰 수 있다." 수첩에 적어놓고 틈날 때마다 펼쳐보고 소리내어 읽는다. 그리고 그 장면을 상상한다. 그러면 잠재의식에 그 내용이 입력된다. 자기 존재 가치를 스스로 확인하는 훈련이다.

10. 긍정적인 환경 유지 : 자신의 관심사와 관계된 사람들을 만난다

읽고 쓰기 위해 노력하고 있다면 그걸 잘하는 친구들과 가까워져야 한다. 늘 그들과 접촉해야 한다. 그들 주변을 맴돌아야 한다. 그들이 많은 도움이 될 것이다. 그러므로 친구를 신중하게 선택해야 한다. 주변에 긍정적인 사람들이 많으면 덩달아 긍정적으로 활성화되어 자신의 능력에 닿는 최고의 사람이 될 수 있다. 계속 노력하도록 용기를 얻을 수 있다.

이런 전략을 쓰면 인생을 긍정적인 시선으로 바라보게 된다. 만약에 열등감 느껴지는 부정적인 이야기가 나오면 자신의 장점을 화제의 중심으로 이끌어가야 한다. 초점을 자신의 장점에 맞추고 자신의 모습을 긍정적으로 내세워야 한다.

간단한 행동으로 열등감을 잊는다

단계별 행동 외에 매일 간단하게 할 수 있는 일들이 있다. 이것은 열등감 제거를 위한 '임무'가 아니다. 몸에 익혀 매일 실천하면 도움될 사항들이다. 특별히 열등감 제거를 위한 행동이라기보다는 긍정적으로 밝게 살아가기 위한 일상의 습관이다. 밝은 아침인사만으로도 열등감을 잊을 수 있다. 매일 실천하면 차츰 열등감이 줄어들 것이다.

1. 아침에 일어나자마자 "건강하게 살아 있어서 기쁩니다."라고 기도한다. 정말 기쁘다는 생각을 가지고 온몸 세포 하나하나에 사랑과 행복과 활력이 스며들어오고 있다고 상상한다. 드디어 그것들이 넘치고 있다는 기분이 들 때까지 계속한다. 실제로 활기차

고 생생한 느낌이 넘치면 "오늘 하루도 즐겁게 살자!"라고 외치며 일어난다.

2. 가족이건 이웃이건 만나는 사람들에게 미소를 보내며 명랑하게 인사한다. 자신을 평화와 사랑을 전파하는 '미소 천사'라고 생각한다. 그러면 실제로 즐거워진다. 일터에 나가면서 만나는 동료들에게도 즐겁게 인사한다.

3. 일터에 들어설 때는 가슴을 펴고 자신감을 갖고 미소를 띤다. "안녕." 하고 만나는 사람들에게 빠짐없이 인사한다. 인사하는 목소리가 즐거우면 자신의 마음도 즐거워진다. 옷차림이건 날씨건 상관없으니 아무 이야기라도 던진다. 상대의 기분이나 힘을 북돋워줄 이야기가 좋다.

4. 하루 종일 즐거운 기분을 유지하기란 쉽지 않다. 하지만 끊임없이 노력한다. 저녁 잠자리에 들 때에는 자신이 그날 잘 해낸 일들을 생각한다. 일기를 쓰는 것이 여러 모로 좋다. 문제가 있었다면 다음날 아침에 다시 생각하기로 하고 잊어버린다. 그러면 큰 문제로 생각했던 것들이 별 일 아니라는 것을 알게 된다.

이런 행동들은 하찮은 것들이다. 열등감과 관련이 있으리라고는 생각되지 않는다. 그러나 반대 행동을 생각해보면 그렇지 않다는 것을 알 수 있다. 이런 행동과 반대되는 행동을 한다면 하루하루가 우울하고 비관적이 될 것이다. 이런 행동들은 사소하지만 긍정적이고 밝은 기분을 갖게 만든다. 날마다 열심히 할 필요가 있다. 그러면 열등감이 있더라도 쉽게 휘둘리지 않는다. 이것은 굳이 열등감 극복을 위해서만이 아니다. 누구라도 늘 이런 마음 상태를 유지하는 것이 좋다. 활기 있고 적극적인 삶을 살기 위한 기본 행동 같은 것이다.

사람들이 나를 좋아하게 만든다

상대의 이야기를 들어준다

열등감을 극복하기 위한 방법을 사용해보기 전에 우선 주위 사람들이 나를 좋아해야 한다. 나와 언제든지 협동할 수 있어야 한다. 이것이 전제 조건이다. 이를 위해 내가 남을 먼저 배려해야 한다.

말을 잘 못하는 사람이라면 우선 말을 잘 듣는 사람이 되어야 한다. 남의 말을 잘 듣는 사람은 침묵을 지키고 있지만은 않는다. 상대의 말에 관심을 보인다. 가끔 적절한 긍정("아, 그렇군요")과 질문("그 다음에는요?")으로 상대에게 말할 용기를 준다. 말을 하기 싫다고 해서 잠자코 있는 것보다는 그것이 훨씬 쉽다. 서로 교감하고 있다는 게 느껴지면 자연스럽게 자신감이 생긴다. (4장: 6절: 질문을 거듭하면 자신감이 생긴다)

이런 방법은 별 거 아니라고 생각할 수도 있다. 하지만 이런 사소하고 간단한 방법이 쉽게 지속적으로 실행할 수 있기 때문에 장기적으로는 더 효과적이다. 이런 태도를 지속하면 홀로 외롭게 지내는 사람이라도 친구를 쉽게 만들 수 있다. 남의 얘기를 들어준다는 것은 대단한 배려이자 애정이다.

친구를 만드는 게 어려운 게 아니라 친구를 만든 다음에 유지해나가는 게 더 어렵다. 열등감 때문에 숨어버리고 싶은 마음이 늘 앞선다. 친구에게까지 열등감을 느낀다면 계속 만나기가 어렵다. 만나지 않는 게 더 편하기 때문이다. 진정한 우정은 인내하는 것이다. 그래도 친구가 자신의 인생에 도움이 되는 존재라는 생각을 갖고 관계를 유지해 나가야 한다. 친구는 나의 열등감을 해소해줄 구원의 천사이기 때문이다. 그렇게 관계가 지속되면 약점이자 열등감의 원인으로 보이는 것이 매력이 된다. 자주 보면 자연스러워진다. 남다른 특징들이 처음에는 이상해보이겠지만 나중에는 그 친구의 특징이구나 생각하게 된다. 그러면 오히려 매력으로 보게 된다. 이런 관계가 늘어날수록 열등감은 자연스럽게 치유된다.

과거에 집착하지 않는다

반대로 생각하면 열등감은 우정을 무너뜨리는 원인이 될 수 있다. 자주 우정을 거부하는 말과 생각이 습관적으로 나타난다. 가장 흔한 형태는 친구에게 불필요하게 날카로운 비판을 퍼붓는 일이다. 과거의 일에 대한 불쾌한 기억을 버리지 못한다. 아직도 분노가 남아 있다. 말에 질투심이 담겨 있다. 유치한 불평을 한다. 이런 것들이 습관이 되어 있다. 열등감을 이겨내려면 그런 습관을 포기해야 한다. 다른 사람을 불쾌하게 만들고 있다는 사실을 깨달아야 한다.

물론 과거를 잊는다는 것은 쉽지 않다. 특히 좋은 기억보다는 좋지 않은 기억은 오래 남는다. 어렸을 때 심하게 병을 앓거나 사고를 당했다면 잊히지 않는다. 자신이 불운이나 좌절에 대한 기억을 여전히 이야기하고 있다면 그건 과거의 일이라는 걸 잊지 말자. 누가 그런 이야기를 하더라도 친구들을 위해 흘려들어야 한다.

이런 기억의 쓸쓸함은 그것들을 이야기하면 할수록 생생하게 살아난다. 이야기하면 할수록 우리의 현재 마음 상태가 점점 나빠질 뿐이다. 그리고 그런 이야기를 듣는 친구들 역시 이야기하는 나 자신에 대한 생각을 나쁘게 만든다.

아무도 우리더러 과거 속에서 살라고 하지 않았다. 현재와 미래에 대한 예감이나 걱정 없이 우리의 현재와 미래를 받아들여야 한다. 사람들과 함께 일하고 함께 노는 생활 속에서 더 많은 것을 이야기하고 공유해야 한다. 새로운 친구를 사귀고 우정을 받아들여야 한다. 그런 생활을 넓혀가야 한다. 이런 것들을 적극적으로 해야 한다. 이것이 열등감이라는 어려운 문제에 대한 우리의 대답이 되어야 한다.

늘 웃음을 머금고 산다

말하기는 쉽다고 할지 모르겠다. 그러나 친구를 사귄다는 것은 다른 사람에게 관심을 갖는다는 것이다. 자기 자신에게만 관심을 갖는 사람은 자신을 지지해줄 사람을 구할 수 없다. 열등감을 극복하기 위한 노력 중에서 가장 힘든 일은 다른 사람에게 신뢰감을 얻는 일이다. 그래야 차가운 표정을 깨뜨리고 다가갈 수 있다.

이미 알고 있는 사람에게 다가가는 것은 어렵지 않다. 오래 알고 있던 친구나 아는 사람을 만났을 때 미소 짓는 게 불가능했다면 아주 심각한 열등감을 갖고 있는 게 틀림없다. 새로운 사람을 만나도 이미 알고 있는 사람을 만난 것처럼 즐겁고 자신 있게 다가가는 것, 그것이 우리가 몸에 익혀야 할 비결이다.

친구들 가운데에는 언제 어디서나 매우 인기 있는 사람이 하나쯤은 있다. 이런 사람들은 어떤 경우에나 매우 밝다. 그들은 분명히 성격이나 성품이 좋은 사람들이다. 자신을 돌아보자. 사람들이 당신을 좋아하는 이유가 한두 가지는 있는가?

마음에 새겨두어야 할 첫 번째 사실은, 인기 좋은 친구는 늘 행복하게 웃는다는 점이다. 이것이 첫 번째 규칙이다. 웃음을 개발하고 훈련해야 한다. 늘 웃음을 머금고 살아야 한다. 남들이 '미쳤나?' 하고 비웃어도 상관없다. 필수조건이다.

가능한 한 자주 웃어야 한다. 습관이 되어야 한다. 그렇게 할 수 있으면 어려운 일이 있어도 절망하지 않게 된다. 좋은 습관은 길러서 몸에 배게 해야 한다. 그 중 가장 먼저 배워야 할 습관은 웃는 일이다.

웃으면 다른 사람이 당신을 좋아하게 된다. 그 사실을 발견하면 놀랄 것이다. 그뿐만 아니다. 그냥 근육만 움직여서 웃는 표정을 만들어도 우리 표정은 자동적으로 즐거운 표정이 된다.

사람들에게 애정을 갖는다

모든 사람들이 좋아하는 친구라고 해서 늘 상대에게 즐거운 말이나 긍정적인 대답을 해줄 수 있는 건 아니다. 그러나 그런 사람들은 날씨가 나쁘다는 말을 하면서도 즐겁고 친절하게 말을 할 수 있다! 나쁜 이야기도 기분 좋게 하는 것, 웃음을 훈련한 다음에는 이걸 배워야 한다.

마지막으로, 그런 친구를 만나면 누구나 그 친구가 매우 친절한 사람이라는 걸 알게 될 것이다. 그런 사람은 누구에게나 아주 깊이 있는 따뜻한 우정을 가지고 있다. 누구에게나 즐겁고 유쾌한 애정을 가지고 있다. 매우 매력적이다. 아주 순진한 어린애를 보는 것 같다. 그리고 상대방도 이런 우정과 애정을 순간적으로 감지하게 된다. 이것이 사람과 사람을 이어주는 사랑이라는 다리다.

열등감을 가지고 있는 사람은 일상에서 이런 모습을 보여주기가 힘들다. 자기 자신에게만 신경을 썼지 상대방을 생각할 여지가 없었기 때문이다. 그러나 그런 생각이 가치 있고 반드시 가져야 하는 것이라고 생각하고 마음에 새겨두면 확실히 더 즐겁고 사랑스러운 사람으로 변할 것이다.

'나라면 어떻게 할까?'

이 테스트는 심각한 것은 아니지만 자기 자신에게 대입해보면 재미있다. 정답이 아닌, 자기 자신의 경우가 분명 있을 것이다.

1. 영철은 능력 있는 젊은이다. 얼마 전 자기 부서의 책임자가 되었다. 하지만 외롭고 사람들을 보면 수줍다. 새로운 직책의 책임감이 그를 힘들게 한다. 동료들에게 친절하게 하고 싶지만 어떻게 해야 할지 모르겠다. 그의 부서를 효율적으로 이끌어가는 방법도 모르겠다.

   사장은 그에게 말한다. "더 강해져야 해. 부서장답게 좀 거만하게 굴라고." 그의 친구들은 말한다. "넌 너무 어려서 우리 우두머리 노릇은 못해." 그는 어떻게 행동해야 행복할까?

   a. 그 자리를 그만두고 다른 사람이 맡게 한다.
   b. 이전의 동료들에게 '안면을 깔고' 친절하게 굴지 않는다.
   c. 지시가 필요할 경우에만 강하게 명령하고 이외의 경우에는 친절하게 대

한다.

d. 업무에 도움을 달라고 이전 동료들에게 간청한다.

그가 a를 선택해 사임을 하면 승진의 기회를 포기하는 것이다. 그러면 좌절감을 느끼게 될 것이다. b를 선택하면 그의 친구들이 우정보다 개인의 이득을 먼저 생각한다고 여길 것이다. 그러면 곧 인생이 슬퍼질 것이다. d는 강력한 힘을 보여주어야 할 곳에서 동정을 구하는 약한 사람으로 보일 것이다.

c를 선택해야 한다. 명령이 필요한 곳에서는 책임감 있게 행동해야 한다. 그리고 친구들에 대한 감정을 바꿀 필요가 없다는 걸 깨달아야 한다. 친구들은 그가 필요한 행동을 하고 있다는 걸 잘 알 것이다. 그래서 오히려 존경할 것이다.

2. 열여섯 살 먹은 영순은 자신은 별 쓸모가 없다는 생각에 시달리고 있다. 그는 모임에 가도 말을 한마디도 하지 않는다. 사람 만나기를 피하고 고개를 수그린 채 걸어 다닌다. 어떤 방법이 그녀에게 도움이 될까?

운동. 댄스 강습. 쇼핑. 큰소리로 강력하게 충고해주기. 비슷한 여자아이 소개해주기.

소녀에게 큰소리를 지르는 것은 사태를 악화시킬 뿐이다. 그녀에게 같은 고통을 받고 있는 다른 사람을 소개해주는 것은 그녀의 상태를 악화시켜 극단적으로 반대되는 행동을 취하게 될 것이다. 새 옷을 사는 것은 아주 잠깐 동안만 효력이 있을 것이다. 이런 효과는 금방 사라져버린다. 다른 두 개의 제안은 건전하다. 그러나 운동보다 댄스 강습이 더 좋다. 사교적 접촉이 가능하고 주위 사람들에게서 자극을 받을 수 있기 때문이다.

3. 여기 10개의 성격이 있다. 그 중 어떤 성격이 열등감의 징조이고 어떤 것이 아닌가.

인내심. 자만심. 공평함. 가족에 대한 자부심. 비판에 민감함. 신경질적. 결단력. 자기 기만. 다수 의견에 대한 무관심. 가장된 온정.

다음 성격은 열등감의 증거이다: 자만심. 비판에 민감함. 신경질적. 자기 기만. 가장된 온정.

4. 최근에 영철은 과로해서 지치고 신경이 날카로워졌다. 사람들이 점점 불쾌하게 느껴졌다. 낯선 사람들을 보면 불편해졌다. 이런 불편함은 사람들을 만날 때 그를 위축시켰다. 어떻게 해야 할까?

a. 바깥 활동을 피하고 독서에만 집중한다.

b. 모든 에너지를 일에 쏟아 자신이 능력 있다는 걸 증명한다.

c. 일에 집중하면서 가까이 지내는 사람들과 오락을 즐긴다.

d. 억지로라도 만나는 사람들에게 즐거운 태도를 취한다.

a를 택하면 그는 단순히 자신의 외로움을 강조할 뿐이다. b는 지름길을 통해 점점 커져가는 열등감을 제거하려는 시도이다. 완전히 한 쪽 생활에만 집중하는 것이다. 다른 쪽은 무시해버린다. 희생양들은 그가 이전과는 다른 사람이 되어버렸다고 생각한다. d는 치유 방법이 아니다. 강요된 즐거움이기 때문이다. 그것으로 열등감을 감추려는 시도는 좋은 방법이 아니다. c를 선택하는 것만이 해답이다. 사람은 다른 사람과 관심을 공유하면서 살아야 한다.

5. 영철의 부인은 여러 해 동안 법률 사무실의 서기로 일하고 있다. 그녀는 자신감이 없어서 사소한 일에도 늘 걱정을 했다. 상상력과 용기가 부족했다. 지난밤에 그녀는 중요한 서류를 집으로 가지고 왔다. 사무실 바깥으로 가지고 나오면 안 되는 중요한 서류였다. 밤새워 일을 끝내고 사무실로 출근한 그녀는 비로소 서류를 집에 두고 온 생각이 났다. 20분 정도 지나면 사장은 그녀에게 서류를 달라고 할 것이다. 영철의 부인은 어떻게 해야 할까?

a. 아픈 척하고 집으로 간다.

b. 사장에게 그 일을 아직 끝내지 못했다고 말한다.

c. 서류를 잊고 집에 두고 왔다고 고백한다. 사장은 그녀가 좋은 의도로 집에 가져갔었다는 걸 이해해줄 것이다.

d. 배달부를 보내 집에서 서류를 가져오게 한다.

그녀는 아픈 척할 수 있을 만큼 상상력이 뛰어나지 않다. 너무 양심적이어서 거짓말을 못한다. 그래서 그녀는 a나 b를 할 것 같지는 않다. 재치가 그리 있는 것도 아니어서 심부름꾼을 활용할 생각을 할 것 같지도 않다. 그녀의 양심과 둔감한 신경은 가장 간단한 c를 택할 것이다. 사실은 이 행동이 사장에 대해 가장 열등감없는 행동이다.

우울증과 질투심은 자신감을 잃게 만든다

질투는 복잡 미묘한 감정이다. 많은 사람들이 겪고 있지만 심하지 않다면 꼭 해롭지만은 않다. 하지만 질투심 때문에 괴로울 정도라면 그것은 다른 사람에 대한 열등감 때문에 생기는 것이다. 다른 사람이 갖고 있는 것을 자신도 갖고 싶은 것이다. 그것은 다른 사람이 갖고 있는 것을 얻어야 나도 행복해질 수 있다고 믿고 있다는 뜻이다. 누군가에게 질투를 느끼는 사람은 그것이 질투심이 아니라고 거부할 것이다. 그것을 거부하면 자기 파괴적 행동이 더 강해질 수 있다. 욕구를 해결하지 못하면 좌절과 분노의 행동으로 표출된다.

질투는 부러움과 선망으로 변했다가 경쟁심으로 발전한다. 경쟁심이 강한 사람은 다른 사람을 이기려고 자신을 몰아댄다. 자신이 가치 있고 성공한 인간이라는 것 증명하고 싶은 것이다. 이것은 자신이 부족하다는 공포심에서 나온다. 자신감이 없는 것이다. 다른 사람이 자신의 좋은 점을 알아주지 않아서 두려운 것이다. 자신의 가치를 증명하기 위해서 누구든지 다 뛰어넘어야 한다는 것이 두려운 것이다. 그래서 더욱 자신을 몰아붙인다. 목표를 설정하고 그것을 이뤄내지 못하게 되면 그 과정에서 자신감마저 잃게 된다.

부러움, 질투심, 경쟁심, 이 모든 것들은 열등감을 만드는 주범들이다. 열등감을 느끼면 다른 사람들이 이런 감정을 어떻게 생각할지, 자신이 자신을 거부한 것처럼 다른 사람들이 자신을 거부할 것 같아서 두려워진다.

질투심이 강해질 때 해소가 안 되면 좌절감과 우울증에 빠질 수 있다. 이 모든 감정은 뿌리가 열등감이기 때문에 한 감정이 다른 감정을 자극한다.

우울증에 빠져 기분이 가라앉아 있는 기간 동안에는 중요한 결정을 내리면 안 된다. 그런 마음 상태에서는 아주 잘못된 판단을 내릴 수 있기 때문이다.

우울증은 마음이 불편한 상태이다. 거친 감정이 발산되지 못하고 억눌리면 갖게 되는 기분이다. 절망적인 느낌밖에 들지 않는다.

이때에는 충고나 조언이 아무런 효과가 없다. 나쁜 결과만 가져올 뿐이다. 기도하면서 성경을 읽으라거나, 기운을 차리라거나, 얼마나 많은 축복을 받았는지 생각해보라거나, 조깅이나 명상을 하라거나, 이런 모든 충고들은 우울증을 악화시키기 쉽다.

의기소침해 있을 때 어떻게 구조를 받을 수 있을까. 유일한 방법은 '혼자가 아니다'라는 생각이다. 내가 고통을 받으면 다른 사람들도 고통을 받는다. 우리는 우리의 우울증을 자신의 탓을 돌려서는 안 된다. 자신을 불쌍하게 여겨서도 안 된다. 후회하지 말라는 어리석은 충고도 받아들여서는 안 된다.

우울증은 자신감으로 예방할 수 있다

우울증은 주관적으로 느껴진다. 다른 사람이 봐서는 모른다. 그래서 본인은 절망에 빠져 있는데 다른 사람들에게 자기 연민에 빠져 있다고 비난받을 수도 있다. 친구들이나 친척들은 대개 이렇게 말한다. "밝은 면, 긍정적인 면을 보라니까. 그런 식으로 생각하지 말란 말이야. 자신을 불쌍하게 보지 마. 얼마나 많은 축복을 받았는지 생각해보라고. 너보다 상황이 나쁜 사람들이 얼마나 많은지 알아?"

사소한 독감에 걸려 침대에 누워 있으면 쾌유를 비는 카드와 꽃을 들고 위로 방문을 한다. 하지만 우울증에 고통 받고 있으면 경험자들 말고는 그 문제의 심각성을 이해해주는 사람은 없다.

우울증이나 절망감으로부터 회복된 사람들이 있다. 탈출구가 없는 것은 아니다. 인내와 믿음이 있으면 절망에서 빠져나올 길이 있다.

그 방법은 신(절대자를 믿는다면)과 자신과 다른 사람에게 완벽하게 솔직해야 한다. 마음속에 담겨 있는 상처와 분노의 감정을 완전히 공유하여 억압된 정서를 배출하는 '정화법'을 사용할 수 있다. 고백과 원상 회복 또는 화해가 필요할 수도 있다. 이것은 신을 위해서가 아니라 우리 자신을 위해서 하는 것이다. 더 이상 우울증과 육체적 증상들에 고통 받지 않기 위해서다. 심각한 경우에는 매우 전문적인 상담 치료가 필요하다. 어리석은 조언이나 비전문적인 충고의 함정을 피하기 위해서다. 우울증은 다행히 오래 가지 않는다. 끝이 있다. 상처와 분노의 원인을 찾아내어 문제의 핵심을 배출해버리면 우울증은 제거된다.

우울증은 여러 요인 때문에 생긴다. 화학적이고도 심리적인 요인들이다. 하지만 자신감이 없어지면 우울해진다. 어린 시절부터 반복적으로 부정적인 경험을 하게 되면 그런 느낌을 갖게 된다. 늘 긍정적인 생각을 하는 사람도 자신이 못났다는 느낌을 여전히 받을 수 있다. 그러므로 건강한 자신감의 회복이 우울증을 예방할 수 있다. 그러기 위해 활용할 수 있는 몇 가지 방법이 있다.

1. 목표 달성을 하면 자신을 칭찬하고 상을 준다.
2. 자신의 장점과 긍정적인 특성에 초점을 맞춘다.
3. 자신이 칭찬받을 가치가 충분하다는 말을 늘 외우고 다닌다.
4. 즐겁게 즐길 수 있는 활동에 참여한다.
5. 필요할 때에는 자신에게 호의적인 친구에게 도움을 청한다.
6. 음식 조절과 운동으로 몸을 건강하게 유지한다.
7. 계획한 대로 이뤄지지 않아도 자신을 용서해준다.

이런 방법들은 앞에서 이미 제시된 것들이다. 그만큼 유용한 방법들이다. 유용한 행동을 받아들이는 것은 중요하다. 그러나 건강한 자신감의 발전을 가로막는 행동을 피하는 것도 똑같이 중요하다.

1. 거칠고 불공정한 비판을 개인적으로 받는 것-단호하게 거부한다.
2. 자기 자신에게 비현실적인 기대를 거는 것- 늘 현실을 직시한다.
3. 현실이 현재 상황과 너무 다를 때 이제 끝났다고 생각하는 것
   -어떤 경우에도 좌절이나 포기는 절대 하지 않는다.
4. 긍정적인 생각들을 모두 뒤엎을 만한 부정적인 생각을 하는 것
   - 늘 생각의 방향을 '긍정'에 둔다.

열등하다는 생각이 들면 자신의 잠재력을 최대한 발휘할 수 없다. 개인의 발전이 가로막히는 것이다. 인간은 누구나 기쁨, 희망, 슬픔, 우울을 자주 경험한다. 그러나 열등감을 날마다 경험한다면 우울증의 함정에 빠질 위험이 있다. 우울증을 지금 고치거나 앞으로 고치려고 하는 사람은 함정에서 기어 나오는 방법보다 함정에 더 이상 빠지지 않는 방법을 아는 것이 더 중요하다. 열등감을 다루는 것은 자신의 정신적 우울증 해결법의 일부분이다. 우리는 누구나 그것을 해결한 능력이 있다.

1. 다른 사람들과 한 팀이 되어 함께 일한다.
2. 자기 분석과 자기 인식에 균형을 유지한다.
3. 관심 있는 분야의 취미 그룹 활동에 참여한다.
4. 불필요하게 다른 사람과 자신을 비교하지 않는다. 나보다 불행한 사람은 세상에 수도 없이 많다. 정신적 육체적 결함을 가진 사람들도 있다. 하지만 그들도 정상적으로 일상의 삶을 매일 살아가고 있다. 그들은 신을 원망하지도 않고 다른 사람을 원망하지도 않는다.
5. 공부와 직업을 소홀히 하지 않고 늘 연구하고 배운다.
6. 자신 안의 긍정적인 부분을 찾아내어 그것을 최대한 활용한다.
7. 헬렌 켈러 같이 역경을 극복한 사람들의 이야기를 읽는다. 그들

은 결코 절망하지 않았다. 오히려 열심히 노력해서 최고의 자리에 올랐다. 부잣집 자식으로 태어난 것도 아니다. 불굴의 노력이 있다면 신과 세상은 결코 인간을 배반하지 않는다.

궁극적인 치유는 사랑이다

건강한 자신감을 갖기 위해서는 사랑이 필요하다. 사랑에도 여러 가지 측면이 있다.

1. 애정 : 여기에는 사랑, 따뜻함, 우정, 성적인 반응 등이 포함된다.
2. 인정 : 실적이 아니라 인간 자체로 인정받을 필요가 있다.
3. 수용 : 가족, 친구, 사회 집단, 동료들이 받아들여줘야 한다.
4. 달성 : 인간은 뭔가를 이루려는 본능을 지니고 태어났다. 목표를 달성하고 문제를 해결하고 모르는 것들을 배우려고 한다. 살아 있는 존재들은 모두 성장하려는 생명력을 지니고 있다. 이것이 '생명-성장-성취'의 원칙이다. 뭔가를 이루면 사람은 만족스러워진다. 이것이 자부심과 자신감을 심어준다. 이것을 통해 자신이 가치 있는 인간이라는 것을 자각하게 된다.
5. 환영 : 누구나 박수갈채를 받을 수는 없다. 그러나 누구나 박수갈채 받기를 원한다. 엄마가 아기를 사람들에게 자랑하고 사람들이 아기를 귀여워하면 아기는 지적인 생각은 하지 못하지만 자

신이 환영받고 있다는 사실은 알게 된다. 사람들이 자신을 좋아하고 추켜세워준다는 것을 안다. 어른들의 말은 알아듣지 못하지만 그 의미는 감지하는 것이다. 박수, 환영, 아부 등등 여러 가지로 표현할 수 있지만, 인간 모두가 바라는 것들이다.

6. 관심 : 아이들에게 관심이 필요하다는 것을 모르는 부모는 없다. 무시당한다는 것은 거부당하고 소외된다는 뜻이다. 아이가 어릴수록 부모와 어른들의 관심이 더 많이 필요하다. 그리고 아이 자신이 소중한 존재라는 것을 느낄 수 있도록 해주어야 한다. 자기 가치에 대한 자신감은 사람들이 관심이 많을수록 높아진다. 아이들은 지칠 줄 모르고 부모의 관심을 받고 싶어 한다. 어른들은 아이의 그런 요구에 인내하지 못하고 화를 낸다. 참을성 없는 사람은 차라리 아이를 갖지 않는 게 낫다. 바쁘게 살아가는 부모의 화난 반응은 아이에게는 거부 반응, 소외로 받아들여지게 된다. 그러면 자부심이나 자신감을 갖지 못하게 된다.

여기에 든 여섯 가지의 측면들은 모두 사랑의 다른 형태를 말한다. 이런 식의 사랑을 충분히 받지 못한 아이들은 움츠러들고 자신감이 없고 소심한 아이가 된다. 과도하게 공격적이 되기도 하고, 인정받고 받아들여지는 데에 광적으로 집착한다. 신경증은 유전되지 않는다. 환경적인 것이다. 모든 정신적인 증상은 사랑의 부족에서 온다.

열등감을 버리면 자신감이 찾아올까

- 열등감을 극복하려면 '시작의 달인'이 되어야 한다. 계속 목표를 세우고 추구하면서 배우고 넘어져도 일어나서 다시 시작해야 한다.

- 열등감을 극복하는 과정에서 더 큰 성공과 행복을 이룰 힘을 얻을 수 있다.

- 열등감 제거를 위해서는 친구들이나 주위 사람과 어울려야 한다. 주변의 관심은 내 열등감을 창조적으로 승화시키는 훌륭한 연료가 된다.

- 열등감을 극복하기 위해서는 자신의 자아상을 바꿀 필요가 있다.
  자신을 열등하다고 생각하면 자아상은 자신을 열등한 존재로 인식한다.

- 열등감 극복을 위해서는 다른 사람들이 나를 뭐라고 생각하든 전혀 신경 쓰지 않는 마음 상태가 필요하다. 그런 상황을 그려보며 마음 수련을 거듭하는 게 도움이 된다.

- 자신을 사랑하고 좋아하는 것은 자기 가치를 충분히 인정하는 것이다.

- 실패의 경험을 긍정적 요인으로 바꾸기 전에 자신감을 찾을 수 없다.

- 열등감을 극복하는 데 가장 중요한 것을 단 하나만 고르라면, 그것은 바로 스스로를 믿는 '자신감'이다.

- 문제 해결의 핵심은 "내 문제는 내가 가장 잘 안다. 내 문제는 내가 스스로 해결해야 하고 그럴 수 있다"고 믿는 것이다.

- 스스로가 못났다고 인정하는 순간, 지금 그대로의 나를 인정하는 순간, 벌써 열등감은 줄어들기 시작한다.

- 호기심과 열등감은 상극이다. 다양한 일들에 관심을 갖고 늘 생각하는 사람에게, 열등감이 비집고 들어갈 틈은 없다.

- 주변의 사물에 관심을 갖기 시작하면 자기중심적 사고의 틀이 무너지면서 새로운 가능성들이 싹튼다.

- 작은 목표를 자주 이루는 게 좋다. 자기 실현의 행동을 통해 목표가 하나씩 이뤄지면 상황은 생각보다 훨씬 급속하고도 급격하게 호전한다.

- 믿음은 참으로 놀라운 힘이다. 자기가 무엇을 할 수 있다고 믿든, 무엇을 할 수 없다고 믿든, 나중에 보면 다 사실이 된다.

- 자기 자신을 향상시키지 않고 다른 사람을 끌어내리는 일은 성공 확률도 낮고, 힘도 더 들며, 무엇보다 건설적이지도 않다. 그 힘을 당신 스스로를 충전하는 데 투자하라.

- 당신이 늘 정답이다! "자신을 알아라!" "자신을 안아라!" "자기 생각대로 살아라!"

제5장

자신을 알면 누구나 성공한다

"삶을 객관적으로 보는 사람은 인생을 강물이 흘러가듯 산다.

장애물과 싸우느라 에너지를 허비하지 않는다.

물은 장애물을 타고 넘거나 돌아서 간다.

장애물을 모른 체하지 않는다. 그것을 받아들여서 안고 간다."

– 어느 심리학자

나는 나를 어떻게 생각하나

목표가 정확히 설정되어야 한다

행복이나 성공이란 뭘까. 우리들이 생각하는 의미는 각자 다르다. 그러나 누구나 자신을 최고로 만들어 최상의 생활을 하고 싶어 한다. 그러려면 어떻게 해야 할까. 맨 처음 결정해야 할 문제는 삶이 막연하게 살아가는 모험이 아니라면 우리가 원하는 방향으로 이끌어가겠다고 결심하는 일이다.

되는 대로 살아가면 인생이란 무수한 문제와 어려움에 봉착하게 된다. 사람들은 문제가 생기면 대개 환경 탓을 한다. 그런데 사실은 모르기 때문에 당하는 것일 뿐 알기만 하면 충분히 피하거나 극복할 수 있는 것들이다. 열등감도 그런 것들 중 하나다.

기회는 전혀 모습을 보이지 않을 때도 있다. 기회가 오지 않으면 우리는 어둠 속에 갇혀 있는 꼴이 된다. 하지만 어둠 속에서도 탐험가들은 별을 보고 방향을 찾는다. 우리도 마찬가지다. 목표가 정확히 설정되면 주위가 어두워도 옳은 방향으로 나아갈 수 있다.

이 시점에서 스스로에게 질문을 해야 한다. "나는 인생의 목표가 있는가? 있다면 정확하게 뭔가?" 분명히 하나 이상의 목표가 있을 것이다. 목표는 누구나 가지고 있는 것이니까. 그러면 꼼꼼히 따져봐야 한다. 그것이 얼마나 명확하고 쓸모 있는 것인지.

우리는 누구나 언젠가는 이루고 싶은 것들이 있다. 성공하면 그렇게 되리라는 장면을 마음속에 그림으로 간직하고 있다. 그런데 이 그림이 생생하면 할수록 그것은 더 쉽고 확실하게 실현이 된다. 그것을 이루고 싶은 갈망이 크면 클수록 당장의 욕망이나 즐거움을 포기하고 그것을 추구할 수 있다. 그러면 우리의 인생은 자연히 자신이 원하는 방향으로 향하게 된다. 이것은 거부할 수 없는 현실이자 의심할 여지 없는 이론이다. 우리는 우리가 원하는 것이 되게 되어 있다.

하지만 미래에 대한 그림이 확실해야 한다. 확실한 재료로 확실한 그림을 그리는 것이 성공의 방법이다. 이것이 앞에서 말한 맥스웰 몰츠 박사의 창조적 상상력의 힘이다. 열등감 제거 방법은 여기서 성공의 노하우로 연결된다.

목표의 현실성이 있어야 한다

미래에 대한 그림은 허황된 무지개 색깔로 그려서는 안 된다. 확실한 현실적인 그림이어야 한다. 지금의 자신과 자신의 행동이 나타나고 있는 현재 세계에 비추어보아 논리적으로 발전이 가능한 그림이어야 한다. 어린 아이들의 동화 같은 세계여서는 안 된다.

어렸을 때의 생각은 성숙한 어른들의 세계에서는 아무런 소용이 없다. 하지만 어른이 되어서도 여전히 안젤리나 졸리가 되려는 환상과 브래드 피트나 된 것 같은 망상들을 가지고 있는 사람들이 있다. 현실에 가깝지 않으면 아무런 소용도 없는 그림들이다. 목표를 현실적인 것들로 바꿔야 한다.

자신의 인생 목표가 현실적인 것인지 아닌지 검토해본 적이 있는가. 없다면 해보는 것이 좋다. 지금 즉시 종이를 한 장 꺼내 놓고 자기 인생 목표를 써내려간다.

자기 인생에서 도달하고 싶은 지점이 어딘지 잠시 생각해본다. 목표 지점까지의 중간 단계들을 설정한 다음 그것을 적절한 순서대로 써본다. 예를 들어 "5년 안에 회계사 자격증을 딴다. 첫 단계는 자격증 따는 방법을 확인하는 것이다. 두 번째 단계는 알맞은 공부 과정을 밟는 것이다. 공부하는 동안 생계를 해결하기 위한 직업을 구한다. 작은 회사의 총무 자리가 알맞겠다. 다음 단계는 자격 시험을 치러 통과한다. 실무에서 얻은 지식을 최대한 활용한다." 등등의 방식으로 단계를 나눈다.

목표를 향해 나아갈 단계를 도표로 만들만큼 정리하는 게 쉬울수록 그 계획은 현실성이 크다. 목표를 확실하게 규정해두지 않으면 평소에 확실히 원하는 목표라고 했던 것들을 정확히 써내려갈 수 없다.

이 도표가 완성되면 목표를 실행하는 데에 큰 도움이 된다. 글로 써 보면 주위 사람들과 더 세밀하게 상의할 수도 있다. 다른 사람이 보기에 현실적이라고 하면 그것은 확실한 것이다.

그것을 며칠 또는 몇 달 보관해둔 다음에 다시 꺼내서 다른 사람의 목표라고 생각하고 읽어본다. 그런 다음 자신에게 묻는다. "현실적인 이야기야? 대충 '추정'만 가득하지 않아? 당장 실행할 수 있어?"

냉정하게 읽어보면 자신의 생각이 진정으로 원하는 것인지를 알 수 있다. 그런 다음에는 더 자세한 아이디어들을 덧붙일 수 있다. 그러면 이미 목표를 향한 발걸음이 시작된 것이다.

언제 어떻게 할 것인지 정한다

마음속에 그리고 있는 미래의 모습들을 자세하게 그려보았다. 밝은 미래에 대해 이야기하고 생각하는 것은 즐겁다. 하지만 언제 그것을 한단 말인가. 시기를 정해야 한다.

가치 있는 인생의 목표를 정하는 것은 쉽지만 실행은 어렵다. 대부분 생각만 하고 실행하지 않는다. 높은 목표가 이뤄진 장면을 상상하면 자신이 대단하다는 것을 알게 된다. 그러면 실행을 미루려는 생각을 이겨낼 수 있다.

삶을 살아가면서 상당한 발전을 하는 시기가 있다. 5년 또는 10년 동안에 인생은 놀랄 만큼 변한다. 14세에서 24세 또는 20세에서 30

세까지의 10년을 생각해보자. 이 시기는 아주 단순한 때이지만, 이때에 우리는 수많은 변화를 겪는다.

청년기를 정상적인 속도로 발전했다고 치면, 학교를 졸업하고, 취직을 하고, 돈을 벌고, 결혼을 하고, 차를 사고, 아기를 낳고 등등의 일들이 이 기간 동안에 벌어진다. 이것은 대단한 변화다.

미래에 대한 우리의 그림을 다시 떠올려보자. 과거의 변화들이 잣대가 될 것이다. 그것을 기준으로 어떤 일을 얼마만한 시간 동안에 이룰 수 있는지 계획을 세울 수 있다.

처음에는 몇 년 단위로 대충 계획을 세운다. 각 단계에 대한 달성 날짜를 정하고 그때까지의 시간을 헤아려본다. 이 과정을 거쳐 큰 목표들이 작은 목표로 쪼개진다. 그러면 더욱 달성하기 쉬운 목표가 된다. 동시에 그 일에 필요한 시간이 얼마 정도인지 실제적인 시간들을 생각해본다.

'언제까지 할 것인가?'와 '어떻게 할 것인가?'가 목표 달성을 위한 중요한 질문이 된다. 이 질문을 던지면 확실한 대답을 알 수 있다. 그러면 계획 수립의 진도가 빨라진다. 생각은 곧 현실이 된다.

시간표 만드는 일을 단념해서는 안 된다. 목표를 달성해야 하는 이유는 아주 많다. 달성할 수 없다는 생각은 할 필요가 없다. 우리 삶은 정해진 형태가 있다. 우리가 날마다 하는 상상은 그 규격화된 형태의 일부분이다.

생각해야 할 문제가 하나 있다. 어떤 사람에게는 늘 행운이 찾아오는 것처럼 보인다. 다른 사람에게는 좀처럼 찾아오지 않는 것처럼 보인다. 비결이 있는 것인가.

행운과 불운은 정신 자세 때문에 달라진다. 자신이 스스로를 행운이 있다고 생각하느냐 불운하다고 생각하느냐에 따라서 달라지는 것이다.

지나간 시간들을 자세히 생각해보면 운이 좋은 날이 특별히 많았던 것도 아니다. 그렇다고 운이 나쁜 날이 특별히 많지도 않았다. 그게 그거다. 이런 날도 있고 저런 날도 있다. 그런데 그걸 운 좋은 날이나 운 나쁜 날이라고 생각한 것은 나 자신이었던 것이다.

다 그런 것은 아니지만 운이 좋은 사람들은 몇 가지 특정한 규칙에 따라 생각하고 행동한다. 이걸 기억해두면 도움이 된다.

일곱 가지 행운의 비밀

1. 기회를 잡을 준비가 항상 되어 있지 않으면 누구도 성공할 수 없다. 하지만 위험이 발생할 염려가 있는데 그에 따른 손실을 감당할 준비가 되어 있지 않으면 불필요하게 위험을 감당할 이유가 없다.

2. 신속하게 움직여야 한다. 그러나 서두르지는 말아야 한다. 요즘 세상에는 신속하고 확실하게 움직이는 자가 이긴다.

3. 남편, 아내, 또는 애인이 있다면 팀을 이뤄 함께 움직여야 한다. 백지장도 맞들면 낫다.

4. 친구를 만들어 고통과 성공을 함께 나누어야 한다.

5. 현실주의자가 되어야 한다. 현실을 정확히 알아야 한다. 사실과 소망을 구별하지 못하면 자기 자신에게 스스로 속아 넘어가는 꼴이 된다. 12월에 개나리가 피어나기를 기대하는 사람은 없다. 하지만 운이 좋아서 가능하지도 않은 일이 날마다 일어나주었으면 하고 바라는 사람은 많다.

6. 자신과 다른 사람들에게 솔직해야 한다. 목표에 직접 돌진해야 한다. 끈기나 집착력은 어려움을 이겨낼 수 있는 좋은 자질이다.

7. 호기심이 많아야 한다. 계획을 함부로 바꾸지 말고 유지해야 한다. 호기심은 늘 열린 마음을 유지해주고 계획은 실용적인 방향으로 인도해준다.

이제 행복해지기 위한 계획이 세워졌다. 행운을 잡을 수 있는 방법을 알았다. 행운을 잡기 위해서는 어떻게 해야 할까.

"행복이란 와인이 아니다. 와인은 병을 들고 마시기만 하면 되지만 행복은 와인처럼 술병에 담겨 있지 않다."

진정으로 행복해 보이는 사람을 만난 적이 있는가. 자세히 볼 필요도 없다. 그는 늘 뭔가를 하고 있을 것이다. 정원에 나무를 심고 있든지, 아이들과 놀이를 하고 있든지, 그보다 더 흥미로운 다른 일상 업무에 집중하고 있을 것이다.

뭔가를 추구하는 즐거움은 뭔가를 얻는 즐거움보다 더 많은 행복을 선사한다.

성격은 어떻게 형성되는가

성격은 인생길의 이동수단이다

자전거나 차를 타고 먼 곳으로 여행을 가기로 했다면 자전거나 차에 대해 알아야 하고 조종할 줄도 알아야 한다. 평소에 자주 다뤄보았다면, 자전거 타이어에 이상이 없는지, 차의 연료나 오일에는 이상이 없는지, 점검할 것이다. 이런 과정 없이 먼 길을 떠났다가는 즐거운 여행이 되지 못할 경우가 많다.

성공과 행복을 얻기 위해 가야 하는 인생길도 한번 생각해보자. 우리가 타고 갈 수단에 대해서는 얼마나 알고 있을까. 우리는 우리 자신과 우리 특성에 대해 얼마나 알고 있을까. 이것은 반드시 따져보고 지나가야 할 순서다.

여행 계획을 완벽하게 세우기 위해 우리는 이동 수단의 성능을 잘 알아야 한다. 현재 그리고 앞으로 어떻게 기능할지 여부가 중요하다.

그게 어떻게 작동할지 아는 방법이 있을까.

자신의 현재 모습이나 미래 모습은 과거 모습을 바탕으로 세워질 수밖에 없다. 그러므로 자신의 성격이 어떻게 형성되었는지를 알면 목표를 향해 달려가는 데 도움이 된다.

성격이란 하루아침에 만들어진 것이 아니다. 어느 순간에 형성되고 어느 순간에 발전을 멈추었는지를 아는 것은 매우 어렵다. 아마 우리가 기억하지 못하는 어린 순간부터 형성되었을 것이다. 부모에게 물려받은 자질을 가지고 태어났고 이후에도 꾸준히 습득을 했을 것이다. 이 두 가지를 혼동하면 안 된다. 신체적 특징은 부모로부터 물려받는데 바꿀 수 없다.

물려받은 것을 활용하는 방법이 중요하다

유전보다 더 중요한 것은 물려받은 정신적 육체적 특질을 가지고 우리가 무엇을 하느냐이다. 타고난 능력을 발휘하는 최상의 방법은 그 능력이 이끄는 대로, 즉 본인이 하고 싶은 대로 마음껏 가동시키는 것이다. 단, 사회적으로 유용하고 쓰임새 있는 곳에 활용을 해야 한다. 약점을 타고났다면 적절한 방지 수단을 이용해서 그것이 나타나기 전에 스스로 저지할 수 있어야 한다.

성공하고 싶고 행복해지고 싶다면 자신의 행동에 대해 책임을 져야 한다. 유전에 너무 기대면 자기 책임인 행동에 대해서도 자칫 부모

덕분이라거나 부모 탓이라고 비난하게 되므로 피해야 한다. 약점을 물려받았다고 생각하는 사람은 자신의 실수를 그러려니 하고 받아들일 준비가 되어 있다. 그래서 더 노력하려고 하지 않는다. 모든 게 부모 잘못이라는 게 확신으로 굳어진다. 그리고 자신을 유전의 희생양으로 생각하게 된다.

부모에게 좋은 능력을 물려받아서 행운을 타고 났다고 생각하는 사람은 또 다른 극단론자다. 그런 사람은 실패의 쓴 맛을 볼 때까지 자신은 행운의 인간이라고 생각해서 무엇이든지 성공할 것이라는 확신에 사로잡혀 별다른 노력을 하지 않게 된다.

그러므로 유전은 고려 사항에서 아예 제거하고 잊어버리는 것이 좋다. 자신의 행동에 책임을 지는 것이다. 자신의 목표를 정하고 미래를 바라보고 사는 것이다.

성격이 행동양식을 결정한다

아무 때나 자신이 원하는 것을 다 할 수는 없다. 그러나 자신의 인생은 자신이 만들어가야 한다고 결심해야 한다. 우리는 누구나 환경의 영향을 받는다. 어렸을 때부터 주변 사람들의 규제를 받는다. 어린 시절에 우리에게 일어났던 일들은 어떤 것이든 우리는 그것들에 반응을 하면서 자라난다. 그 반응이 우리의 성격을 형성한다.

아이가 울면 어른들은 아기를 안아서 토닥여주고 달래준다. 그러면 아이에게는 그 생각이 지워지지 않는 고정관념으로 굳어진다. "법석을 떨어야 뭔가 생기는구나." 오랫동안 울면 결국 보살핌을 받는다는 걸 알게 되면 아이에게는 그것이 여간해서는 없어지지 않는다. 이유 없이 울면 돌봐주지 않고 그저 정기적으로 적절하게 보살펴주기만 하면 아이는 울기보다는 웃고 껴안는 태도를 지니게 된다. 하지만 울어야 할 이유가 있어서 우는 데도 돌봐주지 않으면 비관적인 성격을 갖게 된다.

이 원칙은 성격 형성의 한 경향을 말하는 것이지 움직일 수 없는 원칙은 아니다. 수많은 요인들이 작용하기 때문이다.

강보에 싸여 있을 때 받았던 이런 훈련은 이후 집과 학교에서 계속된다. 그런 의미에서 교육이란 잘못되면 최악의 선물이 되고 잘되면 최상 선물이 된다. 보통의 사람들에게는 두 가지가 뒤섞이게 마련이다.

지나치게 애지중지하며 키운 아이들은 그것이 약점이 되어 남에게 의존하게 되고 비판을 싫어하게 된다. 괴롭힘을 당한 아이는 난폭한 성격을 갖게 된다. 너무 엄격하게 훈련을 받고 심하게 비판을 받으며 자라면 진취적인 기상이 없고 스스로 책임 있는 결단을 내리지 못한다. 무시당하고 자주 기가 꺾이면 정말 바보가 된다. '수학도 못하는 놈'이라는 소리를 들으면 정말로 수학에 바보가 된다. 비판이 정당하다는 생각이 들지 않으면 역효과가 나서 반발심만 일어난다.

이런 식으로 어린 시절의 특정한 감정이 반복되면 그 반응으로 우리 성격으로 강력하게 자리 잡는다. 그것을 통해 우리는 행동하는 기술을 배우고 그것을 평생 써먹는다.

어린 시절의 모델이 나 자신이다

어린 시절 이후에도 교사와 부모들은 우리에게 반복적으로 자신들이 올바르다고 생각하는 것들을 주입시킨다. 하지만 바라는 만큼의 효과는 거두지 못한다.

우리는 주변사람들의 행동을 모방하면서 배운다. 부모와 교사들은 몇 년 동안이나 특정한 성질들을 제거하려고 씨름을 하지만 한편으로는 자신들도 모르게 우리의 용기를 북돋우기도 한다.

어린 시절에는 다들 자기 모델이 하나씩 있다. "난 아빠 같은 사람이 될 거야." 같은 것들이 어린 소년들이 흔히 갖게 되는 소망이다. 아빠는 아주 힘이 세고 만능인 것처럼 보이기 때문이다. 여자 아이들은 엄마나 언니를 닮으려고 한다.

어렸을 때 자신의 모델이 누구였는지를 생각해보면 자기 자신을 이해하는 데 도움이 된다. 그 모델이 지금 자신의 내면에 얼마나 깊게 각인되어 있는지 살펴볼 수 있다.

자기 부모가 아니더라도 세계적인 위인이나 다른 부모들이 모델이 되는 수도 있다. 이것은 가족이 의도하지 않았지만 우리의 성격에 영향을 미치는 방법 중의 하나다. 우리에게 영향을 미치는 또 하나의 환경은 가족 중에서 자신이 차지하고 있는 위치다.

출생 순서로 자신을 파악할 수 있다

가족 중의 첫째 아이는 대체로 세상의 질서를 굳게 믿는다. 둘째가 태어나기 전까지는 외아들/외딸이기 때문에 대개는 세상을 변화없는 질서정연한 곳으로 받아들인다.

둘째가 태어나면 첫째에게는 심각한 상황이 된다. 라이벌이 생긴 것이다. 적절하게 양보도 하고 조절을 해가면서 살도록 배우게 된다. 그래야 부모가 새 아기 돌보는 데에 방해가 되지 않는다. 맏이들 중에 좋은 리더가 많은 것은 이런 이유 때문이다.

첫째 이후에 태어난 아이들은 자신의 존재감을 보이려고 열심이지만 대개는 무기력해보이는 경향이 있다. 자기 위의 형제자매들과는 문제를 일으키지 않고 지내려는 조용한 아이로 자란다. 이런 성향은 어른이 되어도 보인다.

물론 손위 형제자매들이 모범을 보이기보다는 너무 친절하거나 지배하려고 하면 아래 형제자매들은 야망을 가지지 못하고 언제나 누군가에게 기대려고 한다.

이런 반응들은 비슷해보여도 사실 천차만별이다. 가족들이 이루고 있는 환경이란 헤아릴 수 없이 다양하기 때문이다. 그리고 각자가 다른 환경에서 아이들은 또 각각 다르게 반응하기 때문이다.

동시에 이런 영향이 있다는 것을 알게 되면 자신의 가족 안에서 일어나는 일을 이해할 수 있게 된다. 성격에 미치는 이런 영향을 알게 되면 우리는 성공과 행복을 이루는 데에 훨씬 나은 위치를 확보하게 된다. 우리 자신이 누군지 알고 있기 때문이다.

성격은 인생을 살아가는 매뉴얼이다

우리 성격이 이렇게 다양한 방법으로 만들어졌다면 그 결과는 어떨까. 성장하면서 우리는 삶에 대한 우리의 반응을 모두 모아 생존 교범으로 삼는다. 그것을 바탕으로 우리는 살아가면서 날마다 일어나는 모든 문제들을 해결하고 대처하는 데에 사용한다.

때로는 이런 반응의 집합을 라이프스타일(삶의 방식)이라고 부르기도 한다. 물론 스타일이 없다는 것도 스타일 중의 하나다. 가장 쉽게 분류되는 사람들은 많은 특성들이 한데 섞여 단일한 특성이 되어버린 사람들이다. 반면에 가장 성공적이고 행복하게 사는 사람들은 반응의 종류가 대단히 다양한 사람들이다.

공격적으로 반응하는 사람들은 평화로운 방법을 쓰면 쉽게 목표를 달성할 수 있는 상황을 경험하는 경우가 많다. 그렇다고 공격적인 방법이 꼭 나쁜 것은 아니다. 어떤 상황에 반응하는 방법은 많지만 다 옳을 수 있다. 삶이란 단순하지 않아서 우리는 늘 같은 방법으로 성공할 수는 없다.

자신의 유형을 아는 것이 중요하다

자신에게 '맞는' 스타일이 있다

자신을 최상의 인간으로 만들기 위해서는 자신의 성격을 알아야 하지만 자신의 유형도 알아야 한다. 어떤 사람은 자신에게 맞는 것이 무엇인지 본능적으로 알기 때문에 쉽게 성공한다. 일찍부터 그것들을 중심으로 노력해왔기 때문일 수도 있다. 그러나 대부분의 사람들은 자신을 잘 모른다. 그걸 알기 위해서는 누군가의 도움이 필요하다.

젊은 사람들은 특히 이것을 알아야 한다. 40세 이상의 나이를 먹은 사람들은 이미 결혼을 하고 오래 직장 생활을 하고 있을 것이다. 자신의 유형을 아는 것이 이런 사람들에게는 별 도움이 안 될 것처럼 보인다. 하지만 나이나 지위에 상관없이 자신을 아는 것은 언제나 중요하다. 자신에게 일어난 문제나 자기 자신을 더욱 효과적으로 조절할 수 있기 때문이다. 살아가는 방법을 개선하는 데에는 나이가 없다. 30, 40이 아니라 70에도 늦지 않다.

여기에 자신이 누구인지 알아보는 간단한 테스트가 있다. 점수는 상관이 없다. 좀 더 많은 것을 알아내면 좀 더 많이 개선할 수 있다. 분류 방법은 '사고하는 유형'과 '행동하는 유형'으로 나눈다.

사고하는 인간인가 행동하는 인간인가

생각에 집착하는 사람들은 자기 내부에 있는 정신적인 만족을 추구하면서 살아가는 경향이 강하다. 행동파들은 자기 외부에 있는 사람들 사이에서 만족을 추구하며 살아가는 경향이 강하다.

성공적인 학생은 '사고하는 인간'의 대표적인 유형이다. 성공적인 사업가는 '행동하는 인간'의 대표적인 유형이다.

사고파와 행동파를 명확하게 구분하기는 어려운 경우도 있다. 어떤 사람은 두 가지 성향을 동시에 가지고 있으면서 어느 한 쪽이 두드러져 보이지 않는다. 이들은 균형 잡힌 성격이라고 할 수 있다. 그러나 어느 한 부분에서 뛰어난 성과를 보이지 않는다.

한 쪽 성향이라고 판단이 되면 반대쪽 성향의 일을 억지로 하려는 것은 현명하지 못한 일이다. 동시에 반대쪽 성향의 장점을 개발하려고 노력하는 것은 아주 건강한 방법이다.

유형 파악 간단 테스트

1. 사람들과 대화할 때 상대의 이야기를 조용히 듣는 편인가?
2. 다른 사람들과 같이 일하기보다는 혼자 일하기를 좋아하는가?
3. 다른 사람들과 함께 레저를 즐기기보다는 조용히 걷거나 혼자 하는 레저를 즐기는가?
4. 친구를 금방 사귀지 못 하거나 모르는 사람을 만나서 어울리기

를 꺼리는가?

5. 질문에 대답할 때나 특별한 행동을 하려고 결심을 하기 전에 여러 번 생각하거나 망설이는 편인가?

6. 억세고 거칠고 신속한 일보다는 섬세하고 정확하게 해야 하는 일들을 더 좋아하는가?

7. 어떤 일에 흥분했을 때 감정을 다른 사람에게 표현하지 않고 혼자만 즐기는 편인가?

8. 자신의 외모를 되도록 돋보이게 하려고 가꾸는 데 집착하지 않는 편인가?

9. 칭찬이나 비난을 받으면 약간의 관심을 보이기보다는 강하게 반응하는 편인가?

10. 몸으로 부딪쳐야 할 때가 닥치면 나서기보다는 두려워하는 편인가?

10개의 질문에 '그렇다'는 대답이 많으면 '사고하는 인간'에 가까운 경향을 갖고 있다. 철학자들처럼 생각이 많은 사람이자 정신력이 강한 사람이다. '아니다'가 많으면 '행동하는 인간'이다. 책임감 있는 리더가 될 유형이다. 자신이 어떤 유형인지 알아두면 자신에 대해 어떤 결정을 내려야 할 때 유용할 것이다.

자신의 내면의 그림을 드러낸다

이제 자신의 성격을 파악해볼 단계가 되었다. 다른 사람이라면 어느 날 저녁에 단 둘이 만나 몇 시간 이야기를 해보면 그에 대해 알아야 할 것들을 파악할 수 있다. 하지만 자기 자신을 스스로 그렇게 파악하기란 불가능하므로 다른 방법을 써야 한다.

우선 자신이 좋아하는 것과 싫어하는 것을 보면 자신이 어떤 종류의 사람인지 알 수 있다. 우리는 대개 자신이 좋아하거나 싫어하는 것에 대해 왜 그러는지 의문을 갖지 않는다. 어떤 때는 그것을 좋아하는지 싫어하는지도 깨닫지 못한다.

어떤 시인의 시를 보면 자신에 대해 많은 것을 말하고 있다는 것을 알 수 있다. "매캐한 냄새를 풍기는 숲속의 푸른 연기" "오래된 옷에서 나는 기분 좋은 냄새" "늘 먹는 빵껍질의 바삭한 맛" "풀밭 위에 새겨진 발자국" "시원한 침대 시트의 부드러움" 등등이 그가 사랑하는 것들이다. 그것은 자서전보다 더 많은 것을 말해주고 있다. 그 말들은 모두 그가 담백하고 감각적이며 자연주의적인 사람이라는 것을 말해준다.

그러므로 자신에 대해 더 많이 알고 싶다면 자신이 좋아하는 것들과 싫어하는 것들을 종이에 써보면 된다. 사람들의 육체적 특징들 중에서 내가 싫어하는 것들은? 정신적 특징들 중에서 내가 좋아하는 것들은? 내가 버리지 못하고 있는 버릇은? 하루 중 나를 가장 괴롭히는 상황은? 여름휴가를 가장 이상적으로 보낼 수 있는 방법은? 비슷한 질문들을 계속 만들어나가면 쓸 만한 대답이 나온다.

일기를 쓰고 있다면 날마다 그날의 가장 기뻤던 일과 가장 짜증났던 일들을 간단하게 메모해둔다. 한 달 정도 해보면 자신이 좋아하고 싫어하는 것들이 눈에 보인다.

이 리스트를 보면 자신에 대해 모든 것을 알 수 있다. 가장 중요한 것은 그동안에는 전혀 모르고 있던 자기 성향을 알 수 있다는 점이다. 가령 "그런데 나는 어떤 이유 때문에 이러이러한 것들을 좋아하는 사람이다. 그건 어떤 종류의 사람이라고 할 수 있을까?"라고 자신에게 물어보면 자기 내면의 그림이 드러날 것이다.

스스로 생각을 해보자. 그리고 친구와 함께 솔직하게 토론해보자. 그러면 자신의 성격에 대해 명확하게 생각이 잡힐 것이다. 자신의 성향도 확실하게 알 수 있다. 그것으로 자신의 성격을 계속 발전시켜 나가야 할지 바꿔야 할지 알 수 있다.

자신의 특성과 약점을 정리한다

이런 실험을 통해 자신의 내면의 그림을 통해 성향과 성격을 알아보면 의심스러운 부분이 발견될 수도 있다. 뜻밖의 자기 모습을 발견하더라도 놀랄 필요는 없다.

그렇더라도 자신이 싫어하는 행동이나 버릇의 긍정적인 면을 찾아보아야 한다. 그러면 차츰 치유가 될 것이다. 자신이 무뚝뚝하다면 "앞으로는 무뚝뚝하지 말아야겠어."라고 말하지 말고 좀 더 즐겁고 긍정적인 면에 시선을 집중시킨다. "표현이 간결하고 결단력이 있어서 좋아."라고 생각한다. 아니면 자신이 사람들에게 다정하게 미소를 짓는 광경을 상상한다. "난 무뚝뚝해보여도 다정한 미소로 사람들을 즐겁게 할 수 있어."라고 생각한다.

이런 실험을 통해 밝혀지지 않은 부분들이 있다. 다음의 리스트들은 일반적으로 원만한 성격을 가진 사람은 필수적으로 가지고 있다고 생각되는 성격들이다. 각 특성에 대해 자신에게 10점 만점에 몇 점을 줄 것인지 적어본다.

1. 정확하다..........
2. 자연스럽다..........
3. 주의 깊다..........
4. 이해심 많다..........
5. 침착하다..........
6. 친절하다..........
7. 성실하다..........
8. 부지런하다..........
9. 용기 있다..........

10. 솔직하다.........

11. 남과 잘 어울린다.........

12. 인정이 많다.........

13. 성급하지 않다.........

14. 꾸준하다.........

15. 의리 있다.........

16. 재치 있다.........

17. 꼼꼼하다.........

18. 믿을 만하다.........

19. 사려 깊다.........

20. 진실하다.........

점수를 더한 다음에 퍼센티지를 산출한다. 그것으로 각각의 성격이 얼마나 강한지 약한지 알 수 있다. 물론 자신의 판단일 뿐이지만 이 특성들을 곰곰이 생각해보는 것은 자신을 더 깊이 아는 데 유용하다. 이것으로 끝이 아니다. 우리는 자신을 발견했을 뿐이다. 약점 개선이 더해져야 이 발견이 쓸모가 있다.

병적인 부분을 분석개선한다

자신을 파악하고 개선하고 계발하려면 자신에 대한 분석을 해야 한다. 그래서 병적인 부분을 고쳐야 한다.

우리가 알고 있는 사람들을 명랑하고 쉽게 만족스러워하는 타입(낙관론자들)과 침울하고 까닭 없이 불만족스러워하는 타입(비관론자들)로 나누는 것은 어렵지 않다. 하지만 자기 자신은 어떻게 분류해야 할까? 우리는 늘 웃음을 머금고 있는 즐거운 사람을 만나기도 하지만 하는 말마다 긍정적인 말보다는 불평불만이 많은 우울한 사람을 만나기도 한다. 주변 사람들이 평소에 하는 말들을 생각해보면 매우 좋은 사례가 떠오른다.

사람의 성향은 칼로 두부 자르듯 명확하게 분류되지 않는다. 적절한 해답은 일종의 정도 차이라는 것이다. 예를 들면 극단적인 낙관주의자나 극단적인 비관주의자라는 것은 거의 없다. 하지만 극단적 성향을 피해 좀 더 부드러운 중간 단계의 성향들을 찾아내는 것은 쓸모가 있다. 그것들을 조절하면 충분히 감당할 수 있기 때문이다.

자신이 우울한 유형이라고 생각한다면 그 이유가 있을 것이다. 자신의 건강 상태나 살고 있는 환경에 그 이유가 있을 수 있다. 원인이 뭐든 그런 우울한 기분이 일어나는 것을 거부할 수 있다면 그것을 극복할 수 있다.

만성적인 질병이 있는 환자는 보통 정도의 건강을 유지하고 있는 환자보다 더 명랑한 것이 보통이다. 잘 사는 동네 사람들보다 가장 가난한 지역에 사는 사람들이 훨씬 더 즐겁게 산다. 왜 그럴까? 만성 환자도 아니고 가장 가난한 사람도 아닌 사람들은 왜 즐겁게 살지 못하는 것일까?

있는 그대로의 자신을 받아들인다

이전의 생각·습관·삶의 방식을 바꾼다

인생의 목표가 진실하게 사는 것이고, 결코 허영을 만족시키기 위해 환상을 좇는 것이 아니라면, 우리가 발견한 자신의 성격은 인생 목표와 잘 맞아야 한다.

자신의 성격이 인생 목표와 잘 맞지 않는다면 문제다. 자신의 성격이 전혀 마음에 들지 않는다는 것도 문제다. 지금 살고 있는 삶의 방식이 자신의 성격과 맞지 않는다면 그것도 문제다. 그런 성격이나 목표는 성공과 행복을 달성하는 데에 심각한 장애가 되기 때문이다. 그럴 때는 어떻게 해야 할까?

문제는 세 가지 요소다. 목표, 성격, 환경. 각각의 문제를 다루는 방법에는 두 가지가 있다. 하나는 그것을 바꾸는 것이고 다른 하나는 그것을 버리는 것이다. 성공과 행복을 달성하기 위해서는 세 가지 요소들을 조정할 수 있어야 한다.

우선 바꿀 수 없는 것들이 있다는 사실을 알아야 한다. 자신에게 변화할 수 없는 부분이 있다면 그 사실을 과감하게 받아들여야 한다. 바꿀 수 없는 부분들은 어쩔 수 없이 안고 살아갈 준비가 되어 있어야 한다. 목표를 추구하다가 생기는 어려운 일들을 맞닥뜨릴 준비가 되어 있어야 한다.

바꾸든 그대로 받아들이든 우리는 이전의 생각과 습관과 살아가는 방식을 바꾸는 게 좋다. 이전에 자신에 대해 생각하고 있던 동정적인 생각들이 잘못된 것이라고 결론을 내리는 것이 좋다. 그렇게 하는 순간 분명히 보상을 받는다.

잘못을 자기 것으로 받아들인다

우리들 대부분은 자신이 마치 다른 사람이나 된 것처럼 행동했던 적이 있다. 이 사실을 인정하면 나와는 다른 어떤 인간이 되어 자신이 저질렀던 잘못된 일들을 고백한 셈이 된다.

고백한다는 것은 받아들인다는 것과 다르다. 고백은 어떤 사실을 말할 뿐이다. '자신이 가끔 그런 행동을 했을 수도 있다'고 고백하는 것을 뛰어넘어 '가끔 저질렀다고 해도 이런 불쾌한 습관이 나의 일부분인 것은 사실이다.'라고 자기 잘못으로 받아들여야 한다.

자기 자신을 바라보고 자신이 편견 없는 사람이라고 인정하면 스스로를 받아들이는 것이 된다. 우리는 자신을 다양한 세상의 평범한 보통사람이라고 보아야 한다. 우리가 자연스럽게 자리 잡을 수 있는 알맞은 장소가 세상 어딘가는 있다. 꼭 높은 자리여야 할 필요는 없다. 한가운데의 자리가 아니어도 된다.

진정한 자신의 모습을 찾는 노력과 자신에게 맞는 자리를 찾는 노력을 해야 한다. 자신에 대한 잘못된 생각, 자신의 중요성에 대한 잘못된 생각을 고집하는 것은 쓸데없는 짓이다.

받아들이면 더욱 빨리 발전한다

자신을 있는 그대로 받아들이는 것은 자기 계발과 별 관계가 없는 것처럼 보인다. 그렇지 않다. 무엇을 받아들여야 하고 무엇을 개선의 자료로 삼을지 생각해보면 그 이유를 알 수 있다.

성인이 된 다음에는 운동을 많이 하고 음식을 가려먹어도 키가 더 크지 않는다. 사람들은 평균 키보다 크거나 작다. 그들은 다른 사람처럼 적당한 키가 되기를 바란다. 그런 사람들은 키를 바꿀 수 없다는 걸 받아들이면 더욱 빨리 성공과 행복을 달성할 수 있다. 우리도 마찬가지이다.

몸무게를 줄이는 것과 같은 더 간단한 과정조차도 밤새워서 할 수는 없다. 변화는 몇 주나 몇 달 동안 훈련과 단련을 반복해야 이룰 수 있다.

건강하고 행복한 태도는 바꿀 수 없는 것을 받아들이고 부족분, 약점, 환영받지 못하는 습관은 식이요법이나 운동 또는 다른 방법을 지속적으로 충분하게 실행하여 보충하는 것이다.

뇌와 몸을 충분히 활용한다

키를 더 크게 하거나 작게 할 수 없는 것처럼 우리 뇌의 크기도 우리 맘대로 조절할 수 없다. 어떤 과정을 거쳐도 뇌를 더 크게 만들 수는 없다.

할 수 있는 일이란 뇌의 능력을 적절히 활용하는 방법을 발견하는 것이다. 작은 차의 엔진은 마력을 높이기 위해 더 빨리 돌아간다. 큰 차의 엔진은 더 천천히 돌아간다. 그러면 두 차는 같은 속도로 달리게 된다. 목적지에 도착하는 시간은 같다.

기억력을 훈련으로 향상시키는 것은 가능하지만 늘 그렇지는 않다. 그러나 빈약한 기억력을 보충할 수 있는 메모나 녹음 등의 특정한 방법을 알면 가능해진다. 어떤 사람들의 기억력은 약하다. 이런 것이 바로 본인들이 인정하고 받아들여야 할 사실들이다. 그러면 특정한 방법들을 찾을 것이고 그런 수단을 사용하여 자기만의 기억 시스템을 장점으로 이용할 수 있다. 그러면 기억력이 좋은 사람들만큼 기억력을 발휘할 수 있다.

수학 계산은 또 다른 예이다. 암산으로 여섯 자리 숫자를 재빨리 곱할 줄 아는 천재들은 뉴스에서나 볼 수 있다. 이들과 겨룰 수 있는 사람은 거의 없다. 보통 사람이 활용할 수 있는 방법은 계산기다. 아니면 종이 위에 써서 계산을 하든지.

그러나 계산 능력이 별 볼 일 없다면 우리는 그 사실을 받아들여야 한다. 그렇다고 계산하는 법을 배우지 말라는 말은 아니다. 올바른 답을 만들어낼 방법은 연습을 해서 더 빨리 옳은 답을 계산할 수 있게 배워야 한다. 문제는 해답이지 그것을 계산하는 방법은 아니다.

좋아하는 일에서는 능력이 배가된다

그러므로 우리는 성공과 행복을 얻으려면 기억력이나 논리력 같은 자신의 지적 능력이 평범하다는 것을 받아들여야 한다. 그런 약점들을 보완하기 위해 우리가 찾을 수 있는 정직한 도구들을 사용해야 한다.

우리는 자신의 정신적인 능력에 대해서는 공정한 생각을 이미 갖고 있다. 자신이 싫어하는 일에서보다는 자신이 좋아하는 일에서 이뤄 놓았던 것을 바탕으로 정신적 능력을 판단해야 한다. 우리의 능력을 모두 동원하면 자신이 생각하고 있는 것보다 훨씬 클 수 있다. 편지 우송하는 것도 깜빡 하고 잊어버리는 심부름꾼 소년이 좋아하는 축구 선수들의 이름과 경력과 득점 기록은 모두 기억할 수 있다. 좋아하는 가수들의 노래 수십 편쯤은 쉽게 외워서 부를 수 있다.

일상생활이 아닌 다른 일에서 지적인 요소들을 테스트해볼 수 있을까? 가능하다. 그것을 '지적 연령'이라고 부른다. 육체적으로는 16세에서 20세 사이에 성장이 멈춘다. 정확히 18세 이후에는 몸이 더 자라지 않는다. 지적인 발달은 우리 몸이 성장을 멈출 때나 그보다 조금 전에 천천히 성장의 속도가 낮아진다. 성인 평균 정신 연령은 14세를 조금 넘는 정도라고 알려져 있다.

자신의 성향을 알면 조절이 가능하다

우리가 받아들여야 할 것은 또 있다. 일상생활에서 일반적으로 행동하는 방식이다.

이미 우리는 '사고하는 인간형'과 '행동하는 인간형'에 대해 알고 있다. 우리가 사고형과 행동형의 극단적인 경우라면 우리 목표와 우리 생활이 이런 유형에 맞아야 한다. 이것 역시 인정하는 것이 현명하다.

자신의 성향을 알았으면 그것을 컨트롤할 기회를 얻은 셈이다. 말이 많은 사람은 표현하고 싶은 욕망을 막을 수 없다. 하지만 생각이 날 때마다 자신이 말하는 태도를 살피는 버릇을 들여 너무 말을 많이 하지 않도록 자제할 수는 있다.

수줍음을 타서 말없이 조용하게 듣는 사람이라면 대화하기 편한 자리에 나가는 정도는 마다하지 않을 것이다. 그러면 불편하지 않은 적절한 자리에서는 즐겁게 얘기를 나눌 수 있을 것이다.

건강하게 사는 방법은 금지 사항을 너무 많이 설정하지 않는 것이다. 지적인 것이든 정서적인 것이든 제한하는 것이 많아서는 안 된다. 동시에 자신을 개선해나갈 수 있는 방법들을 늘 찾아야 한다.

바꿀 수 없는 것에 바꿀 수 있는 것을 맞춘다

성격, 목표, 환경의 세 가지 문제들을 생각해보면, 우리는 그 중 어떤 것을 바꿀 수 없다면 그것을 받아들인 다음에 그것에 맞추어 다른 것을 바꿔야 한다는 것을 알았다. 성격이 목표에 맞게 개선될 수 없다면 목표가 바뀌어야 한다.

인생의 기초를 이런 사실들 위에 세우려고 노력하지 않으면 인생은 힘들기만 하고 얻는 게 없는 빈 건물이 되기 쉽다. 빌 게이츠라는 기초 위에 윌리엄 셰익스피어라는 건물을 세우려는 생각은 하지 말아야 한다. 빌 게이츠는 그런 시도보다는 무모한 싸움을 그만두고 진정한 게이츠가 되려고 노력할 때에 행복하고 성공적인 게이츠가 될 수 있다.

참고로 행복과 만족은 우리가 설정한 목표의 크기와 관계가 없다. 우리의 목표가 다른 사람에게 해가 되지 않아야 목표 달성을 통해 행복을 얻을 수 있다. 목표를 자신의 능력에 맞추어야 한다. 허황된 미래에 맞추면 안 된다. 신문이나 텔레비전에서 볼 수 있는 세계는 우리들의 것이 아니다. 이성적으로 만족과 행복과 성공을 확신할 수 있어야 한다.

바꿀 수 없다면 받아들인다

자기 한계와 현실을 받아들이면 일상적인 환경이 만들어내는 문제들을 견뎌낼 수 있다. 자연스러운 흐름에 따라 나아갈 때와 물러설

때를 알게 된다. 문제들 때문에 당황하지 않는다. 그것을 자신의 문제로 받아들일 수 있다. 운명 탓을 하며 소모하던 시간과 에너지를 자신을 올바로 잡는 데 바칠 수 있다.

어느 심리학자는 이렇게 말한다. "삶을 객관적으로 보는 사람은 인생을 강물이 흘러가듯 산다. 장애물과 싸우느라 에너지를 허비하지 않는다. 강물은 장애물을 타고 넘어가거나 돌아서 간다. 장애물을 모른 채하지 않는다. 그것을 받아들여서 안고 간다."

어떤 부인이 토마스 칼라일에게 말했다. "칼라일 씨, 저는 우주가 있다는 사실을 인정합니다." 그러자 그가 "그러시는 편이 훨씬 낫지요, 부인."이라고 대답했다. 인정 안 하면 어쩌겠다는 것인가. 어쩔 수 없는 것은 받아들이는 것이다. 우주에 적용이 되는 것은 우리 자신과 우리 삶에도 적용된다. 그것을 바꿀 수 없다면 삶을 지속해나갈 가장 냉철한 방법은 그것을 받아들이는 것이다. 그리고 우리 에너지를 우리가 변화시킬 수 있고 개선할 수 있는 일에 쏟는 것이다.

얼마나 컸습니까?

어른도 정서적으로 미성숙할 수 있다
어떤 환경에서는 지속적인 인생의 목표를 설정하는 것이 어려울 수도 있다. 한 때는 어떤 생각에 깊이 빠져들었다가 다음 순간에는 관심을 완전히 잃어버리고 다른 생각에 매달리기도 한다. 자신이 어떤 유형인지 헷갈리기도 한다. 자신을 받아들이는 것이 늘 쉬운 것만은 아니다.

우리는 다 자란 성인이 되어도 몸의 성장이 전면적으로 멈추지는 않는다. 머리칼은 계속 자라지 않는가. 우리의 감정도 비슷하게 움직인다. 성인이 되었어도 정서적으로는 소년소녀 같은 이들이 있다. 마치 열여섯 살 때처럼 유치해 보인다. 그러나 그것을 인정하는 것이 결코 부끄러운 일은 아니다. 중요한 것은 그걸 인정하고 감정이 좀 더 성숙해지도록 노력하는 것이다.

성인이 어린 감정을 가지고 있으면 금방 눈에 띈다. 그러면 다른 사람들은 대개 당황하게 된다. 감정이 아주 민감해서 다른 사람이 하는 말이나 생각에 신경을 너무 많이 쓰는 사람이 있다. 그런 사람이 정서적으로 미성숙하다고 할 수 있다.

청소년들에게서 볼 수 있는 이런 민감한 감정은 사회적인 무기로 알게 모르게 이용되고 있다. 주위 사람들에게 이렇게 부담 주는 사람들이 있으니까. "나 민감한 사람이야. 니네들 알고 있지? 건드리지 마. 나한테 상처 주는 말 하면 안 돼. 조심들 해줘."

이런 민감한 정서는 면피용으로도 사용된다. 다른 사람들과 어울리지 않는다든지, 생활을 마구잡이로 어지럽게 해도 민감하다는 것이 그에 대한 핑계가 된다.

자신의 감정 조절 수준이 어느 정도 발달했는지 살펴봐야 한다. 감정 연령을 조사해보면 알 수 있다. 성인으로서 감정 조절이 합리적이고 이성적인지, 아니면 아직도 미성숙한 상태인지 알 수 있는 방법이 있다. 이 테스트는 솔직한 친구에게 맡겨도 된다. 당신에 대해 설명을 해달라고 하면 그게 더 객관적일 수도 있다. 그렇게 할 수 없다면 최대한 객관적으로 자신을 다른 사람 보듯 바라보면서 대답을 해야 한다.

감정 성숙도 테스트

1. 계속해서 칭찬을 받아야 최선을 다해 일하는가?
2. 감정이 민감해서 다른 사람이 하는 말에 금방 마음이 흔들리거나 어지러워지는가?
3. 쉽게 친구가 되었다가 금방 깨지곤 하는가?
4. 일상생활에서 다른 사람의 이익을 고려하기보다 내 이익을 먼저 생각하는 편인가?
5. 밖에 나가서 활동하는 것보다 실내에 틀어박혀 몽상하면서 상상의 모험을 즐기는 편인가?
6. 당황하거나 불쾌해지면 쉽게 화를 내는가?

'그렇다'라는 대답과 '아니다'라는 대답이 각각 몇 회인지 세어보자.

'아니다'라는 대답이 더 많으면 당신은 정상적인 성인의 감정 조절 수준을 갖고 있다. '그렇다'라는 대답이 더 많으면 아직은 감정 상태에 관한 한 미성숙한 단계다.

결과를 확실하게 하기 위해 다른 방향에서 묻는 여섯 개의 질문에 대답해볼 필요가 있다. 친구, 부모, 선생님들에 대한 과거의 자신의 태도를 떠올려보면 도움이 될 것이다. 성격은 금방 쉽게 바뀌지 않는다. 자신이 흔히 받았던 비판들을 기억해보면 그렇다는 걸 깨닫게 될 것이다.

1. 남들이 자신을 비판하면 그것을 받아들여 교훈이나 고칠 점들을 배우려는 마음이 있는가?
2. 세금처럼 자신이 어떻게 해볼 수 없는 일에는 안달복달하지 않고 순순히 받아들이는가?
3. 친구나 연인 관계가 대체로 변치 않고 한결같이 지속되는가?
4. 비판이나 의견을 말할 때 다른 사람의 감정을 고려하는가?
5. 일이나 취미 생활에 새로운 아이디어를 적용해 본 적이 있는가? 또는 어떤 분야의 활동을 하면서 다른 사람을 이끄는 리더의 역할을 해본 적이 있는가?
6. 남에게 뒤떨어지지 않기 위해 신문이나 잡지의 기사들을 읽고 최신 정보를 습득하는가?

이 질문들에 '그렇다'는 대답이 많으면 정서적으로 평균적인 사람이다. '아니다'라는 대답이 많으면 감정에 관한 한 더 발전시켜야 할 여지가 있다.

이것은 중요한 질문들이다. 성인이 된 다음에도 어른스러운 감정 조절을 할 수 없으면 행복하게 성공적으로 살 수 없기 때문이다. 정서적 성숙에 도달하는 데 도움이 되는 몇 가지 방법들이 있다.

감정 조절 방법을 갖춰야 한다

1. 일을 할 때에는 하기 싫은 일을 맨 먼저 한다. 하기 싫은 일이 완전히 없어질 때까지는 어떤 일을 할 때에도 계속 하기 싫은 일을 우선적으로 한다.

2. 너무 쉽게 화를 내서는 안 된다. 다른 사람의 사소한 문제들은 참고 넘긴다. 그 사람에게 친절하게 대해주고 그의 결점들을 얼른 이해해준다.

3. 늘 남에게 동정하는 마음을 갖고 산다. 그러나 자신이 다른 사람의 동정을 구해서는 안 된다. 스스로 자신을 동정해서도 안 된다. 그러면 기분이 더 나빠진다.

4. 어쩔 수 없는 일은 차분하게 받아들인다.

5. 작은 문제들은 거기에 얽매이지 말고 잊어버린다. 큰 문제들은 믿을 만한 친구와 상의한다. 자신보다 상황이 더 나쁜 사람들이

많다는 것을 늘 기억한다.

6. 즐겁게 산다. 맑은 정신으로 건강하게 산다.

7. 자기 나이에 맞는 책임 의식을 지닌다. 바깥세상의 문제를 해결하는 일에도 참여한다.

어느 정도까지 감정 조절의 방법을 갖추지 못하면 성공과 행복을 지속적으로 이룰 기회를 갖지 못하게 된다.

테스트를 통해 자신을 잘못 알아왔던 것들을 알게 되었더라도, 그리고 자신이 생각했던 자신의 능력이 보잘 것 없다는 사실을 받아들였더라도 실망할 필요는 없다. 다른 능력이나 가능성들이 분명히 있을 것이다.

직업을 바꾸어 새 직장에 잘 적응해 다른 사람들을 앞질러간 사람을 본 적이 있는가? 평생 한 가지 취미에 빠져 즐겁게 사는 사람을 본 적이 있는가? 아마추어 스포츠에서 적성을 발견해 프로 선수가 된 사람을 본 적이 있는가?

사람들은 능력도 별로 없으면서 그걸 믿고 자신에 대해 잘못된 생각을 엄청나게 크게 부풀릴 수 있다. 그러면 자기 진짜 능력은 피어나지도 못한 채 잠들어 있게 된다. 페인트공처럼 보통 수준의 돈을 벌면서 평범한 삶을 사는 사람도 열심히 노력하면 유명 화가처럼 풍요롭고 행복한 삶을 살 수 있다.

성숙할수록 능숙하게 일할 수 있다

'얼마나 컸습니까?'라는 질문은 감정 연령 이외에도 삶의 여러 부문에 적용될 수 있다. 보통 사람들보다 더 능숙하게 할 수 있는 부분이 누구에게나 있다. 대개 그런 부분들은 다른 사람보다 더 관심이 많은 부분들이다. 그러면 자연히 다른 사람보다 잘 하게 된다. 스스로도 능숙하다고 느끼는 일들이 있을 것이다.

그런 재능들을 최대한 활용하면 수많은 문제들을 해결할 수 있다. 그것이 남보다 더 풍부한 개성을 찾아 자기 특성에 가치 있는 뭔가를 더할 수 있는지 알아보는 이유이다.

매일 하는 일이 지루하게 느껴지지만 그것을 바꿀 방법이 없다고 생각된다면 여분의 시간 동안에 자신의 능력을 개발하는 것이 살아가는 재미를 더해줄 것이다. 행복하게 사는 데에는 이런 요소들이 필요하다. 낮에는 뭘 하든지 저녁 시간이나 주말에는 연주가, 작가, 수집가, 강사, 화가, 기타 등등의 수많은 일들 중 하나를 하는 사람이 될 수 있다.

나사를 잘못 끼웠다면 그것을 빼는 방법이 있다. 자신을 계발하는 것이다. 자신의 능력을 계발하는 것이다. 그러면 기회가 온다. 수입이 원하는 만큼 되지 않는다면 돈을 벌어줄 능력을 자신의 일에서 계발해야 한다. 파트타임이나 정규직이나 상관없다.

앞에서 미리 형성된 인생의 목표와 이런 말들에 담긴 자기 계발 중 어떤 종류의 것과 연결할지를 결정해야 한다.

깊이 생각한다. 상상 속에서 그것만을 생각한다. 즉시 시작하지 말고 생각한다. 처음의 열정은 몇 가지 어려움들과 싸우느라 소진되어 버릴지도 모른다. 모든 것이 없어져버릴 수도 있다. 지금은 생각만 반복한다. 그런 다음에 구체적으로 표현할 수 있을 때 그것을 시작한다.

"그건 조금 노력만 하면 잘할 수 있다는 생각이 늘 있지."라고 스스로 말하는 일들, "넌 그건 하려고만 들면 잘할 수 있잖아."라고 친구들이 말하는 일들이 있다. 그런 것들은 성공 가능성이 거의 무한대인 일들이다. 그런 일들은 우리의 정신세계를 확장시켜주고 우리 인생에 새로운 의미를 준다. 바로 그런 일들을 찾아야 한다.

성공은 계획을 실행하는 데서 온다

여기서 새롭게 얻은 가치 판단은 모두 우리 자신들의 것이다. 이것은 지금 우리가 풀어야 할 문제다. 우리의 전체 성공 계획에 적용해야 하기 때문이다.

게임의 규칙과 게임에 대한 설명은 재미있게 만들어졌다. 이걸 읽으면서 '진정한 자신'을 찾아가는 일은 즐겁다. 진정한 만족감은 그것을 실행하는 데서 온다. 그리고 성공도 계획을 실행하는 데서 온다. 실행은 우리 자신이 해야 한다. 지금 설명한 것들은 아이디어일 뿐이다.

아이디어는 아이디어일 뿐 마술 방망이가 아니다. 변화했더라도 이전의 버릇이 발동하면 다시 원상 복귀될 것이다. 모든 것은 과정을 꾸준히 실행하는 것이다. 하루아침에 이뤄지는 것은 없다. 매일 조금씩 전진하면 성공할 수 있다.

인생의 급류에 뛰어들어야 한다

어떻게 시작해야 하는가? 해내야 할 임무가 크면 클수록 시작하는 것이 늘 문제가 된다.

첫 번째, 한 군데에 집중한다. 눈앞의 임무가 아무리 커보여도 집중력을 발휘해 작은 부분 한 군데에만 초점을 맞추면 돌파할 수 있는 길이 생긴다. 한 번에 벽돌 한 장씩만 쌓는다고 생각해야 한다.

두 번째, 가까운 일부터 한다. 우선 할 수 있는 일을 가장 먼저 한다. 다음에 뭘 할 것인지는 걱정하지 않는다. 여기서는 지금 제시된 문제 한 가지만 하면 된다. 때가 되면 다른 문제들도 다 해결할 수 있다.

세 번째, 열정적으로 시작한다. 침대에서 벌떡 일어나듯이 일에 덤벼들어야 한다. 수영장에 다이빙을 하듯이 풍덩 뛰어들어야 한다. 두 주먹을 불끈 쥐고 시작한다.

망설이지 않고 시작할 수 있는 방법은 마지막 방법이다. 심리학자들은 "반복하고 또 반복해서 우리는 인생의 급류에 뛰어들어야 한다.

한 급류를 건너면 또 다른 급류에 뛰어들어야 한다."고 말한다. 뛰어들기 전에는 끔찍하게 생각될지 모르지만 일단 시작하면 아무 것도 아니라는 생각이 든다.

웃으면서 즐겁게 해야 한다. 얼마나 어려울까 생각하면서 망설이면 안 된다. 그러면 시작을 훨씬 쉽게 할 수 있다. 피할 수 없는 일이라면 어쩔 수 없지 않은가.

성공은 매일 즐길 수 있는 지속적 모험이다

자기 계발을 하는 사람들이 갖춰야 할 이상적인 태도는 위험을 감수하는 대담함이다. 모험 여행을 하는 사람들은 긴 거리를 터벅터벅 걷는다. 어려움을 이겨내고 위험과 맞선다. 하지만 목적지에 닿으면 많은 것을 얻는다.

성공과 행복을 달성하는 것은 에베레스트를 오르거나 우주선을 타고 외계를 비행하거나 세계 일주 단독 항해를 하는 것보다 더 흥미진진하고 가치 있는 일이다. 눈앞에 환상적인 모습이 펼쳐지는 그런 여행들은 금방 끝난다. 그러나 성공과 행복을 발견하는 일은 매일 즐길 수 있는 지속적인 모험이 된다.

때로 좌절할 수 있지만 이는 피할 수 없는 일이다. 좌절이 없는 모험 여행은 없다. 패배와 실패가 없다면 그것은 가치 없는 여행이다. 하지만 웃으면서 그것을 받아들일 줄 알아야 한다. 좌절과 실패와 패배가 있기 때문에 모험 여행이 더 재미있다.

"위험을 감수하고 모험 여행을 하는 것은 잡혀 죽을지도 모르는 원시 부족의 마을을 통과하는 것이 아니다. 그것은 삶에 대한 태도이다." 전 세계를 돌아다닌 후 몇 달 동안 쉬면서 책을 써서 돈을 벌면 다시 모험 여행을 떠나는 유명한 어느 여행가의 말이다.

그 사람과 같은 정신으로 자기 계발이라는 미지의 지역으로 모험 여행을 떠나보자. 우리를 막을 것은 아무 것도 없다.

나는 할 수 있어!

학교를 졸업할 때 모든 학생들이 많이 부러워했던 친구를 기억하고 있는가? 그러면 지금은 가장 부러워할 만큼 대단하게 성공한 사람은 누군가? 학교 다닐 때 그런 사람들에게 매우 특이하고 뛰어난 점이 있었는가? 없었을 것이다. 매우 다른 점이 있을 수가 없다. 그들은 우리들과 비슷했다. 그들이 뛰어나 보였던 것들은 그것을 이루기 위해 노력할 결의가 있었기 때문이었다.

원한다면 우리도 그들처럼 행복해질 수 있다. 모험 정신으로 무장하고 노력한다면 말이다. 행복하고 능숙하게 친구, 직업, 취미, 스포츠 모두를 사이좋게 잘 해나갈 수 있다. 사람들은 그런 우리를 만나면 즐거워할 것이다. 함께 일하고 싶어 할 것이다. 함께 어울리고 싶어 할 것이다.

제시된 플랜을 잘 활용하면 훌륭하게 자기 계발이 되어 원하는 만큼의 성숙한 성격을 갖출 것이다. 약간의 시간과 약간의 집중력과 약간의 노력만 바치면 된다. 그럴 만한 가치가 있다.

자신을 알면 성공할 수 있을까

- 목표를 이루고 싶은 갈망이 클수록 당장의 욕망이나 즐거움을 포기하고 그 목표를 추구 할 수 있다.

- 신속하고 확실하게 움직이는 자가 이긴다. 그러나 서두르지는 말아야 한다. '서두르는 것'과 '단호한 액션'의 차이를 늘 염두에 두자.

- 어떤 사람은 자신에게 맞는 것이 무엇인지 본능적으로 알기 때문에 쉽게 성공한다.

- 목표, 성격, 환경의 문제를 다루는 방법 하나는 그것을 바꾸는 것이고, 다른 하나는 그것을 버리는 것이다.

- 진정한 자신의 모습을 찾는 노력과 자신에게 맞는 자리를 찾는 노력을 해야 한다. 내 좌표의 발견, 그것이 성공 지름길이다.

- 눈앞의 임무가 아무리 커보여도 집중력을 발휘해 작은 부분 한 군데에만 초점을 맞추면 돌파할 수 있는 길이 생긴다. 돋보기로 모은 햇볕이 큰 불을 일으키는 씨앗이 된다는 걸 상기하라.

- 가까운 일부터 한다. 우선 할 수 있는 일을 가장 먼저 한다. 다음에 뭘 할 것인지는 걱정하지 않는다.

- 열정적으로 시작한다. 수영장에 다이빙을 하듯이 뛰어들어야 한다. 두 주먹을 불끈 쥐고 시작한다.

- 반복하고 또 반복해서 인생의 급류에 뛰어들어야 한다. 한 급류를 건너면 또 다른 급류에 뛰어들어야 한다.

- 내 감정을 조절할 수 있는 사람은 결국 나 자신뿐이다. 그 방법을 찾지 못하면 성공과 행복을 지속적으로 이루게 될 기회를 놓치기 십상이다.

균형잡힌 인생을 살자

자신에 대해 만족하는 사람은 없다. 누구나 자신이 부족하다고 느끼는 부분이 있고 이를 극복하기 위해 노력한다. 그런 사람은 건강한 성격이다. 그래서 삶의 현실을 있는 그대로 받아들인다. 우리가 어찌해볼 수 없는 일들은 받아들인다.

그리고 그것을 극복하기 위해 현실적 목표를 잡아 그에 맞춰 삶을 디자인한다. 현실을 인식하고 열등감과 맞설 때 그것은 성숙한 인격 또는 뛰어난 업적으로 나아갈 수 있는 원동력이 된다.

조용한 시간에 혼자 생각해보면 자신이 더 행복해질 수 있고 더 성공할 수 있다는 생각이 드는가. 세상 사람들이 말하는 성공을 이룰 필요는 없다. 하지만 자신이 하는 일을 좀 더 훌륭하게 해내고 주위 사람들과 좀 더 행복하게 살아갈 필요는 있다.

좀 더 풍요롭고 충만하고 활기찬 삶을 살 수 있는 가능성은 누구나 가지고 있다. 좀 더 명확하게 생각하고 부지런히 일하고 재능을 계발하고 주위 사람들과 잘 지내고 점점 완성되어가는 행복하고 성공적인 인간으로 발전해갈 수 있는 방법이 있다.

행복과 성공을 이루려면 꼭 필요한 요소들이 있다. 우리는 누구나 그것을 자기 안에 지니고 있다. 그러므로 자신이 바라기만 한다면 성공을 이룰 수 있다. 그렇게 되면 세상에는 행복을 누리는 사람들이 더 많아질 것이다. 방법은 간단하다.

우리가 가지고 있는 육체와 정신으로 풍요롭고 충만하고 균형 잡힌 인생을 살아가야 한다. 우리 육신과 정신에 들어 있는 것들을 잘 활용하면 성공은 오게 되어 있다. 우리가 그렇게 할 수 있도록 도와줄 수 있는 사람이 세상에는 딱 한 사람 있다. 바로 우리 자신이다.

어디서부터 시작해야 할까. 맨 처음에 할 일은 자신이 그런 자질과 기회를 갖고 있다는 사실을 깨닫는 것이다. 먼저 자기 자신이 얼마나 대단한 사람인지 알아야 한다.

기본적인 삶의 동인은 성적 욕구가 아니라 열등감에 대한 보상 욕구이다. 우리 모두는 열등감을 보상하기 위한 노력을 통해 더 나은 인간, 또는 한 단계 높은 삶의 경지로 나아가는 것이다.

당신이 늘 정답이다

초판 1쇄 찍음 2010년 10월 25일
초판 1쇄 펴냄 2010년 11월 5일

지은이 김성
디자인 윤정아
표지이미지 gettyimages/멀티비츠이미지
인쇄 · 제본 한영문화사

펴낸이 김제구
펴낸곳 도서출판 리즈앤북
등록번호 제 22-741호   **등록일자** 2002년 11월 15일
주 소 121-841 서울시 마포구 서교동 463-31 플러스빌딩 4층
전 화 02)332-4037   **팩 스** 02)332-4031
이메일 riesnbook@paran.com

ISBN 978-89-90522-63-4 03330